세계는 왜
한국에 주목하는가

BEYOND CORONAVIRUS - BUILD NEW NORMAL

세계는 왜 한국에 주목하는가

한국사회 COVID-19 시민백서

모시는사람들 철학스튜디오 기획

김유익 김진경 민지오 박길수 박재현 박지은 심규한 야규 마코토 유정길
윤창원 이나미 이원진 이현진 이창익 장희욱 조성환 허남진 홍승진

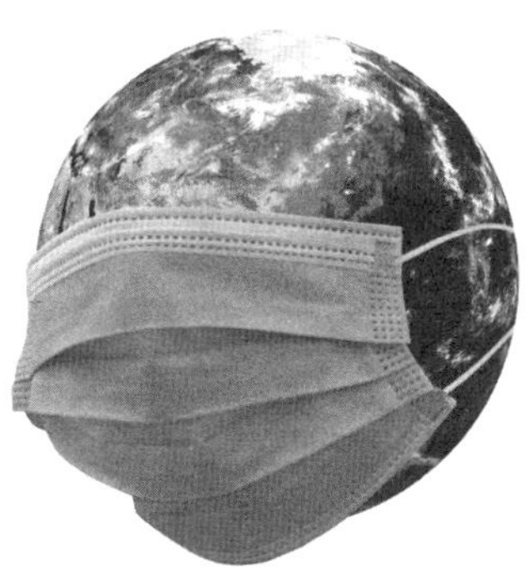

따라가는 학습자(Learner)에서
선도하는 창조자(Creator)로!

도서출판 모시는사람들

지구인의 눈으로 본 코로나19

이 책은 코로나19로 인해 도래하는 '뉴노멀'에 대한 20편의 진단서이다. 이 진단 작업에 참여한 저자들은 20대 대학생에서 50대 평화운동가에 이르기까지 세대를 넘나들고 있다. 발신지도 한국을 비롯하여 일본, 중국, 스위스 등 각국에 걸쳐 있고, 다루는 내용은 콜센터 노동자의 삶에서 근대문명의 진단에 이르기까지 폭이 넓다. 분야 또한 다양하여 정치를 비롯하여 매체, 의료, 도덕, 종교, 영화, 철학 등을 망라하고 있다. 그런 의미에서 '코로나19 지구시민백서' 내지는 '코로나19 지구인문학'이라고 할 수 있다. 그래서 이 책은 독자 들에게 코로나19에 대한 포괄적이면서도 깊이 있는 정보와 분석을 제공해 주리라 믿는다.

이 책이 기획된 동기는 코로나19를 통해서 한국사회와 자구사회를 돌아보자는 데에 있었다. 이번 사태가 우리를 인식하고 성찰할 수 있는 좋은 계기가 되리라는 확신이 들었기 때문이다. 그런 점에서 5년 전에 나온 『세월호가 우리에게 묻다: 재난과 공공성의 사회학』*과 비슷한 의도에서 출발한 셈

* 서울대학교 사회발전연구소 편, 한울아카데미, 2015.10.15.

이다. 그러나 그때와 지금은 상황이 180도 다르다. 세월호가 21세기 한국의 가장 비극적인 사건이었다면, 코로나19는 정반대로 가장 성공적인 대응으로 평가받고 있기 때문이다. 그 사이에 메르스와 촛불혁명이 있었다. 메르스 때 얻은 실패의 교훈과 촛불혁명 때 경험한 성공의 기억이 이번 코로나 사태에서 빛을 발하고 있는 것이다. 이처럼 한국은 재난과 국난을 겪을 때마다 오히려 성숙해지고 단단해져 갔다. 그러나 그동안 우리는 이런 자신의 경험을 설명할 수 있는 인문적 '눈'을 갖지 못했다. 대부분 외국으로부터의 수입에 의존해 왔기 때문이다. 바로 여기에 한국 인문학의 허점이 존재한다. 기술은 독립해도 인문학은 독립하지 못하고 있는 것이다. 인문학이 자립하지 못하는 이유는 그동안 우리가 자기 전통에 대한 철저한 '학습'과 자기 자신에 대한 냉철한 '성찰'을 게을리 했기 때문이다. 그런데 이제 이런 게으름이 한계를 보이기 시작했다. 최근의 한국사회의 경험은 더 이상 외적인 틀만으로는 우리 자신을 설명할 수 없다는 경종을 보내고 있기 때문이다.

더 중요한 점은 이런 경험들 안에 서구적 근대를 넘어 설 수 있는 개벽적 잠재력이 내장되어 있다는 사실이다. 일찍이 경희대학교 김상준 교수는 그 조짐을 동학농민혁명에서 읽어 냈다. 동학농민군이 보여준 관민상화의 집강소 체제에는 "혁명성을 넘어서는 미래성이 잠재되어 있다"는 것이다. 이번 사태에서 한국정부와 한국시민이 보여준 개방적이면서도 규율적이고, 민주적이면서도 공화적인 대응 방식은 서구 근대가 표방한 개인주의와 자유주의, 공리주의와 시장주의라는 편향성을 넘어설 수 있는 새로운 가능성을 보여주었다고 평가받고 있다. 그것은 달리 말하면 한국의 근대화 과정에 이미

'허약한 근대'를 넘어설 수 있는 '끈질긴 근대'가 내장되어 있음을 뜻한다. 그 가능성을 보여준 것이 이번 재난에 대처하는 창조적 대응 방식이었다고 생각한다.

마지막으로 이 책을 준비하기 위해 지난 한 달 동안 분주하게 뛰어다닌 기획팀과 집필자 여러분께 감사를 드리고 싶다. 박길수, 이원진, 허남진과 필자는 3월 2일에 단톡방에서 이 책의 구상을 마치고, 다음날부터 곧바로 필자 섭외와 집필 작업에 들어갔다. 이들은 홍승진과 더불어 올해에 창간될《다시개벽》의 기획 멤버이기도 하다. 애플식으로 표현하면 일종의 '인문학스튜디오'라고 할 수 있다.* 인문학스튜디오는 "자생적 인문학을 디자인하자"는 취지에 공감하는 한국학자들의 온라인 작업실이다. 이 책은 이 작업실의 첫 작품이다. 이 소품을 지금도 국민들의 생명과 안전을 위해 코로나19와 싸우고 계시는 모든 의료진과 질병관리본부, 정부와 지자체 관계자 여러분들, 그리고 인간과 만물의 행복을 만들어 가고 있는 모든 지구시민들께 바친다.

2020년 4월 14일에 기획자를 대표하여 조성환이 쓰다

---

* 애플의 최고 디자인 책임자(CDO)였던 조너선 아이브는 〈Apple-Designed by Apple in California〉라는 동영상에서 애플을 '작은 디자인 스튜디오'(a small design stuidio)라고 소개하고 있다. https://www.youtube.com/watch?v=CEW4D_CERkE

차례

세계는 왜 한국에 주목하는가

제4부 **재난과 일상**

제5부 **재난과 종교**

제6부 **재난과 인문학**

1부

재난과 국가

한국의 대응, 모델이 될 것인가

이나미

2020년 코로나19 사태를 맞아 각국 정부의 대응은 매우 달랐다. 그리고 그 결과에 따라 다양한 평가가 나오고 있다. 대체로, 중국은 봉쇄와 통제 등 권위주의적 해결, 미국과 유럽은 방치로 인한 방역 실패, 일본은 소극적 대처와 비밀주의로 인한 불안 가중의 특징을 보이고 있다고 평가된다. 반면, 한국, 대만, 싱가포르의 대응은 높은 점수를 받고 있다. 특히 한국은 투명성, 개방성, 신속성을 보여주며, 정보공개와 자유, 민주주의를 유지하면서 성공한 모델로 칭송받고 있다. 유럽과 미국은 중국의 권위주의 모델을 반대하기 위해 특히 한국 모델을 강조한다. 즉 코로나19는 체제 경쟁의 성격도 지니게 되었다.

2월 25일 《뉴욕타임스》는 「코로나19 위기에 맞서 한국의 도시가 개방성을 시험하다. 중국과 반대다」라는 제목의 기사를 실어 "바이러스가 시민적 자유를 시험하는 시대에, 도시를 계속 열어 두면서 감염을 공격적으로 감시하는 이 전략이 먹히기만 한다면 민주사회에 본보기가 될 수 있다."고 강조했다. 한국이 확진환자가 속출한 대구를 봉쇄하지 않고도 민주적이고 투명한 방법으로 바이러스 확산을 막고 있는 점에 주목한 것이다. 3월 11일 자 《워싱턴포스트》 칼럼니스트 조 로진도 「민주주의가 코로나19에 맞설 수 있다는 걸 한국이 보여주었다」라는 제목의 글을 썼다. 이렇게 한국이 권위주의에 맞서서 개방적 민주국가 블록을 대표하게 되었다.

해외 언론은 한국이 바이러스에 비교적 성공적으로 대처한 요인으로, 중앙집권화된 민주 체제, 의료보험의 보편화, 준비된 공공보건 시스템, 사회적 응집력과 높은 시민의식, 의료인들의 전문성과 헌신성, 정치지도자의 의지를 꼽았다. 이들이 특히 주목한 방식은 투명성 즉 시민이 참여하는 방역, 진단키트의 개발과 대량생산, 안전하고 빠른 검사를 가능하게 한 드라이브스루 선별 진료, 중증환자와 경증환자를 구분하여 경증환자를 생활치료소에서 관리한 것 등이다. 독일은 한국 모델을 '추적, 검사, 치료'로 파악하고 이 모델을 도입하기로 결정했다.

국내에서도 초기에는, 정부가 중국인 입국을 금지하지 않은 것, 마스크 생산과 분배에 실패한 것 등을 이유로 극심한 비판 여론이 있었으나 점차 우호적이고 협력하는 분위기로 바뀌었다. 서울대 유명수 교수 팀의 조사에 따르면 한국인들이 꼽은 정부 대응의 긍정평가 요소는, 첫째, 진단검사의 속도와 혁신성54.5%, 둘째, 방역당국의 신속하고 투명한 정보공개17.9%, 셋째, 의심증상자·확진자의 병원 접근성8.5%, 넷째, 국가가 부담하는 감염증 관련 비용7.1%, 다섯째, 시민사회의 예방지침 준수와 사회적 거리두기 동참6% 등이었다. 또한 보건당국의 대응 수준을 다른 나라와 비교한 질문에서는 '높다'가 80.5%, '낮다'가 5.5%로, 압도적으로 후한 점수를 주었다.

이러한 국내외적 평가를 종합하면 성공 요인으로 꼽히는 한국 모델의 특징은, 첫째, 준비된 공공보건 시스템, 둘째, 철저한 역학조사와 정보공개, 셋째, 신속하고 효율적인 검사, 넷째, 선별적이고 체계적인 치료, 다섯째, 민관 협치의 거버넌스라고 할 수 있다.

공공보건 시스템의 수립

한국에서 공공보건의료 논의가 제도화되기 시작한 것은 2000년 '공공보건의료에 관한 법률'이 제정되면서부터이다. 이후, 노무현 정부는 공공보건의료 공급을 30%까지 확대하겠다는 공약을 내걸었고, 2005년에 범정부 차원에서 '공공보건의료 확충 종합대책'이 마련된다. 이때 현재 큰 도움이 되고 있는 시의성 있는 정책이 제안된다. 예를 들어 '원활한 공공보건의료인력 공급체계 마련', '전염병 대응체계 구축', '비시장성 필수공공재 공급기반 확충' 등이 그것이다. 그러나 그것의 제도화는 한참 후에 실현된다. 이명박 정부에 들어와서, 공공병원에 대해 경영평가를 하고 수익을 내지 않는 공공병원은 지원하지 않는 방침이 세워진다. 2010년에 대구의 취약계층 의료를 담당해온 적십자병원이 폐원된다.

이후 2012년에 공공보건의료에 관한 법률이 개정되고, 2015년 메르스 사태를 기점으로 감염병 사회재난에 대비한 지자체의 권한과 기능이 확대된다. 2016년에 비로소 '제1차 공공보건의료기본계획'이 마련된다. 또한 보건복지부가 2016년에 펴낸 〈2015년 메르스 백서〉는 메르스 사태 당시 지방정부의 역량에 대해 '감염병 관련 지방자치단체 내 조직 구성과 운영, 대응 인력의 전문성 및 대응 역량 강화와 교육훈련 방안에 대한 논의 부족'을 지적했다. 이에 따라 실무 매뉴얼이 보강되고 관련 인력이 확충된다. 또한 광역 단위 감염병관리지원단 설치지역거점병원 위탁운영 등 지난 5년간 감염병 예방 프로세스가 개선되어 왔다. 그 밖에 메르스 사태 이후 한국질병관리본부, 보건복지부, 국립보건연구원의 전문가들이 많은 진전을 이루어 냈다. 문재인 정부는 '의료공공성 강화'를 국정과제로 확정하고 '공공보건의료발전위원회'를 발족하여 2018년 10월 '필수의료의 지역격차 없는 포용국가 실현을 위한 공공보건의료 발전 종합대책'을 내놓았다. 이후 부산의료원 등에서 메르스 사태 이후 마련된 최신식 음압격리병상시설이 설치된다.

이 같은 성과를 바탕으로 하여, 2020년 코로나19 사태에 각 지자체장은 주어진 권한을 적극적으로 활용하고 있다. '감염병의 예방 및 관리에 관한 법률'에 따르면 지자체장은 감염병 방역과 예방을 위해 집회를 제한 · 금지하거나 감염병 의심자를 입원·격리시킬 수 있다. 강제처분 등 행정수단을 동원하는 것도 가능하다. 지자체장의 이러한 권한은 신천지예수교에 대응할 때 그 효과를 발휘했다. 또한 역학조사관을 따로 둘 수 없는 기초자치단체의 경우 방역과 예방에 한계가 있다는 주장이 제기되었다. 수원시, 용인시의 경우 광역시급 규모임에도, 기초자치단체이기 때문에 별도의 역학조사관을 둘 법적 근거가 없었으나 2020년 2월 26일 국회 본회의에서 감염병예방법 개정안을 통과시키면서 기초자치단체도 9월부터는 역학조사관을 임명할 수 있게 되었다.

확진자 이동경로 정보 제공의 주체도 질병관리본부에서 지자체로 바뀌었다. 이때부터 지자체별 확진자 정보공개가 당면 과제로 되었다. 이에, 더 자세한 정보를 제공하려는 경쟁이 지자체 간에 벌어지기도 했다. 그러자 3월 9일 최영애 국가인권위원회 위원장은 "확진자 이동경로를 알리는 과정에서 정보가 과도하게 노출되는 사례가 발생하는 데 대해 우려를 표한다."라는 성명서를 냈다. 중앙방역대책본부의 매뉴얼에도 '시간적, 공간적으로 감염을 우려할 만큼 확진환자로 인한 접촉자가 발생한 장소'로 정보제공을 한정해야 한다고 되어 있다. 이미 2016년부터 한국보건사회연구원이 메르스 사태를 분석한 보고서에 '휴대전화, 신용카드 거래, 실시간 의료이용 기록에 대한 전자감시는 전 세계적으로 유례가 없으며 프라이버시 침해에 대한 우려가 제기될 수 있는 사안'이라고 조언한 바 있다.

즉 한국은, 지자체가 감염병 예방을 위해 확진자 정보를 자세히 제공할 권한을 갖지만 그와 동시에 그것을 견제하여 개인 자유권 침해에 대한 경고도 함께 제기될 수 있는 구조를 갖고 있다. 따라서 필요성을 넘는 정보공개는 자제된다. 또한 확진자 동선의 정보공개는 정부의 강압적이고 일방적인 결정이 아니라 메르스 사태 때 이미 국민 간 사회적 합의가 이루어졌기 때문이라고 할 수 있다. 당시 정부가 삼성서울병원 등 감염 장소를 비밀에 붙인 것에 대해 매우 큰 반발이 있었다. 감염 장소나 확진자 동선의 공개는 시민들의 불안을 잠재워, 불안에 따른 과도하고 불필요한 사회적 비용을 감소시킨다.

그러나 다른 한편, 정부의 대응에는 여전히 한계가 존재한다. 특히 공공의료의 확충 필요성이 제기되고 있다. 이는 청도대남병원 환자들의 집단감염 사태에서도 드러났다. 국립정신건강센터는 내과 의사가 부족하여 환자를 들이지 못했다. 이처럼 공공부문 전문 인력이 턱없이 부족한 상태이다. 부산의료원은 메르스 사태 이후 사직한 감염내과 의사 자리를 아직도 채우지 못한 상황이다. 대한병원협회도 선별진료소 정상 운영을 위해 행정인력과 공공의료인 지원이 시급하다고 주장한다. 평소 공공보건의료에 적대적이던 대한의사협회도 '공공의료기관이나 보건소를 코로나19 전담병원으로 지정해 감염병을 치료하고, 민간 의료기관은 일반진료'를 하는 이원화 전략을 제시했다. 이번 코로나19 사태가 공공의료 반대 여론을 잠재운 계기가 된 것이다.

철저한 역학조사와 정보공개

한국은 뛰어난 IT 기술을 기반으로 환자를 모니터하며 치밀한 역학조사를 통한 방역을 선보였다. 이에 서구 선진국들도 한국을 따라 하고 있다. 나치의 사생활 추적의 기억으로 개인정보 공개나 추적을 매우 꺼리는 독일조차도 한국처럼 휴대전화 추적을 고려하고 있다. 아일랜드도 한국 모델을 채택했다. 국영 언론은, 한국이 감염 가능자의 추적검사에 그치지 않고 감염자의 동선을 공개하여 시민들이 자신들의 감염 가능성을 추론해 볼 수 있고 위험에 노출되었다고 생각되면 직접 검사를 받으러 가는 것을 한국 모델의 특징으로 꼽았다.

또한 거의 모든 국민이 마스크를 쓰는 것도 주목했다. 한국 정부가 배급정책까지 쓰며 마스크 착용을 독려했다고 평가했다. 이에 그동안 마스크 쓰기보다 손 씻기를 강조한 독일도 마스크 사용을 강조하기 시작했다. 이는 오스트리아도 마트에서 마스크 착용을 의무화하기로 한 것에 대한 반응이다. 미국도 마스크 착용을 강조하기 시작했다.

한국은 2015년 메르스 사태 당시 확진자가 186명이고 사망자가 38명이었는데 그때 얻은 교훈으로 코로나19에 대처하고 있다. 그러나 코로나19는 메르스에 비해 치사율은 낮지만 전파력이 훨씬 강하다. 또한 메르스는 중증 상태에서 바이러스 전파가 강했으나 코로나19는 감염 초기에 전파력이 강하다. 더구나 초기에 증상이 가볍거나 없는 경우가 많아 차단이 어렵다. 따라서 메르스에 비해 코로나19는 검역이 매우 어려운 바이러스다. 감염자와 접촉자가 최대한 빨리 격리되는 것이 감염자 수를 줄이는 가장 중요한 방법이다. 즉 초기에 감염자 동선 파악과 공개가 중요하고 접촉자는 이를 알아서 자가격리하는 것이 필요하다.

신속하고 효율적인 검사

한국은 세계적으로 독보적인 검사 횟수를 자랑한다. 3월 11일 미 하원 청문회에서 캐럴린 멀로니 의원은 "한국은 하루에 1만 5천 명을 검사할 수 있다. 미국의 두 달 치보다 더 많은 수를 하루에 한다. 우리는 왜 그렇게 뒤처진 것인가?"라고 질의했다. 라자 크리슈나무티 의원도 "인구 100만 명당 한국은 4천 명을 검사했다. 미국은 15명이다. 미국은 언제쯤 그 수준에 도달하나?" 하고 질문했다. 독일도 한국처럼 검사 역량을 늘리기로 결정했다.

여기에는 국내 기업의 공이 크다. 중국에서 코로나19가 발생하자마자 국내 기업들이 진단키트의 개발과 생산을 시작하여 충분한 양을 공급했다. 이후 세계 각국에서 공급을 요청하고 있다. 심지어 핀란드는 검체를 한국에 보내 검사를 맡겼다.

또한 바이러스 검사와 관련하여 전 세계가 극찬한 방식은 감염 가능자가 자동차를 탄 채 검사받는 '드라이브스루Drive-through' 선별 진료 방식으로, 안전하고 빠른 검사로 인정받고 있다. 이는 인천의료원 김진용 감염내과 과장이 범학계 대책위원회에서 내놓은 아이디어를 칠곡경북대병원 감염내과 교수가 듣고 병원에 도입한 것이다. 이후 지방정부가 드라이브스루 진료소를 제도화했다. 이 아이디어는 바로 영어 논문으로 작성되어 외국에 알려졌다.

이 방식은 의료진도 보호한다. 타국 사례에서 보여지듯이 의료진 수가 감소하면 환자들이 위험해진다. 그런데 드라이브스루 방식은 검체 채취 단계에서 의료진을 보호할 수 있다. 메르스 수준의 기준을 충족하기 어려운 상태에서 탁월한 아이디어가 나온 것이다. 이 방식은 노량진 수산시장에서도 활용되어, 자동차를 탄 채로 지나가며 회를 살 수 있도록 해, 매출과 안전을 동시에 잡는 등 활용도가 넓어지고 있다. 이 방식을 이용해 말레이시아에서는 결혼식이, 일본에서는 장례식이 열리기도 했다. 특히 미국 메릴랜드주의 스콧 홀머 신부는 성당 야외주차장에서 '드라이브스루 고해성사'를 벌여 주목을 받았다. 고해성사를 하는 신도를 보지 않기 위해 안대를 쓰고 의자에 앉아 진지하게 듣는 모습이 사진에 담겨 SNS에서 화제가 되었다. 그는 현지 언론 인터뷰에서 "한국에서 영감을 받았다."고 밝혔다. 이후 워싱턴주 교회가 '드라이브인 예배'를 도입하는 등 이 아이디어는 확장·응용되었다.

선별적이고 체계적인 치료

한국의 코로나19 사태에서 큰 위기는 2월 18일 대구에서 31번 환자를 기점으로 신천지 교회, 청도대남병원에서 확진자가 무더기로 발생한 것이다. 이에 2월 21일 대구와 경북 청도 지역이 '감염병 특별관리지역'으로 지정되고 보건복지부와 대구시가 대구동산병원, 대구의료원을 거점병원으로 지정했으며 타지역 의료인이 급히 모집되었다. 대구동산병원과 대구의료원이 감염병 전담병원으로 결정되자 환자 소개령이 떨어진다. 이때 대구·경북 인의협에서 경증환자들은 입원시키지 말고 수련원 같은 곳에 보내자고 제안한다. 병상 배정은 중앙정부, 지자체, 민간 병원이 서로 협력해야 하는 문제이며 특히 전문가의 의견이 경청되어야 한다. 초기에 병상을 경증환자가 다 채운 상태에서 중증환자가 대기해야 하는 상황이 초래되었고 급기야 2월 27일 중증환자가 자택 대기 중 사망하게 된다. 정부는 전국 공공병원과 지방 의료원 등을 통째로 비워 병상 수를 최대 1만 개까지 확보하겠다고 했는데, 병상 수뿐아니라 환자별로 적절한 의료기관에 배치하는 작업이 중요하다는 의견이 제기되었다. 또한 경증, 중증을 구분하여 배정하는 것뿐 아니라 임산부, 영유아, 혈액투석자 등 별도의 관리가 필요한 환자도 선별해야 한다는 것이다.

이에 우선, 중증환자와 경증환자를 구분하여 경증환자를 생활치료소에서 관리하는 방식이 도입되었다. 이는 우리나라가 처음 시도한 것으로 이 역시 다른 나라의 찬사를 받았다. 일본《교도통신》은 3월 21일「검사 31만 건, 의료체제 붕괴 안 해…경증자용 시설로 병상 확보」라는 제목의 기사로 한국의 '생활치료센터'를 소개했다. 한국에서 이 센터가 의료체계 붕괴를 막아 주고 있다며 감염자가 집중된 대구에서 정부 시설을 활용해 운영되기 시작한 뒤 삼성과 LG 등이 정부 요청으로 사원연수 시설을 제공하면서 수용 능력이 커졌다고 전했다. 또한 전국의 16개 센터에선 매일 2차례 체온과 호흡기 증상 유무를 확인하고 필요할 경우 흉부 X선 검사를 통해 폐렴의 발병 여부도 검사한다고 설명했다. 상주하는 의료진 판단에 따라 병세가 악화하는 사람을 병원으로 보내고 입원 치료로 상태가 호전된 환자는 센터로 보내는 방식으로 운용된다며, 센터 입소자는 온도계·의약품이 들어 있는 위생키트와 속옷·세면도구·마스크 등의 생활용품을 받고 식사도 공짜라고 전했다. 또한《교도통신》은 감염자 수 급증으로 병상 부족 사태가 발생해 자택에서 입원을 기다리는 동안 사망하는 사례가 잇따르는 시행착오를 거쳐 탄생한 것이 이 센터라고 소개했다. 이 센터 입소를 강제할 수 없고 들어가길 거부하는 감염자도 있지만 대부분의 경증자는 입소한다면서 "가족을 감염시킬 걱정을 하지 않아도 좋아서 마음이 편하다."는 한 센터 입소자의 말을 전하기도 했다. 또한 미국《워싱턴포스트》가 한국 검사 체제에 대해 '바이러스에 대한 가장 효과적인 무기'라고 표현하는 등 해외 언론의 칭찬이 이어지고 있다고 덧붙였다.

민관협치의 거버넌스

현대는 통치거번먼트가 아닌 협치거버넌스의 시대다. 한국의 코로나19 대응은 이러한 거버넌스를 잘 보여주고 있다. 질병관리본부, 보건복지부, 시·도, 민간 병원이 함께 판단하며, 자원의 생산·활용·배치의 문제를 해결하고 있다. 우선적 과제는 병상, 의료진, 물품 등의 자원 활용의 우선순위를 매기고 병목현상을 푸는 것이다. 복지부는 이미 2013년부터 PPM 사업, 즉 공공민간협력public private mixed 사업을 통해 공공이나 민간 병원에 결핵관리 전담 간호사를 배치하여 결핵과 관련된 전반적 관리를 지원하는 사업을 시행해 왔다. 결핵과 같이 꾸준히 관리해야 하는 경우 의사가 감당하기 어렵다. 이는 가족 내 접촉자를 확인하고 환자가 정해진 기일에 약을 타 가고 복용하는지 점검하며 도움이 되는 지원사업을 알려 주고 행정자료를 챙겨 질본에 보고하는 일을 하는 것으로, 의사나 비전담 간호사들이 이를 지속적으로 하기 어렵다. 따라서 PPM 사업이 중요하며 이러한 모델이 여타 감염병 예방과 치료에도 필요하다.

협치는 정부와 시민 간에도 이루어져야 한다. '사회적 거리두기'는 전 국민이 참여해야 하는 실천이다. 집회, 행사, 모임이 취소되고 재택근무, 휴업,

휴교가 권장되는데 이것이 유럽이나 미국보다 비교적 잘 지켜졌다. 이러한 개인 자유의 제한은 자발적으로 이루어졌는데 이는 시민들이 서로 간의 비판을 의식하여 행동을 자제했기 때문이다. 정부는 이런 모든 여론과 의견이 숨겨지지 않고 드러나게 하여 시민들이 알 수 있게 했다. 그 결과 어떤 이는 격리를 잘하여 칭찬을 듣고 어떤 이는 위반하여 비난을 들었다. 의사, 간호사 등의 헌신도 잘 알려져 그 어느 때보다 의료진이 자부심을 갖게 되었다. 또한 시민들은 스스로 사재기를 하지 않고 오히려 필요한 이에게 물품을 제공하는 등 수준 높은 시민의식을 보이고 있다.

깨진 신화

이번 코로나19 사태는 크게 두 가지 신화를 깼다고 평가된다. 그것은 선진국 신화와 시장주의 신화다. 우선 선진국이 항상 모델이 되는 것은 아니라는 것이 이번에 증명되었다. 서구 국가에서는 사재기 광풍이 벌어졌고 영국에서는 이렇게 사재기한 음식이 버려지기도 했다. 또한 복지의 천국에서 환자들이 치료받지 못하고 사망하는 일들이 벌어졌다. 이런 현상은 국민을 일방적 수혜자로 만드는 제도로서의 복지국가가 한계를 드러낸 것이며, 국민이 참여하는 복지가 답이라는 것을 보여준 것이다. 국민이 수동적이고 무기력한 수혜자가 아니라 복지의 자원 생산, 분배, 사용에 참여해야 한다는 것이다. 한국 정부는 국민에게 문제를 알리고 협조를 구하며 그들의 참여를 통해

성과를 다시 공유했다. 또한 참여자들에게 감사하고 이들을 인정하여 자부심과 사기를 높여 다시 위기를 극복할 힘을 갖게 했다.

두 번째로, 코로나19는 시장주의 신화를 깼다. 수익을 이유로 공공의료를 축소한 것에 대한 반성이 일어났으며 마스크 배분에서 보여지듯 시장이 만능이 아님이 확인되었다. 시장이 자유가 아니라 통제마스크 부족를 줄 수 있고 국가가 통제가 아니라 자유자원 배분을 통한 생활의 자유 등를 줄 수 있다는 사실을 확인한 기회였다. 또한 한국은 코로나19를 계기로 '재난소득'을 제공하기로 했고 이로 인해 '기본소득'의 필요성이 제고되고 있다.

무엇보다 한국은 민주주의가 재난에 강하다는 테제를 확인시켰다. 노벨 경제학상을 받은 아마르티아 센은 "민주국가에는 기근이 없다."고 주장했는데, 그 이유는 공적 자원을 적시에 투입하면 기근은 막기 쉬운 재난이라는 것이다. 그런데 민주국가에서는 정치가나 행정가가 빨리 반응하여 사태를 안정시켜야 자신의 자리를 보전할 수 있다. 또한 재난 대응에 가장 중요한 자원은 물자보다 정보인데 권위주의는 정보 생산에 취약하다. 아랫사람들이 지도자의 의중을 살피는 데 급급하고 그가 원하지 않는 정보는 제공하지 않기 때문이다. 따라서 정보를 투명하게 공개하고 자원도 투명하게 배분하는 한국은 민주주의국가로서 재난을 극복한 사례가 될 가능성을 보이고 있다.

참고자료

《시사인》 2020.3.10.-04.07.
《한겨레》 2020.04.01.
《한국일보》 2020.04.01.
《KBS》 03.31.

중국, 우리가 서로 배워야 할 것들
—강한 정부-약한 시민, 안전한 농촌-위험한 도시

김유익

나나짱, 보이지 않는 것과는 싸울 수 없어요. 한국과 미국의 코로나19 바이러스 검사키트에 대해서 비교 분석한《로이터》의 기사 중* 미국인 전문가의 코멘트가 인상적이어서 전합니다. 최대한 적극적으로 검사하고 문제를 정확히 파악해야, 어떻게든 대처가 가능하지 않겠느냐는 이야기이죠. 나도 한국 정부의 방역 정책에 100% 동의하진 않아요. 개방성과 투명성에 강박적으로 집착하며, 바이러스를 일망타진하겠다는 결기가, 어쩌면 국민들을 피곤하게 만들기도 하고, 무엇보다 의료진을 포함해, 방역 일선에서 일하는 분들을, 장기전으로 전환하지 못하고, 지쳐 나가떨어지게 만들지 않을까 걱정입니다. 하지만, 나는 일본 정부의 대책이 틀렸다는 것만은 확신해요. 정직하지 않은 지도자와 정부가 어떻게 자국민들과 이웃 국가의 신뢰를 얻을 수 있을까요? 소수

* Special Report: How Korea trounced U.S. in race to test people for coronavirus, 19/Mar/2020

의 이익을 위해, 자국민을 희생시키는 정부라면, 여러분이 나서서 시정을 요구해야 하지 않을까요? 그런데 오히려 정부를 두둔하는 일본 시민들을 보니 속이 상하네요. 여기 중국의 지도자들도 진실만을 말하는 것 같지는 않습니다. 하지만, 최소한 강력한 정부가 상황을 적절히 통제하고 있고, 또 중국 국민들도 정부의 말을 알아서 잘 해석하는 '자신만의 게임'에 익숙하기 때문에, 큰 틀에서는 문제를 해결해 나가고 있는 듯합니다.

며칠 동안 일본을 생각하면 왠지 우울하고 속이 상했는데, 아침에 친구가 페이스북에서 인용한 한 일본인 전문가의 궤변이 속을 뒤집어 놨다. "수치를 보세요. 이제 우리 일본은 확진자 수 순위로 17등에 해당할 정도로 안전합니다2020년 3월 20일 당시. 한국이 공격적으로 바이러스를 검사해서 치료한다는데, 20만 명이래 봤자, 한국민 전체의 1%도 안 됩니다. 또, 무증상 감염자는 다 어떻게 찾아낼 것이고요. 관건은 사람들이 많이 모이는 상황을 줄여서 전파를 막는 겁니다. 그러니까 일찌감치 휴교령을 내린, 우리 정부의 방침은 현명한 것입니다." 나나짱은, 결국 길게 봐야 결과를 알 수 있으니, 이 말도 옳다는 코멘트를 남겼다. 고향인 나고야의 교외 지역에서 '아담한 게스트하우스를 운영하며, 농사도 짓는' 그녀와 남편은 여행을 좋아하고, 작은 것이 아름다운 생활을 실천하는 명랑한 부부이다. 필자는 8년 전 이들과 함께 생태적 삶과 자급자족을 추구하는 일본의 농장에서 반년간 생활하며 즐거운 추억을 만들었다. 긴 한숨이 나왔다.

중국인 건축가이자 대학교 교원인 필자의 파트너는 커뮤니티, 전통문화,

향촌, 마을텃밭정원을 연구와 실천 과제로 삼고 있는데, 일본과, 일본의 영향을 많이 받은 대만 사례들을 무척 좋아한다. 또 여느 젊은 중국인들처럼 미야자키 하야오의 애니메이션을 포함한 일본 대중문화도 꽤 사랑한다. 어느덧 중진국 경제를 지향하는 중국 사람들이 '장인 정신'과 전통, 풀뿌리 지역문화에 기반해, 세련된 라이프스타일을 구축한 일본의 '디테일'을 사랑하는 것은 어찌 보면 당연하다. 필자도 사실 일본의 이런 강점이 잘 드러나는 '무인양품' 브랜드의 팬이다. 그런데 작년부터 아베 수상과 일본 주류 미디어가 한국 때리기를 시작하면서, 그게 심지어는 상당수 필자의 일본 친구들에게까지 영향을 끼치는 것을 보면서, 묘한 위화감을 느끼기 시작했다. 일본 친구들은 한국의 발전과 독자적인 목소리 내기에 대해서 당혹감을 느끼는 것처럼 보였다. 그리고 그것이 '반일' 아니냐고 되묻기 시작했다. 그들은 영원히 한 수 아래일 것이라고 생각했던 한국이 많은 영역에서 이미 일본과 대등하거나 혹은 앞서 있다는 것을 심정적으로 받아들일 수 없는 것처럼 보였다. 예전에는 파트너나 주위 중국 친구들의 '일본 사랑'에 맞장구를 치며, 일본의 여러 장점을 함께 이야기했는데, 그들의 속 좁은 모습에 실망하며 더 이상 무엇을 배워야 하나 하는 의문이 들기 시작했다. 코로나19 사태는, 이런 필자의 의문을 돌이킬 수 없이, 강화시켰다. 필자는 일본에 마니아를 열광시킬 '세기細技'와 스타일만 있을 뿐 우리가 감탄할 만한 '시대정신'이 없다는 사실과 주위의 중국인들이 그걸 이해하지 못한다는 점이 무척 안타까웠다.

두 달여가 지난 후 겨우 일상의 평온함을 조금씩 회복하고 있는, 중국의 광저우廣州에 살고 있는 필자에게 코로나19의 실제적 위협이 엄습한 것은, 우한이 봉쇄되고 나서도 일주일쯤이 지난 설 직후였다. 그리고 위협의 실체는 바이러스가 아니라 각자도생의 길을 찾는 몇몇 이웃들의 본능적 공포였다. 중국인들의 습관대로 시내에 살고 있는 파트너의 가족과 제야除夜의 저녁 식사를 함께하고 교외 마을에 위치한 집으로 귀가했다. 며칠 후, 이번엔 파트너가 우리집에 와서 잠시 묵었는데, 가까운 두어 명의 마을 친구들을 불러, 정원에서 차를 마시기로 했다. 한 친구는 늘 그러하듯 우리집 정원을 사랑하는 두 살배기 딸 '만유에'를 데리고 왔는데, 정원과 주방이 딸린 1층 공간을 공유하는 '커슈' 가족이 만유에가 오면 늘 반겨 주는 어린 딸 '메이메이'의 팔을 잡아채며, 고함을 쳤다. "마을 바깥 사람도 부른 것 아니죠? 우리 아이와 가족은 며칠간 아무하고도 접촉하지 않아요." 그는 소리 나게 문을 쾅 닫았다.

저녁이 되자, 그는 불쑥 SNS로 친구와 친척 등의 마을 방문을 자제하게 해 달라는 마을주민위원회의 공문을 내게 보내왔다. 파트너를 돌려보내라는 묵시적 요구였다. 이때부터 중국 정부의 마을/동네, 공공장소에 대한 출입통제보다도 몇 배나 엄격한 그들의 자가격리는 2주가 아니라 두 달이 넘도록 지속되었고, 덩달아 파트너나 마을 친구들과의 교제가 제한되면서, 필자의 생활에도 막대한 영향을 끼쳤다.

지금 필자가 사는 곳은, 도시와 농촌이 교착交錯하는 유서 깊은 마을이다. '문화중매쟁이'를 자처하는 필자를 찾아오는 친구들에게 자연스러운 생활 교류의 장소를 제공하고, 주변 이웃과 함께 만들어 나가는 커뮤니티의 공간으로 삼기 위해, 정원이 딸린 아담하고 오래된 3층집을 임대했다. '우정과 환대의 공간'으로 기획한 이집의, 3층에 도시에서 이사 온 중산층 커슈 가족을 들인 것은, 혼자서 거주하며 관리하기가 너무 벅차기 때문이었다. 만남을 기획하는 필자의 일의 특성상, 집을 자주 비워야 하고, 누군가 공간을 나누며 거주할 사람들이 필요했다. 또 이 가족은, 마을에 다양한 배경의 사람들이 모이는 이유 중 하나인, 대안학교의 학부모였기 때문에, 어느 정도 문화적 공감대 형성도 가능하다고 생각했다. 막상 함께 생활하면서, 과도한 가족주의/연고주의적 행태를 보이는 것이 마음에 걸리긴 했지만, 그보다 더 큰 위화감을 느끼게 된 것은, 건국 70주년을 맞아 유독 화려한 열병식이 전국에 생중계되었던 작년 가을 중국의 국경절 아침이었다. 중국 정부가 프로파간다용으로 만든 '나와 나의 조국'이라는 노래가 한 달 전부터 마을 이곳저곳에서 불려지며 분위기를 고조시키고 있었는데, 커슈 가족은 시도 때도 없이 열성적으로 합창을 했고, 당일 아침에는 옥상에 대형 국기를 걸어 놓아, 필자에게 가벼운 충격을 주었다. 석 달이 넘도록 옥상에 대형 국기가 펄럭이는 광경은, 관공서를 제외하고는 마을의 어떤 공산당원들의 집에서도 찾아볼 수 없는 이색적인 것이라, 그들은 자신의 애국심을 스스로에게 각인시키고 증명하고 싶어서 안달이 난 사람들 같았다. 마을의 이웃 친구들은 지역의 소규모 건설회사 간부인 건축가 커슈의 남편이 지방정부와 좋은 관계를 유지하기 위해서 터득한 일종의 보신술 아니겠느냐고 귀뜸해 주었다.

중국에서는 드문 민간 영역의 사회운동인 '신향촌건설운동'의 리더, 원톄

원쥔 전인민대학교 교수는 중국 최고의 삼농농촌, 농민, 농업 문제 전문가로 불린다. 그는 정치경제학자로서 중국의 근현대 경제사를 독창적인 시각으로 분석하여 주목을 끈 바 있는데, 마르크스주의에서 출발하는 세계체제론과 종속이론에 근거하여, 세계의 자본주의와 중국 경제의 발전 역사를 '글로벌라이제이션 위기'라는 관점으로 조리 있게 설명한다.

자본론에 의하면 자본주의의 내적 모순에 의해서 반복적으로 자본이 과잉화할 때마다, 이를 해결하기 위한 내부 충돌이 발생하고, 특히 국적을 가진 자본들의 이해가 부딪히면서 전쟁이 발발하는데, 제1차, 제2차 세계대전이 그 결과이다. 유럽이 전란에 휩싸인 가운데 뉴딜과 같은 케인지언식 국가주의 경제정책을 실행한 거대 국가 미국과 소련은 내부 건설을 통해서, 생산과잉을 해결하고, 자국 내 전쟁을 회피할 수 있었다. 미소 양대 진영으로 나뉘어 냉전이 시작된 이후에는, 한국전쟁이나 월남전쟁과 같은 국지전이 발생하기도 하고, 그 이후에는 노동집약형 생산자본을 국외로 이동시켜 비용을 주변부 국가로 전가하면서, 사회갈등을 줄이고, 제3차 세계대전을 피할 수 있었다. 브레튼우즈협약 파기 후, 국제무역의 결제 수단이자 외화 비축 수단인 달러패권을 통해 영미의 금융자본 등이 산업자본을 통제하는 시기가 오고, 특히 2001년 닷컴버블의 붕괴 이후 중국이 세계 산업자본의 투자처로 선호되면서, 글로벌 생산가치 사슬의 중간을 담당하게 되었다. 2008년 세계 금융위기가 닥쳤을 때, 거대 국가인 중국은 생산과잉을 중국판 뉴딜정책인 내륙지역 인프라 개발과 '신농촌건설' 정책 등으로 극복하고, 전 세계적 수요 하락에도 불구하고, 세계경제가 지속적으로 성장하는 데 기여했다.

그의 주장에 따르면, 이번에 중국에서 발생한 코로나19로 촉발된 세계 실물경제의 위기를 해결하기 위해서, 중국은 다시 한번 국가 주도의 투자로 세계경제를 떠받칠 필요가 있는데, 2017년부터 중국 정부가 중점을 두고 있는 '향촌진흥' 정책이 그 주요한 과제 중 하나이다. 주로 하드웨어적 인프라 구축인 신농촌건설 정책의 성공을 바탕으로, 중소기업과 인재들이 농촌으로 돌아와 1차 산업뿐 아니라 다양한 산업을 농촌 지역에서 활성화해야 하는 등 소프트웨어적 업그레이드에 해당하는 것이 향촌진흥 정책이다. 특히 '생태문명 건설'이라는 중국의 국가 전략 방향성에 부합하게 지속 가능한 방식을 통한 개발을 추구하고, 도시와 농촌의 균형 성장을 추구하는 것이 그 요체이기도 하다. 이러한 내부 투자는 탈글로벌라이제이션을 의미하는데, 일자리 문제를 해결하기 위해, 중국으로 이전된 산업자본을 다시 미국으로 흡수하거나, 혹은 중국의 금융 개방을 통해, 더 많은 초과수익을 취하려는 미국의 도발을 막아 내기 위해서, 불가불 외부와의 단절de-linking을 꾀할 수밖에 없다고 한다.

여기서 그가 코로나19 사태를 관찰하며 향촌의 역량에 주목하는 미시적 관점이 또 있는데, 초동 대응에는 실패했지만 우한 봉쇄 이후 강력하고 발빠른 사회적 통제 정책을 취한 중국 내에서도, 특히 농촌에 피해가 매우 적었다는 사실을 이야기한다. 의료 자원이 가장 취약한 농촌이 가장 안전했던 이유는 자급자족이 가능한 농촌이 철저한 봉쇄정책을 취할 수 있었기 때문인데, 마치 산업화 이전의 전통 향촌사회가 그러했던 것처럼 저비용으로 사회적 리스크를 떠안은 것으로 볼 수 있다는 해석이다. 그래서 그는 중국의 향촌진흥 전략을 추진할 때도, 국가 발전모델을 만들 때도, 이 점을 깊이 고려해야 한다고 결론을 내린다.

필자는 여기서 개인적인 경험을 근거로, 원톄쥔 교수의 주장에 적극적으로 동의하면서도, 그러한 중국사회의 발전 전략이 해결해야 하는, 딜레마와 리스크에 대해서 지적하지 않을 수 없다. 우선, 마을 밖 출입을 자제하면서도, 전체적으로 필자의 생활은 상당한 안온함을 유지할 수 있었다. 매일 산책해도 질리지 않는 경치 좋은 동네 야산, 호혜적인 관계를 유지하는 마을 친구들이 거주하는 오래된 골목길이 있고, 필자가 먹는 채소의 절반 정도를 공급할 정도로 풍성한 동네 텃밭을 언제든지 찾아갈 수 있었기 때문이다. 마을 밖 출입이 많지 않은 이곳 원주민들의 일상은 크게 달라지지 않은 듯 보였고, 어쩌다 방문한 파트너가 사는 도심 주거지의 긴장감과 달리, 그들의 여유 있는 기운이 필자의 마음도 편안하게 해 주었다. 집밖 출입을 꺼리며 닭장 같은 아파트에 갇혀 지내는 사람들과, 무심한 듯 변함없는 마을 환경을 일상적으로 즐길 수 있는 사람들의 심리 상태가 다른 것은 너무나 당연한 일이다. 사실 필자의 유일한 불만은, 커슈 가족의 패닉 때문에, 1~2주에 한 번이라도 파트너에게 숨쉴 공간을 주기 위해 우리 마을로 초대할 수 없다는 것이었는데, 결국 문제는 향촌과 마을이 아니라, 도시와 도시민이라는 점을 필자는 다시 한번 깨달았다.

향촌진흥 전략의 주요한 테마 중 하나는 도농 융합이고, 이 과정에서 도시의 소비자/투자자는 수요와 자본을, 향촌은 생태/전통문화 자원과 노동을 제공하며 공정하게 과실을 나눈다. 구체적으로는 CSA Community Supported

Agriculture라는 전략을 실천하기도 하는데, 신향촌건설운동의 실제 결과물이, 이미 중국 전역에 2,000개 가까이 불어난 CSA 농장이기도 하다. CSA는 생산자와 소비자를 이분법적으로 나누지 않고, 서로를 살리는 동지적 관계를 맺게 하는 것인데, 이를테면 한국의 '한살림생협' 같은 곳을 대표 사례로 볼 수 있다. 문제는, 향촌의 생산물과 서비스에 소구되는 중국의 중산층 소비자들 상당수는, 민주적 사회를 스스로 만들어 나가는 경험을 통해서, 사회의 공동체성 회복의 중요성을 경험해 본 '깨인 시민'들이 아니라는 것이다. 이들은 가치지향적 소비를 하는 것이 아니라 그냥 '웰빙 상품'을 찾는 것이기 때문에, 향촌민/생산자들과의 연대 의식을 기대하기 힘들고, 따라서 대자본이 규모의 경제를 통해 제공하는 가격과 품질 경쟁력이 우월한 상품을 만나면, 주저 없이 선택지를 바꾼다. 이런 상황에서 농민 조직이 주도하는 안정적인 향촌경제 생태계를 만들어 나가는 것은, 상당한 도전이 될 수밖에 없다. 실제로 이곳 중국에서 CSA 농장이나 유기농 제품을 판매하는 소규모 사회적기업들이 10년 넘게 노력해 왔고 거대한 잠재시장이 있음에도 불구하고, 쉽게 성장하지 못하는 것은, 중국사회의 신뢰자본 부족과 그 근간이 되는 시민사회의 부재가 큰 이유 중 하나이다.

중국 도시 지역의 공동체성 부재는, 급격한 도시화를 통해 외지에서 유입된, 중산층 '시민'들이 교육 수준이나 경제력과 무관하게 역설적으로 '향촌민'의 사고방식을 지니고 있기 때문이다. 이들은 자신의 고향, 즉 익숙한 가족 친척들이 있는 곳에서는 그럭저럭 잘 살 수 있지만, 낯선 도시에 와서 정착하는 과정에서 아무리 시간이 흘러도 새로운 시민의 윤리와 감수성을 장착하지 못하고 도시의 '원주민'들과도 제대로 어울리지 못한다. 개방되고 자유로운 사고방식을 지닌 '낯선' 개인들이, 열린 광장에 모여 공공에 대해 논하고, 다시 공동체를 만들어 나가며 사회를 진보시키는 선순환 구조가 없기 때문이다. 사상과 언론의 자유를 허용하지 않는 중국 정부가 도시에서 실질적으로 유일하게 인정하는 '가상의 공동체'인 근대국가는, 결국 실제로는 지역 커뮤니티 내에서 반공동체적인 행동 양식을 보이면서도 겉보기 애국주의에 집착하며 자기를 합리화하는 기회주의자들만을 양산한다. 이들에게는 대문 안쪽만이 자신들의 낙원이자 안전지대이고, 바깥 세상/타인은 지옥이며, 도움의 손길을 요청하는 이웃은 자신들의 생존 가능성을 낮추는 기생충에 지나지 않는다. 이들은 마을에 살아도 그 평화와 풍요로움을 제대로 누리지 못하고 스스로를 집 안에 가둔다.

필자는 수많은 권위 있는 외신과 각국 정부, 세계적 지식인들이 상찬해 마지않는 한국의 코로나19 대응책에 상당히 높은 점수를 주고 싶다. 하지만, 한국을 자유민주주의 세계의 모델 사례로 들어 중국과 비교하며 체제적 우월감을 드러내는 것에 쉽사리 찬성할 수 없다. 중국이 직면해야 했던 문제의 복잡성과 스케일, 그리고 시민사회 역량의 한계를 보았을 때, 중국은 이번에 현체제에 가장 적합한 대응책을 효과적으로 구사한 것으로 필자는 판단한다. 굳이 비교하자면, 중국은 크기가 비슷한 미국이나 EU와 함께 살펴보는 것이 공정할 터인데, 지금 시점에서 보면, 두 지역의 피해 상황은 중국 못지않게 심각하고, 또 이들 지역은 전대미문의 위기 상황에서 한국이 택한 개방적이며 자율을 중시하는 대응책보다는, 놀랍게도 그들이 일상적으로 비아냥거리는 중국처럼, 자유를 억압하는 국가주의적 정책을 택하고 있는 것으로 보인다. 하지만, 도시만을 놓고 보면, 중국의 미래를 낙관하기도 쉽지 않다. 기후변화 등 상시적 재난 상황이 코앞에 닥친 현실에서, 강력한 중국 정부조차도 통제할 수 없는 강도 높은 재난이 닥쳤을 때, 자급 능력이 부족한 도시가 봉쇄되고 외부의 도움의 손길을 기대할 수 없다면, 시민적 공동체성을 결하는, 중국의 도시들은 지옥으로 돌변할지도 모른다. 그래도, 중국의 도시화율이 60% 정도이고 원톄쥔 같은 지식인들이 도시화의 진전은 더 이상 바람직하지 않다는 정책 건의를 계속하는 것을 고려하면, 1950~1960년대 두 차례에 걸쳐 봉쇄와 단절을 경험하면서도, '상산하방' 정책을 통해 살아남은 중국이 여전히 한국에 비해 생존 가능성이 높다는 사실을 겸허하게 인정해야 할 것 같다. 아무리 시민의식 수준이 높아도, 이미 92%의 도시화율을 보이고 있고, 에너지와 식량 등의 물리적인 자급 능력이 현저히 떨어지며 대외 경제 개방도와 의존도가 지나치게 높은 한국의 위기 대처 능력에는 근본적 한계가 있을 수밖에 없다.

여기서 필자는 아이로니컬하게도, 다시 일본의 친구들에게 도움을 요청하고 싶다는 생각이 든다. 일본의 주류 사회와 달리, 필자가 존경하고 사랑하는 무정부주의적 생태주의자들의 자급 능력과 탈자본주의적 비전은 경이로울 정도이며, 겉으로는 한국만큼이나 쇠락해 보이는 일본 농촌과 지역의 곳곳에 이런 개인과 공동체들이 적지 않게 존재한다. 이를테면, 지난겨울 미야자키현의 산속에 연인원 100명도 넘는 이들이 모여서 3개월간 야영하면서 생활하는 '표주박 시장' 프로젝트가 있었다. 이들은 함께 모여 생활하면서 필요에 따라 자신의 생산품과 노동을 교환하는 실험을 행했다. 누구도 돈을 주고받지 않고, 강제적 의무나 복잡한 규율 없이도 자기가 원하는 것을 하면서, 단지 생명을 나누고, 새로운 세상을 만드는 비전을 어깨에 힘주지 않고 실천해 보았다. 가장 먼저 자신이 속해 있는 사회와 국가가 돌이킬 수 없이 망가진 것을 직감한 이들은, 굳이 광장에 모여 촛불을 들거나, 투표장으로 달려가 자신의 정치적 요구를 관철시키려 하기보다는, 재난 이후의 세상을 살아가기 위해 바닥부터 다질 준비를 하고 있는 것 같았다. 현재적 아포칼립스를 경험하게 한 3.11 후쿠시마 원전 사태가 이들에게 동기를 부여했다. 그리고 고맙게도 이런 그들의 실험 장소를 개방하여, 한국과 대만 등 동아시아의 다른 친구들을 기꺼이 환영해 주었다.

미중 양대 강국의 영향력하에서 자력으로 절대적 독립을 추구하는 것은 불가능하고, 역시 우리 마음대로 바꿀 수 없는 북쪽 체제, 그리고 그들의 거울 이미지가 되어 사납게 내부를 할퀴는 수구적 권력 집단을 완전히 제거할 수 없는 우리의 난감한 입장과, 재난이 일상화하는 위험하기 짝이 없는 미래 상황을 고려해 보자. 이런 대안적 실험은 몽상가들의 소꿉놀이가 아니라, 축제같이 즐거워 보이지만, 사실은 '노아의 방주'를 만드는 '비저너리'들의 심각한 미래 설계일지도 모른다.

일본의 방심과 미주迷走

야규 마코토柳生眞

1월 - 코로나19 일본 상륙 - 유람선에 쏠린 시선

2019년 말쯤부터 중국 후베이성湖北省 우한시武漢市에서 돌기 시작한 원인 불명의 폐렴—뒤에 신종 코로나 바이러스에 의한 것으로 발표되었다—은 일본에서는 2020년 1월 16일에 가나가와현神奈川縣에서 처음으로 그 감염자가 확인되었다. 도쿄도東京都에서 최초의 감염자가 확인된 24일, 일본 정부는 중국 우한에 체류하던 일본 국민들을 귀국시키기 위해 전세기를 보내는 결정을 내렸다. 또 나라현奈良縣, 홋카이도北海道에서도 차례로 감염자가 발견된 28일에는 아베 신조安倍晋三 총리가 신종 코로나 바이러스 감염증을 '지정감염증'으로 지정했다. 1월 29일에는 오사카부大阪府에서, 30일에는 미에현三重縣, 교토부京都府에서, 31일에는 치바현千葉縣에서도 잇따라 감염자가 확인되면서 일본 내 감염의 조짐이 서서히 나타나고 있었다.

하지만 코로나19가 일본에서 사회적으로 큰 화제가 된 것은 2월부터였다. 대형 유람선 다이아몬드 프린세스호의 한 승객에서 코로나19 감염이 확인된 것은 2월 1일. 배는 이날 홍콩에서 일본에 입국하고 오키나와沖繩의 나하항那覇港에서 검역을 받고 2월 3일에 요코하마항横浜港에 정박했다. 당시 56개국에서 온 승객 2,666명과 승무원 1,045명의 총 3,711명이 타고 있었고, 검사한 결과 10명의 확진자가 확인되어 즉시 가나가와현神奈川縣의 의료기관으로 후송되었다. 2월 5일부터 14일간 선내에서 검역이 시작되었는데 그 후부터 거의 매일같이 수많은 확진자가 발견되고 그 숫자는 마침내 712명에 달했다.

일본 DMAT재해파견의료팀의 일원으로 다이아몬드 프린세스호에 들어간 고베대학神戶大學 이와타 겐타로岩田健太郎 교수는 18일에 '개인적인 견해'라고 밝히면서 YouTube를 통해 내부의 상황을 널리 알렸다. 아니, 알렸다기보다는 고발했다고 해야 할 것이다. 이와타 교수는 과거에 아프리카 시에라리온이나 중국에서 에볼라 출혈열出血熱이나 사스SARS 대책을 맡았던 경험이 있는 감염증 대책의 전문가이다. 그는 유람선 안에서 감염자가 증가하고 있다는 소식을 듣고 혹시 감염 대책이 잘못된 게 아닐까 생각해서 아는 사람을 통해 어렵게 승선했다고 한다.

이와타 교수에 따르면 본래 감염증 대책에 있어서는 바이러스가 없는 안전구역green zone과 바이러스가 존재할 수 있는 경계구역red zone을 엄격히 나누고 위험구역에서는 방호복을 입고 안전구역에서는 그것을 벗는 것으로 의료 관계자 스스로도 감염을 피하는 것이 대원칙이다.

그런데 실제 유람선 안에서는 그 분별이 전혀 안 되어 있어서 어디가 안전하고 어디가 위험한지 도무지 알 수가 없는 상황이었다. 그는 "아프리카에서도 중국에서도 전혀 무섭지 않았지만 다이아몬드 프린세스호 안은 굉장히 비참한 상태여서 정말 무서웠다." "아프리카와 중국과 비교해도 너무 심했다. 차라리 시에라리온이 훨씬 나았다." 라고 말했다. 감염 대책에서는 의료진들이 스스로 감염 위험에 노출되는 상태에서 감염자와 일반인에게 다가가는 것은 규칙 위반이다.

그럼에도 불구하고 유람선 안에서는 열이 있는 사람이 거실에서 의무실까지 걸어가거나, 감염자와 스쳐지나가는 일이 일상사였다. 실제로 DMAT와 검역관 중에서도 감염자가 나왔다고 한다. 이와타 교수가 말하기를 "DMAT분들이 본래의 의료 현장에 돌아가면 병원 안에서 다시 바이러스가 확산될 수도 있다. 아프리카와 중국과 비교해 봐도 감염 대책이 열악하다."

하시모토 가쿠橋本岳 후생노동 부대신厚生勞働副大臣이 2월 19일에 SNS상에서 은근히 이와타 교수를 가리켜 '어떤 의사'가 내가 모르는 사이에 함부로 선내에 들어가 있었기에 퇴거시켰다는 글을 올려 불쾌함을 표출했다.

그리고 다음 날 하시모토 부대신은 '왼쪽이 청결 루트, 오른쪽이 불결 루트'라는 설명과 더불어 유람선 안의 사진을 트위터상에 공개했다. 빨간 글씨로 '청결 루트'와 '불결 루트'라고 각각 적힌 두 장의 벽지가 붙어 있는 사진이었다. 이와타 교수가 즉각 그 사진을 촬영한 지점이 바로 안전구역과 경계구역이 교차하는 곳이라고 지적하면서 이로 인해 후생노동성厚生勞働省 차관이나 되는 사람이 구역 분리의 의미를 제대로 이해하지 못했던 사실이 드러났다. 이와타 씨는 "하시모토 씨에게 도움을 받을 줄은 꿈에도 상상하지 못했습니다." "하시모토 씨도 구역의 문제를 공유해 주셔서 다행입니다." 라고 비꼬고 네티즌들도 '내부고발'이라고 야유했다. 하시모토 부대신은 얼마 후

그 사진을 삭제했다.

또한 다이아몬드 프린세스호 승객이었던 미국 테네시 주의 의사 아놀드 홉랜드Arnold Hopland 씨도 《월스트리트 저널》의 취재에 응하면서 승무원이 하루에 열 번이나 음식과 휴지, 초콜릿 등을 가져다주었다고 증언했다. 승객들은 마스크도 없이 발코니에 나와서 세탁물을 말리고 서로 이야기를 나누고 있었다. 이래서는 방역이 안 된다고 주의하던 홉랜드 부인도 감염되고 객실을 돌봐 주던 승무원도 중증이 되었다.

결국 유람선의 방역 체제가 철저하지 못했다고 밝혔다. 홉랜드 씨는 "내가 감염되지 않았던 것이 놀라울 정도다. 바이러스는 들불처럼 선내에 퍼졌다. 그들일본 정부은 우리를 감염시키려고 샬레 안에 가두었다는 것이 나의 추론이다."라고 분노를 나타냈다.

유람선 안의 상황이 밝혀지자 감염자가 나온 배를 통째로 격리시킨 일본 정부의 방역 방침에 대한 비판의 목소리가 높아지고, 세계의 감염증 전문가와 언론은 "유람선이 신종 바이러스의 배양기가 됐다."고 신랄하게 비판했다.

2월 8일의 트윗에서 고노 다로河野太郎 방위대신防衛大臣은 검역 기간을 배 안에서 지내는 것은 바이러스 확산을 막는 가장 좋은 방법이라는 미국 보건당국의 판단에 따른 것이라고 밝힌 바 있다. 그리고 미국 정부로부터 조속히 미국인을 출국시킬 생각은 하고 있지 않다는 설명을 받았다고 덧붙였다.

그러나 유람선 안의 대량 감염이 밝혀지자 미국이 손바닥 뒤집듯 17일에 맨 먼저 전세기를 보내고 자국민을 귀국시켰다. 그리고 한국, 호주, 홍콩, 이스라엘, 캐나다, 대만, 영국, 이탈리아, 필리핀 등도 그 뒤를 따랐다.

미국, 캐나다, 호주, 영국 등은 다이아몬도 프린세스호에서 전세기로 귀국한 사람들을 다시 14일간 격리시키기로 결정했다. 한편 일본은 방역이 끝난 19일부터 21일까지 검사에서 음성으로 판정된 승객을 요코하마역橫浜驛 등에서 해산시키고 각기 대중교통으로 귀가시켰다.

그리고 22일에 후생노동성은 '확진 판정이 많이 나온 경우 업무에 지장이 생길 우려가 있기 때문'이라는 이유로 다이아몬드 프린세스호에서 근무하고 돌아온 직원들을 검사도 없이 바로 직장에 복귀시킬 방침이라고 밝혔다. 이처럼 후생노동성이 직장의 업무를 사람의 목숨보다 중히 여기는 안전 불감증과 생명 경시 태도는 일본 국민들을 경악시켰다.

아베 총리의 방심

아베 정부는 1월부터 2월 초 단계에서는 각 부처에 대책 전담 부서를 두게 하고 우한에 전세기를 파견하며 2월 14일에 감염 전문가 회의를 소집하는 등 나름대로 코로나19 대책에 손을 쓰고 있었다. 그러나 그것이 "할 수 있는 만큼은 했다."는 방심으로 이어진 것처럼 보인다.

2월 19일에는 아베 총리가 야마구치현山口縣 '시모노세키 복어연맹'에서 보내온 복어를 시식하고 "말랑말랑하네."라고 소감을 말하는 장면이 TV에 방영되었다. 21일에는 이나다 도모미稻田朋美 간사장대행幹事長代行 생일잔치에 참석하였다. 그 밖에도 자민당과 각종 단체와의 간담회, 그리고 '정보수

집' 명목으로 기업 사장이나 보수계 인사들과의 회식을 거듭하고 있었다.

2월 23일에 와서야 신종 코로나 바이러스 감염증 대책본부회의가 출범하고 아베 총리는 이틀에 한 번 정도 참석했으나 자리에 앉았던 시간은 하루에 약 10~20분 정도였다. 그 후에는 사택으로 귀가하거나 간담회 및 회식 등을 하였다. 그러나 아베가 여유로운? 모습을 보이던 사이에 상황은 급속히 악화되고 있었다. 다이아몬드 프린세스호의 집단감염 이외에도 2월 20일 전후부터 홋카이도北海道에서 수많은 감염자가 확인되면서 28일에는 스즈키 나오미치鈴木直道 지사가 비상사태를 선언하기에 이르렀다. 특히 1월 31일부터 2월 11일까지 개최된 삿포로 눈축제가 집단감염의 큰 발원지가 되었다. 눈축제에서 감염되고 다른 지역에서 확진 판정을 받은 경우도 있었다.

마침내 코로나19 대책보다 회식이나 친한 사람들끼리의 모임에만 바쁜 아베 총리의 동정이 인터넷 언론과 주간지 등에서 폭로되었다.

원래 '총리 동정'은 인터넷과 신문 등에도 공개되는 정보이다. 그러나 그 공개 정보를 읽어 냄으로써 아베 총리의 코로나19에 대한 위기의식과 긴장감의 결여가 드러나 버린 셈이다. 이리하여 우한에 전세기를 보내기도 했던 아베 정부의 초기 대응은 퇴색되고 그 '속수무책'과 '불감증' '긴장감의 결여'가 크게 부각되었다. 하여튼 귀중한 시간을 허비한 것만은 틀림없다.

아베 정부의 이러한 태도는 불가불 2011년 3월의 동일본대지진과 후쿠시마福島 원전사고 때 민주당 정권의 진지하고 필사적인 대응과 대비되었다.

당시 간 나오토菅直人 총리는 사고 발생 당일부터 총리공관에 계속 머물면서 총리 직속 특별팀을 구성하고 지진 피해와 원전사고의 정보수집에 부심했다. 지진 다음 날 아침에는 간 총리가 몸소 후쿠시마 원전을 시찰하기도 했다. 또한 3월 14일에 도쿄전력東京電力이 사고 현장인 후쿠시마 제1원전에서 철수한다고 전해 들은 간 총리는 급히 도쿄전력을 찾아가서 경영진들에게 "철수 따윈 있을 수 없다!" "철수하면 일본이 어떻게 되는 줄 아느냐? 동일본은 끝이다!"라고 야단을 치고 철수를 저지했다. 간 정부의 이러한 행동에 대해서는 총리라는 자가 함부로 움직이고 현장을 혼란시켰다는 비판도 있지만, 만약 도쿄전력이 후쿠시마에서 철수했더라면 원자로 폭주를 막을 길이 없게 되고 동일본이 괴멸될 수도 있었다. 총리의 결단이 최악의 사태를 막았다는 긍정적 평가도 있다.

에다노 유키오枝野幸男 관방장관官房長官, 당시도 사건 당시 수면 시간이 매일 1~2시간 정도였으며 그 피곤한 모습을 본 네티즌들이 "에다노, 잠 좀 자라!"라고 성원을 보냈다. 아베 총리와 지지자들는 종종 민주당 정권을 '악몽의 민주당 정권'으로 폄하함으로써 아베 정부가 그보다 낫다는 인상을 심어 왔으나 이제 그 말이 자기들에게 되돌아온 셈이다.

아베 정부의 미주迷走와 의혹疑惑

학교 휴교 요청

아베 총리는 2월 29일에 와서야 부랴부랴 기자회견을 열었다. "솔직히 말씀드려 정부의 힘만으로는 이 코로나19와의 싸움에서 승리할 수 없습니다. 개개의 국민들의 협력이 불가피합니다."라고 호소하면서 3월 2일부터 모든 초·중·고등학교와 특별지원 학교에 임시휴교를 요청했다. 일본에서는 3월 하순부터 4월 초까지 봄방학에 들어가기 때문에 봄방학을 앞당긴 셈이다. 게다가 원래 3월에 열리는 졸업식과 종업식도 중지·축소되었다.

학교 폐쇄 자체는 여러 나라에서 내려진 조치이므로 일본이 그리 엉뚱한 대응을 했다고는 말할 수 없다. 그러나 수시로 최신 정보 수집과 전문가의 의견 수렴을 하지 않은 탓에 그 대책은 즉흥적일 수밖에 없었다. 그리고 준비가 전혀 안 되었기 때문에 혼란을 야기할 수밖에 없었다. 게다가 이것은 전문가들의 검토도 거치지 않은 것이어서 법적 근거도 불분명했다. 무엇보다 모든 국민이 아무런 준비도 하지 못한 상태였다. 그러므로 학교 관계자들과 학부모들뿐만 아니라 부모가 근무하는 직장, 심지어 학생들의 급식을 준비하는 업체와 졸업식을 위해 꽃을 준비했던 꽃가게에 이르기까지 갑작스런 휴교에 대응하느라 쫓기게 되었다.

중국과 한국부터 입국 제한

3월 5일, 아베 정부는 신종 코로나 바이러스 감염증 대책본부회의에서 중국과 한국으로부터의 입국 규제를 내놓았다. 일부 우익 인사들은 예전부터 중국인의 입국 금지를 주장하고 있었으나 아베 정부는 여행 중단과 입국 거부의 범위를 중국 우한시와 후베이성에 한정하고 있었다.

그러다가 중일 양국이 시진핑習近平 주석이 일본 방문을 연기한다고 발표하자마자 일본 정부는 한중의 입국 제한을 발표한 것이다. 이것이 도리어 국민의 안전보다 시진핑 방문에 따른 외교력 과시을 우선시했다는 의혹을 불러일으켰다. 게다가 그 시점에 특히 중국과 한국을 대상으로 한 이유도 애매했다. 이미 이란, 이탈리아 등에서도 코로나19가 급속히 확산하고 있었기 때문이다. 이란과 이탈리아가 출입국 관리법에 의거한 입국 거부 국가에 포함된 것은 3월 26일에 이르러서였다.

일본의 코로나19 검사 능력

또한 일본의 코로나19 검사 방침과 감염자 수에 대해서도 의문이 제기되었다. 후생노동성은 2월 18일, 하루에 최대 3,800건의 검사가 가능하다고 발표했다. 그러나 26일에 가토 가쓰노부加藤勝信 후생노동대신厚生勞働大臣은 18일부터 26일까지 9일간에 총 6,300건 정도로 하루 평균 900건의 PCR검사를 실시했다고 밝혔다.

의사들과 야당 의원들은 "감염자 수가 많이 안 나오게 꾸미고 있다", "후생노동성이 검사를 자기들끼리 챙기려 하고 있다", "검사를 원했음에도 방치되고 있다." 등으로 비판했다. 심지어 2020년 도쿄 올림픽·패럴림픽을 예정대로 개최하기 위해 아베 정부가 의도적으로 코로나19 검사를 억제하고 통계상의 환자 수를 줄이고 있다는 의혹까지 제기되었다.

한편 희망자를 모두 검사하면 의료 인력과 시설, 병상 등 부족으로 도리어 의료 붕괴를 초래할 수 있다는 반론도 의료 관계자들에게서 제기되고 있다.

일본에 원래 충분한 검사 능력이 있다고 자부하면, 정부가 일부러 그것을 억제하고 대량 감염의 사실을 은폐하고 있다는 의혹을 부정하기 어렵게 된다. 반대로 일본에는 실제로 그렇게 많은 검사를 실시할 능력이 없다고 고백하면, 하루에 최소 15,000건을 처리할 수 있는 한국에 비해 검사 능력이 미흡하다NHK 발표에서는 3월 16일 시점에서 하루 7,500여 건의 검사가 가능하다고 함는 자존심이 상하는 사실을 인정하지 않을 수 없다.

일본의 코로나19 감염자 수에 대한 수수께끼

3월 29일 시점에서 일본의 코로나19 확진자 수는 1,693명후생노동성 발표이다. 지금 유럽과 미국 등에서 감염자와 사망자가 급속히 늘어나고 있는 가운데 일본에서 그 수가 그다지 늘지 않는 것에 대해 세계가 의아해하고 있다.

미국 신문《뉴욕타임스》는 3월 26일자「일본의 바이러스 성공은 세계를 어리둥절하게 만들었다. 이제 그 운이 다하고 있나?Japan's Virus Success Has Puzzled the World. Is Its Luck Running Out?」라는 기사에서 일본은 한국과 같은 대량 검사도, 중국과 같은 도시 봉쇄도, 싱가포르와 같은 최첨단 감시 기술 도입도 안 하고 있음에도 불구하고 감염을 억제하고 의료 붕괴를 회피하고 있는 것처럼 보인다고 지적했다. 아울러 검사 수가 너무 적기 때문에 통계에 나타나지 않은 감염자가 많이 숨어 있을 수 있다는 의혹도 제기하고 있다.

과연 일본은 많은 감염자를 포착하지 못하고 있는가? 아니면 어떤 요인으로 감염 확대가 최소화되고 있는가? 이것에 대해서는 일본의 전문가들 사이에서도 의견이 엇갈리고 있다. 홋카이도 대학北海道大學 니시우라 히로시西浦博 교수는 실제 환자 수는 공식 통계의 열 배 정도가 될 것으로 추정하고 있다. 한편 개개인의 마스크 쓰기, 손 씻기, 소독 등과 각 직장 단위에서 재택근무, 근무시간제, 온라인 회의 등의 도입, 이벤트나 회의 자제와 같은 대책이 나름대로 효과를 보이고 있는 점. 그리고 서양과 달리 악수와 같은 신체적 접촉을 하는 습관이 적고, 집으로 들어갈 때 신발을 벗기 때문에 코로나 바이러스신발 위에서 5일간 생존한다는 연구 결과가 있다를 집 안에 가져올 기회가 덜 많은 점 등 생활 습관 덕분에 실제로 어느 정도 감염을 막고 있다는 견해도 있다.

일본의 코로나19, 어디로 향해 가는가?

3월 말쯤, 아베 정부가 4월 1일 또는 2일에 도쿄를 봉쇄한다는 소문이 온라인상을 떠돌았다. 이에 아베 정부는 3월 31일, 기자회견을 열고 "그런 사실은 없다. 현재는 아직 긴급사태 선언이 필요한 상황이 아니다. 인터넷상에 여러 소문들이 나돌고 있으나 그것은 사실이 아니다."라고 밝혔다. 그리고 "프랑스와 같은 도시 봉쇄는 못 한다. 거기에 오해가 있다."라고도 강조했다. 일본 정부는 국민에 대해 불필요한 외출 자제를 호소하면서도 우한, 밀라노, 파리, 런던, 뉴욕 등에서 하고 있는 도시 봉쇄는 할 생각은 없다고 밝혔다.

그러나 아베 정부는 법적 근거도 애매한 상태에서 갑자기 전국의 학교를 휴교시킨 선례가 있기 때문에, 도시 봉쇄도 있을 수 있다고 생각한 시민들이 불안한 마음에서 쌀, 라면 등 보존이 잘되는 식량품을 사재기하기도 했다.

또 긴급사태 선언에 대해서도 국민들의 의견은 서로 엇갈리고 있다. 고이케 유리코小池百合子 도쿄도지사東京都知事나 일본의사회 등은 발령을 촉구하는 입장이다. 외국에서 이미 그랬듯이 긴급사태 선언을 선포하고 강제력을 써서 사람들의 이동을 통제해서라도 더 이상의 코로나19 확산을 막아야 한다는 것이다. 이에 대해 긴급사태 선언이 오히려 사회를 붕괴시킬 수 있다는 의견도 있다. 법적 근거와 실시 기한, 적용 범위, 언론의 감시가 애매하고, 무엇보다 지금까지 아베 정부가 계속 개헌改憲을 외치면서 특히 정부에 대한 막강한 권력 부여와 시민적 권리를 크게 제한시키는 긴급사태조항을 넣는 것에 강한 집착을 보여 왔다. 긴급사태 선언에 대해서도 처음에는 정부의 권력 집중과 시민의 권리 제한을 우려하는 의견도 적지 않았다. 그러나 코로나19 감염 폭발의 위기가 가까워지자 정부의 강력한 대응을 원하는 여론이 고조되었다.

아베 정부는 4월 7일에야 도쿄도, 가나가와현, 사이타마현, 지바현, 오사카부, 효고현, 후쿠오카현 등 7개 지역에 긴급사태 선언을 발령하면서 외출 자제를 요청했다. 다만 요청에 불응한 사람을 처벌하는 강제력은 없고, 또 휴업에 대한 보상이 거의 없기 때문에 생계를 유지하기 위해 긴급사태 선언 이후에도 계속 직장을 다니는 사람이 적지 않았다. 서구와 미국 등 여러 나라가 시행하고 있는 강력한 외출금지 조치와 정부가 시민들의 생활을 지탱해 줄 수 있는 충분한 보상이 병행되어야 코로나 감염 확산 방지에 효과가 있다는 의견이 거세지고 있다.

세계 각국은 사람들의 외출 자제와 영업 중지, 도시 봉쇄 등에 따른 국민의 생활고를 구제하기 위해 지원책을 마련하고 있다. 한국에서는 소득 하위 70%에게 100만 원을 지급하기로 결정했다각 지자체에서 긴급생활비를 따로 지원. 홍콩은 18세 이상의 영주권자에게 1인당 약 1만 홍콩달러약 158만 원를 지급한다.

미국은 성인 한 사람당 1,000달러약 123만 원를 나눠주기로 했다. 영국에서는 모든 레스토랑, 펍, 스퍼트 짐 등을 폐쇄시키고 종업원 임금의 80%를 보장한다. 프랑스는 휴업하는 노동자의 임금을 100% 보장하고 소규모 사업자 및 프리랜서에게는 1,500유로를 지급한다. 독일은 자영업자 등에게 3개월에 최대 9,000유로를 보장한다.

한편 일본 정부는 3월 25일, 농림·식량전략조사회 농림부회 회의를 열고 코로나19에 대한 경제 대책을 논의하면서 '쇠고기 상품권'이나 '생선 상품권'을 나눠줘야 한다는 제안이 나왔다고 《일본농업신문》이 보도했다. 이 기사가 인터넷상에서 널리 알려지자 자민당의 이권 정치와 국민 생활 무시에 대한 비판과 실망의 목소리가 쏟아져 나왔다.

4월 1일, 아베 총리는 기자회견을 열고 "일본 전 가구에 면 마스크 2장씩 배포"하겠다고 발표했다. 그러자 국민들로부터 즉각 "이게 무슨 농담이냐?" 등의 비판이 쏟아졌다. 인터넷상에는 아베노믹스를 비꼰 '아베노마스크'라는 신조어와 아베를 야유하는 패러디가 쏟아져 나왔다. 다른 나라들과 비교해서 너무 빈약한 일본의 지원책이 국내외에서 비판받자 정부는 4월 3일 한 가정 당 현금 30만 엔 지급안을 내놓았다. 하지만 지급을 받을 수 있는 것은 코로나19 확산 이전과 비교해서 수입이 현저히 줄어든 가정에 한정되고 그 조건이 매우 까다롭다며 다시 비판을 받고 있다.

독자적으로 움직이는 지자체, 출구가 될 것인가

중앙정부가 미덥지 않다고 느낀 지방지자체는 정부의 지시를 기다리지 않고 대책을 강구하기 시작했다. 오무라 히데아키大村秀章 아이치현愛知縣 지사는 맞벌이나 단독 부모 가정의 보호자가 희망하는 경우 휴교 기간 동안 아이들이 자습하는 '자주등교교실'을 설치할 것을 현의 초등학교 등에 요구했다. 또 가와무라 다카시川村たかし 나고야名古屋 시장은 후생노동성이 비판적인 태도를 보였던 한국식 드라이브스루 검사를 도입했다.

또한 니사카 요시노부仁坂吉伸 와카야마현和歌山縣 지사는 이른바 '와카야마 모델'이라는 독자적인 방역 시스템을 구축했다. 1월 31일, 와카야마현 유아사초湯淺町의 제생회濟生會 아리타병원有田病院에서 근무하던 한 남성 의사가 열이 계속되는 이상한 증세를 보였다. 단순한 독감이 아니라고 느낀 그가 뢴트겐을 찍어 보자 폐에 그림자가 있었다. 얼마 후 같은 유아사초에서 네 사람에게 비슷한 증세가 나타났다. 그중 3명은 같은 아리타병원의 환자였고 나머지 1명도 같은 병원의 의사였다.

신종 코로나 바이러스 감염이 의심되었으나 당시 이 5명은 모두 '중국 여행 경력이 있거나 중국인과 접촉했던 사람'이라는 후생노동성 지침에는 해당하지 않았다. 하지만 니사카 지사와 와카야마현은 정부의 지침에 따르면 감염자를 찾아낼 수 없다고 판단하고 자체 지침을 제정·운영할 결단을 내렸다. 그리하여 병원과 의사와 접촉한 사람에게 PCR검사를 실시하자 10명의 확진자가 나왔다.

3월 초에도 한 여성이 오사카의 라이브하우스에서 감염돼 확진 판정을 받았다. 그러자 현이 그녀와 접촉한 사람을 일일이 조사하고 그녀의 직장 동료들도 모두 검사한 뒤에 그들에게 대중교통 이용을 자제하게 하고 4주간의 재택근무를 명령했다.

이러한 '와카야마 모델' 덕분에 와카야마현은, 코로나19 확진자수 전국 2위4월 7일 시점 481명, NHK발표인 오사카부와 인접해 있고 간사이국제공항關西空港과도 가깝기 때문에 바이러스가 유입하기 쉬운 지리적 조건임에도 불구하고, 지금까지 코로나19 확산을 잘 막고 있는 편이다.4월 7일 31명, NHK발표

미국의《워싱턴포스트》도 이 와카야마 모델에 주목하여 '일본 정부의 지침을 따르지 않은 승리'라고 칭찬했다3월 23일 기사 「In Japan, a region's decisive game plan serves as a model」.

코로나19와 지방정부의 대응 체제

윤창원

코로나19의 전개 과정

대한민국에서 코로나19는 초기의 성공적인 대응에 돌발변수'31번 환자'가 생기면서 지역사회 전파가 시작되었다. 중앙정부는 2월 23일 감염병 위기경보를 최고 수준인 '심각단계'로 올리고, 3월 15일에는 대규모 확산이 발생한 대구광역시, 경북 경산시, 청도군, 봉화군을 특별재난지역으로 선포하는 등 발 빠르게 대응했다. 행정안전부를 비롯한 관련부처에서는 지방정부의 방역, 재난 대처를 뒷받침하는 각종 조치법적, 행정적를 신속하게 마련하였다.

우리나라 재난대응 추진 체계는 재난 및 안전관리기본법상 중앙정부와 자치단체광역과 기초, 그리고 중앙 및 지방의 재난안전책임/주관기관과 관련 위원회, 중앙/지방의 재난안전책임/주관기관과 긴급구조기관 등이 복잡하게 연계된 체계로 운영되고 있다. 재난대응에서 중앙정부는 광범위한 재난안전관리 전략 및 계획을 수립하고 추진하며, 지방자치단체는 실질적인 대응, 복구 등의 현장 업무를 수행하는 구조인 셈이다. 코로나 19와 같은 신종 감염병이 발생하면 대응 및 복구가 이루어지는 곳은 지역의 현장이기 때문에 감염병 재난 대응에서 지자체의 역할은 매우 중요하다고 할 수 있다.

초기에 신속하게 감염원 및 전파 경로를 파악하고 이를 바탕으로 철저하게 의심환자 및 접촉자를 관리하는 것이 방역 대응의 핵심이다. 또한 의심환자 발견·조치와 접촉자 관리에서 중앙정부의 대응 주체들과 신속하고 정확하게 연계하여 대응하는 역량을 갖춰야 하고, 이 외에 지역 환자 감시, 지역 역학조사, 현장 방역조치, 환자 이송, 접촉자 파악 지원, 환자 및 접촉자 관리, 지역 유관기관과의 협력체계 강화, 지역 주민 대상 교육·홍보 등 소통 강화, 지역 내 격리병상과 격리시설 관리 및 추가 확보 계획 마련, 방역업무 중심 보건소 기능 개편 및 검사 인력 보강 등이 지자체의 주요한 역할이다.

최근 코로나19 사태 발생 이후 중앙정부와 지방정부지자체가 보여준 적극적인 대응 방식은 메르스일명 '중동호흡기증후군'를 경험하며 대응방안을 새롭게 정비해 온 결과라 할 수 있다. 지난 2015년 메르스 발생 때 의심 및 확진 환자 진료와 입원 치료를 위한 의료기관과의 협력체계, 환자 이송 시 소방본부와의 협력체계, 자가격리자와 능동감시자 등 관리 대상 추적 관리를 위한 경찰청과의 협력 체계 등이 지역사회에서 즉각 가동될 수 있는 수준으로 구축되지 못하여 초기대응에 실패한 경험을 살려 충분한 대응체제를 마련해 둔 덕분에, 이번 코로나19는 초기부터 능동적이고 적극적으로 대처할 수 있었다.

코로나19가 아직 종식되지 않은 상황에서 지금까지의 대응 과정에 대한 평가를 논의하기에는 아직 이르지만 메르스 때의 경험을 반추하여 현 상황을 진단해 볼 수는 있을 것이다. 코로나19는 지역사회 감염력이 강하고 확진환자는 일부 지역에 집중되어 있는 반면, 확진자 치료와 격리에 필요한 음압격리병상은 여전히 지역 간 편차가 심한 상황이었다. 물론 서울과 경기도, 광주광역시에서 경증 환자를 일부 수용하기도 하였다. 국내 감염병 전문병원이 강원, 전북, 충북 지역에는 없으며 이번에 극심한 확진환자 증가를 불러왔던 대구 지역은 초기에 음압격리병상은 54개에 불과한 상황이었다. 이에 따라 대구·경북지역 경증환자를 전라도 지역의 감염병 전담병원에 이송한 것은 지역사회 불균형 문제를 중앙정부-지자체-민간기업간 협조 체제로 해결한 사례라고 할 수 있다. 지자체의 자가격리자 및 확진자 관리에서 의료기관병상 확보 및 치료, 소방본부보건소 및 병원으로의 이송, 경찰청추적 관리과의 협력체계 구축도 개선되어 향후 대처에 도움이 되기도 하였다. 전북은 코로나19 확진환자 증가로 병실이 부족한 대구·경북 지역을 돕기 위해 중앙정부와 협의하여 전북 내 전담병원 병상의 50%를 제공하기로 결정하였고 전북 소방본부는 도내 14개 시·군 보건소에 음압이송용 들것을 추가 배치하여 확진환자 및 의심환자 이송 지원을 돕고 있다.

지자체 단위에서 기초 역학조사 및 방역조치를 실시하고 질병관리본부에 조치사항을 보고하는 선 조치 후 보고 체계로 전환하여 감염병에 신속하게 대응할 수 있도록 하는 등 국가재난 시 행정절차도 효율적으로 운영하기도 하였다. 진단 검사의 신속성과 접근성 확대를 통한 환자 조기발견 및 지역사회·의료기관 감시체계를 구축하고 의료기관의 감염 예방과 취약시설 보호 조치를 더욱 강화하였다. 이러한 조치는 미국 등 의료 선진국에서도 방역 모범사례로 여겨지고 있다. 미국 공화당 소속 릭 스캇 상원의원은 한국형 드라이브 스루 검진 방식과 같은 선별 진료소를 미국 정부가 도입하도록 하는 코로나 바이러스 이동형 수집소 법안을 3월 1일 발의하기도 하였다. 이러한 노력뒤에는 선제적 조치로 코로나19 확산을 막기 위한 지자체의 노력이 돋보였는데 서울시와 경기도의 대응방식을 살펴 볼 필요가 있다.

서울시 대응방안

서울시는 코로나가 본격 확산되기 전인 1월 31일 신종 코로나 바이러스 감염증 방역 대책회의를 열고 2차 감염 발생 대책을 발표했다. 여기에는 전날 질병관리본부 측이 발표한 새로운 유전자 검사법을 서울시 보건환경연구원에 적용하는 방안과 함께 신종 코로나 바이러스 감염증 확산을 막기 위해 선별 진료소를 늘리고 확진 시간을 줄이는 검사법을 적용하기로 했다. 이러한 협력은 중앙정부와 지방정부의 밀접한 협력관계를 통해 초기대응을 적절히 한 것으로 보인다. 또한 역학조사관을 선제적으로 투입하고 인원을 늘려 원활한 검사가 이뤄지도록 하였으며 선별진료소를 확충하고 역학조사관을 추가 투입하는 방안 등도 마련하였다. 이러한 대책과 아울러 민 · 관 협력체계를 강화하기 위해 재난안전대책본부에 감염병 · 커뮤니케이션 전문가 등으로 구성된 자문단을 설치하기로 했으며, 이들은 역학조사 · 정책 · 인력교육 등에 대해 자문을 하게 하였다. 또한 서울시의사회, 상급종합병원 등 27개 기관이 참여하는 '서울시 감염병 협력위원회'도 가동하였으며 이 밖에도 시립병원 4곳서남 · 동부 · 북부 · 서북병원을 포함해 진료소를 대폭 늘리고 25개 각 구청이 운영하는 선별진료소에 이동 검진 차량을 활용하도록 하고, 휴대용 X레이도 1대씩 지원하였다. 이러한 서울시의 선제적 대응방식은 대구·경북의 대규모 확산사태를 예의주시하며 중앙정부, 민관협력체계 등의 구축을 통해 감염병 예방을 선제적으로 대응한 좋은 사례로 볼 수 있을 것이다.

경기도 대응방안

경기도는 신종 코로나 바이러스 감염증 예방을 위해 본격 확산되기 이전 긴급회의를 개최하고 경기도의료원을 도지사가 직접 방문해 현장을 점검하였다. 코로나 바이러스 신고 관리 현황과 도의 대응방안을 보고받은 이재명 지사는 "강도 높게 대응하되 국민들의 불안 심리를 자극하지 않도록 정확한 정보를 전달해야 한다"고 주문했다. 이는 한국정부와 지방정부의 코로나19 방역정책의 핵심이라고 할 수 있다.

경기도는 1월 20일 행정1부지사 주재로 시군 부단체장 회의를 개최한 데 이어, 22일 시군 44개 보건소장 긴급 영상회의를 열고 신종 코로나 바이러스 감염증 대응지침을 시달하는 한편 시군별로 선별진료 의료기관을 선정하고 선별진료소를 설치해 운영토록 긴급 지시하기도 하였다. 경기도의료원 6개 병원에서도 관련 비상대책회의를 개최하고 병원별 선별진료소 설치를 완료하였으며 수원·이천·안성·포천병원은 응급실격리병실12병실, 의정부병원은 응급실, 파주병원은 격리외래진료소를 선별진료소로 지정해 보건소에서 의뢰하는 환자의 검사와 진료가 가능하도록 조치했다. 아울러 직접 내원할 수도 있는 환자에 대비해 출입구마다 안내 문구를 게시하고 진료 접수 시 중국 우한시 여행력을 반드시 확인하고 있으며 마스크 착용 및 손씻기 등 감염병 예방 행동수칙을 철저히 준수하도록 각 병원에 안내하였다. 이러한 조치는 자칫 대규모 확산될 수 있는 코로나19를 대응하는 효과적인 방식이 되었다.

또한 코로나19 확산에 따른 경제방역대책을 적극적으로 시행하였는데 경기도재난기본소득 지급 및 신종 코로나 바이러스 감염증 확산에 따른 경제적 피해를 최소화하기 위한 태스크포스TF팀을 구성하여 총 2조 4,518억 원을 투입, 특별경영자금 규모 확대, 고용안정, 소상공인·중소기업 활성화 등 다양한 분야의 경제대책을 마련해 긴급 대응에 나서기도 하였다.

이런 대책은 코로나19로 모든 경제·소비활동이 위축되고 정서적 피로감이 높아짐에 따라, 경기도 차원의 신속·정확한 대책을 추진함으로써 민생경제의 충격과 피해를 최소화하는 데 목적을 둔 '경제방역'의 일환이라고 할 수 있다. 구체적인 지원방안은 다음과 같다.

첫째, 소상공인·중소기업이 코로나19로 인한 경제적 위기를 극복할 수 있도록 '코로나19 특별경영자금' 총 1조 1,200억 원을 융자 지원할 계획이다.

둘째, 즉각적인 긴급 고용대책으로 민생경제 회복을 도모한다. 우선 코로나19로 중단된 각종 인력양성사업을 온라인으로 전환하고, 참여 교육생들에게 훈련수당 전액을 지급한다. 교육훈련 중단으로 생계에 곤란을 겪고 있는 강사들에게는 훈련비 30%를 선 지급할 방침이다.

셋째, 전통시장·소상공인 등 침체된 지역경제를 살리기 위해 현재 지역화폐·신용카드 등을 통한 '재난기본소득' 지급을 추진하고 있는 만큼, 올해 지역화폐 발행 목표를 총 1조 2,567억 원으로 상향하고, 3~7월 4개월간 할인율을 10%로 높여 지역 내 소비 활성화를 도모한다. 지역화폐 활성화를 위한 홍보 활동도 함께 추진하기로 했다.

넷째, 세계적인 감염병 확산으로 최근 계약파기나 수출대금 미회수 등 수출관련 피해사례가 늘고 있는 만큼, 중소기업 3,000곳을 대상으로 수출보험료 지원 사업을 추진하고, 해외에서 활동이 어려운 기업들에 대한 안정적인 국내 복귀를 위한 유턴 기업 지원사업도 시행한다. 해외 전시회나 국외 출장 취소 등 현지 바이어와의 대면 접촉이 어려운 기업들에 대해서는 온라인 해외 마케팅과 비대면 화상상담 서비스를 지원한다.

다섯째, 최근 '인터넷·비대면 기반 온라인 경제'가 중요한 과제로 부상하고 있는 만큼, 관련 기반 조성에 12억 5,000만 원을 투입한다. 우선 5억2천만 원을 들여 비대면 채용이 가능한 '건설일자리 구인·구직 플랫폼'을 만들고, 지역화폐 결제서비스와 연계한 '소상공인 전자상거래 플랫폼 구축' 등 골목상권의 온라인 경제 활성화에도 7억 3천만 원을 투자할 계획이다.

여섯째, '코로나19대응 경제TF', '소상공인·중소기업 대책본부', '수출애로 통합지원센터', '산단지원 협력시스템' 등 각종 경제분야 지원 시스템을 지속 운영해 실효성 있는 맞춤형 대책을 발굴·시행하고, 감염병 관련 데이터를 신속 제공해 민간과 공공, 기업들이 기민하게 대응하도록 도울 방침이다.

감염병 문제는 경제문제와 직결된다는 인식을 갖고, 시시각각으로 변하는 경제상황을 지속 점검하고 문제점을 찾아 상황에 맞는 핀셋 정책을 발굴해 나갈 것이라는 경기도 정책은 코로나19로 고통을 받고 있는 도민에게 어려움을 견딜 수 있는 버팀목이 될 수 있도록 선제적이며 신속·정확한 대응책을 통해 민생경제 회복을 통한 경제방역대책의 모범을 보이고 있다고 할 수 있다.

시민사회 대응

시민사회는 3월 31일 코로나19 관련 384개 단체가 연명해 긴급기자회견을 가졌다. 회견문에서 "우리는 오늘 전 세계적인 위협과 위험을 함께 이겨내고 극복하자는 마음으로 이 자리에 모였습니다. 코로나19라는 바이러스에 의해 시작된 지금의 위기는 인종과 국경, 계급과 계층을 넘어 정치, 경제, 사회, 문화 등 모든 영역으로 확대되어 가고 있습니다. 모든 일상을 멈추게 하고 모든 관계를 단절시키고 있습니다. 지구상의 모든 인류가 가장 심각하고 위중한 재난 상태에 놓여 있다고 할 수 있을 것입니다. 현재 어떤 누구도, 어느 나라도, 어떤 집단도 정확한 해법을 제시하지 못했으며, 결국은 함께 지혜와 힘을 모아 해결책을 만들어 갈 수밖에 없는 상황입니다. 이에 시민사회단체, 종교계, 노동계, 복지계, 여성계, 환경운동, 인권단체, 농민과 도시빈민 등을 비롯한 범시민사회도 고통을 나누고 위기를 극복하는 일에 함께하겠다는 마음으로 정부와 정책 관계자들에게 몇 가지 시급한 사안에 대해 1차로 우선 제안하려고 합니다."고 선언하며 정부와 사회에 몇 가지 대응방식을 요구했다. 구체적인 내용은 다음과 같다. 전 국민과 취약계층을 위한 특별재난지원금의 과감하고 신속한 지원 요청, 부족하고 빈틈이 많은 사회안전망 체계를 신속하게 재정비, '총고용' 유지, 양적·질적으로 공공보건의료 대폭 강화, 기후환경 위기에 대해 근본적으로 성찰하고 적극적인 대책 마련, 경제 제재로 인해 국민을 위한 방역대책을 세울 수 없는 나라가 없도록 국경을 넘어 협력, 이 시기를 함께 넘어서기 위한 시민들의 연대가 절실하다는 7개 조항의 회견문을 발표했다. 이러한 시민사회의 긴급기자회견도 있었지만 다양한 단체와 개인들이 마스크 제작, 정부 지침 준수 등 자발적 활동을 펼쳐 높은 시민의식을 보여주기도 하였다.

향후과제

메르스 사태의 경험이 코로나19 방역대책에 영향을 미쳤다는 것은 주지의 사실이다. 이후에도 방역 및 의료 시스템을 강화하기 위해서 중앙정부, 지자체, 그리고 의료계 간 정보 공유는 원활한지 살펴보아야 할 것이다. 초기 협력관계와 예산 배분 문제 등 코고 작은 잡음이 이어지고 있기 때문이다.

지역사회 공공기관, 학교, 학원, 보육기관, 근로자 작업장 관리 기관 등은 장기전에 대비하여 안전관리를 어떻게 수행할지에 대한 구체적인 실행 전략들을 준비해야 할 필요가 있다. 이는 지자체뿐만 아니라 중앙정부, 시민사회가 협력과 정보 공유를 통해 해결해 나가야 할 것이다.

지자체 등 정부에서 제공하는 코로나19 관련 정보 공개의 투명성은 매우 높다고 평가할 수 있으나, 반대 급부로 개인의 프라이버시 침해 가능성은 커졌다고 할 수 있다. 이에 대한 적절한 제도보완이 필요할 것으로 보인다. 코로나19 확진환자들에 대한 잘못된 정보와 낙인으로 차별하고 배제하기보다는 이들도 우리 지역의 주민으로 포용할 수 있는 사고의 전환도 요구된다. 막연한 소문, 특정 종교집단에 대한 낙인과 차별보다는 지역 주민들 간 연대할 수 있도록 지자체 차원의 프로그램이 마련되어야 할 필요도 있다. 지난 경험을 토대로 현재 진행 중인 코로나19 위기를 극복하고 지역사회 기초역량을 보강하여 신종 감염병에 대비할 수 있도록 해야 할 것이다.

2부

재난과 매체

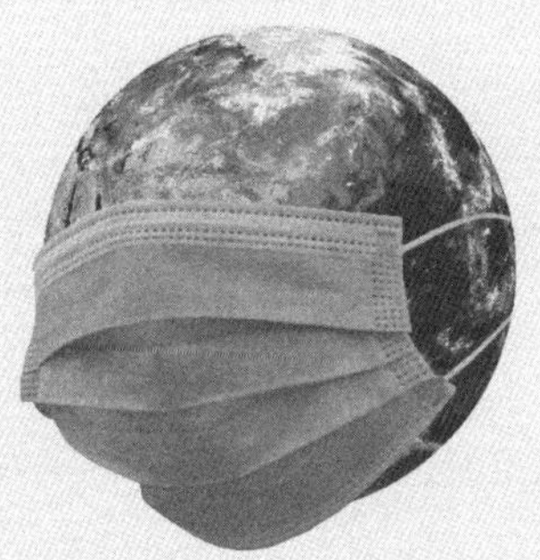

코로나19 사태에 대한 한국 언론의 시각

민지오

선행의 보도가 시민에게 남긴 이분법의 굴레
'나쁜' 집주인인가? '욕심' 많은 나인가?

한국 언론은 전반적으로 코로나19 사태를 '함께 이겨 내야 할 하나의 국가적 시련'으로 인식한다. 이때 전 국가적 시련을 함께共 이겨 내는 협력의 주체는 개인과 개인, 그리고 개인과 정부 수준으로 상이하게 나뉜다. 따라서 언론은 코로나19에 대한 '대응'을 다룰 때 정부 수위와 시민 수위 모두를 보도한다. 첫 번째로 정부의 지원책을 소개하고 홍보하는 동시에, 한편으로 두 번째로는 사적인 단위에서의 '국민 간 부조'가 이루어지고 있다는 사실 또한 알린다.

먼저 개인과 개인 사이에서 일어나는 부조, 즉, 공동체 성원 간의 상생에 대한 부분은 언론에서도 강조해서 보도하는 부분이다. 언론에는 내부 구제를 하는 소상공인임대인과 임차인의 모습이 나온다. 한 건물주가 세입자들로부터 석 달치 임대료를 받지 않는 등 '선의'를 베푸는 모습을 보도한다. 이처럼 언론은 정부 차원의 소상공인 구제책의 구체적인 실현을 다루는 비중만큼이나 중요하게 가진 자의 개인적인 호혜적 부조를 전시한다. 이러한 언론의 보도 행위는, 뉴스가 중시하는 것이 '전 국가적 차원의 담합'임을 보여준다. 즉, 임대료를 받지 않는 임대인의 '선행'을 뉴스에 반복적으로 보도하는 시각에는 "우리가국민이 함께 이러한 역경을 이겨 내야 한다."는 메시지가 담겨 있다. 그런데 재해가 닥친 지역에서, 누가 어떻게 그럴 수 있을까? 다음은 '책방동주' SNS에 올라온 게시글의 일부이다.

> 오늘도 책방 문을 열면서 2층에 사는 집주인 아저씨를 만났지만 그저 평소처럼 인사만 받아갈 뿐… 아니 저는 뭘 원했던 건가요. 여기저기서 착한 임대인으로부터 월세를 보전받았다는 분들에 대한 부러움이 욕심으로 보여지는 건지도 모르겠습니다. 괜히 아무 말 없는 집주인이 미워 보이기도 합니다. … 기성세대라고 몰아붙이고 싶어지기도 합니다. 그런데 다른 한편으로는 '그걸로 되는 걸까, 너는 그렇게 만족하니?' 하는 생각도 듭니다.

국가 재난 상황에서, 국가가 소상공인을 충분히 구제할 수 없는 상황이라면 개인 수준에서의 부조가 최소한/최후의 방법일까? 사회복지 시스템과 재난 대책의 미비로 인한 경제적 약자의 피해 배상에 대해서 국가가 책임질 수 없을 때, 개인의 고난은 개인적인 수준의 '운마음씨 좋은 임차인을 만남'에 달린 일로 환원되는 것이 옳은 일인가? 이런 프레임 하에서 실제 시민이 겪는 감상은 거친 이분법이다"제 집주인은 '나쁜 사람'인가요? 그게 아니라면 제가 '욕심'이 많은 사람인가요?".

언론이 코로나19 사태 이후의 사람들의 삶을 보도하면서, 이처럼 '영웅'의 서사를 부각해서 '재난 물리치기' 플롯을 강조할 때, 국민의 기본적인 삶의 조건에 대한 국가의 보장 의무는 옅어지거나 지워진다. 즉, 서로 도우며 더 나은 삶을 도모하는 국민 간의 일부 연대를 부각하는 동안, 그러한 언론의 만들어진 프레이밍 바깥에 있는 사람들은 어떤 삶을 기대해야 할지 막막함에 떠밀리며, 상대적 박탈감마저 느끼게 된다.

물론, 이러한 상황은 일종의 '위기 상황에서의 휴머니즘'*으로 해석 가능한 측면이 있다. 예를 들어 지난 2월 말 대구에서 집단감염 사태가 벌어졌을 때 의료인들이 자진하여 대구에 자원봉사를 나가는 상황과 대구의 임대인들이 임대료를 삭감해 주고 있는 일련의 상황에 보도의 가치가 없다는 것은 아니다. 이런 극한상황일수록 이기주의가 나타나기 쉬운 데도 불구하고 '생명의 위험을 무릅쓰고 험지에 들어가려 하는 근본적인 휴머니즘'이 발현되었기 때문이다.

필자는 이번 코로나19 사태에서 휴머니즘이 엿보이는 부분을 부정하고자 하는 것이 아니다. 한국의 언론이 '무엇'에 집중하여 보도하는지에서 드러나는 위계 관계를 분석하려는 것이다. 의료인과 임대인의 경우 '베풂이 가능한' 사회적 위치에 있다. 이런 경우에 그들의 선행과 인격/품격은 물론 '흔한 것'이 아니며, 그 자체로 '칭송받을 만한 어떤 것'이 되기가 쉬운 위치에 놓여 있

* 조성환, 「위기 상황을 통해 본 한국사회의 공공성」, 『월간 공공정책』 173호, 2020년 3월.

다. 가진 자에 대한 시기와 질투의 또 다른 이름은 그들이 '그들이기에 베풀 수 있는' 선의에 대한 선망이다.

국민의 위계 문제
사회적 거리두기와 동선 공개에서 누가 '국민'인가?

사회 통념이 허용하는 역경을 함께 이겨 내고 감염병의 피해로부터 건강상, 재정상으로 모두 안전하기를 기원받는 대상의 범위는 사실 '전 국민'이 아니다. 이는 매우 한정적이다. '전 국민의 단합', '모두가 한마음 한뜻으로'와 같은 표현은 사회 통념이지 현실이 아니다. 그러한 사회보장시스템의 보호 대상에서 사회적 약자는 그 존재가 삭제된다. 가시적으로 드러나는 업종의 소상공인들과 그 건물 임차인의 사례는 우리 사회의 '아름다운 공생 사례'로 언론에 보도되며, 의료인의 선행 또한 마찬가지로 알려지고, 사람들의 마음을 훈훈하게 만든다. 하지만, 다른 한편에서는 이번 코로나19 사태와 관련하여 인격적으로 모욕을 당하는 사람들 또한 존재한다.

일례로 확진자로서 동선이 공개되었을 때, 그 확진자의 사회적 위치성이 낮은 위계에 있는 경우에 그는 부당한 여론의 비난에 직면한다. 《경향신문》 인터뷰에서 보건대학원 김창엽 교수에게 '인권과 사생활 침해' 논란이라는 늘 반복되는 쟁점에 관해 묻자, 그는 다음과 같이 답했다.

위험이 있어도 일을 나가야 하거나 집단 시설에 갈 수밖에 없는 사람들이 감염 위험도 크고, 하다못해 개인위생, 선별 진료소 정보도 사회경제적 약자일 수록 불리하다.*

예를 들어, 성매매 여성의 경우에는 국가에서 제공하는 건강 관련 지원을 이용하기 어려운 취약 상황에 놓여 있다. 다음은 한 성매매 여성이 개인 SNS에 게재한 글의 일부이다,

> 만약에 코로나에 감염된 거라면 기사가 어떻게 나갈지. 27살 여자 역학조사 결과 자택 - 로얄노래방 - 티롤모텔 - 황진이노래방 - sm모텔 - 애플노래방 - 빙노래방 이렇게 기사가 나간다면 무슨 꼴을 겪을지 상상되지 않나. … 가난은, 불안은 돈이 되고 해는 취약한 위치에 놓여 있던 사람들부터 파고들며 삶의 자리를 위태롭게 만들고 있다. … 이런 내 근황이 감염병 유행으로 몸도 마음도 위축되게 하는 요즘 같은 시기에 '성매매 업계 박살, 코로나 사태가 유발한 예기치 못한 긍정적 효과'로 회자되고 있으며, "죽어라." "꼴좋다." "잘됐다." "이참에 다 사라져라."라고 말한다.

이 여성이 지적하듯이, 특정 집단에 대한 비난 여론과 낙인이 거세질 때 그 구성원은 사회에 자신의 신분을 드러내고 적절하게 대처할 수 없게 되며,

---

* 김영희, 「코로나19와 광우병, 메르스 대응, 비교가 잘못된 3가지 이유는…」, 《경향신문》, 2020.02.18.

이는 오히려 감염 확산 저지에 도움이 되지 않는 결과를 낳는다. 이때 김창엽의 견해에 따르면, "공무원이나 정치인 같은 경우 이런 위기 상황에서 개인정보 보호보다는 다중의 이익이 더 중요하다는 공리주의적 태도로 접근하기 십상인데, 시민들이 그리 생각하면 국가도 더 마음놓고 그렇게 한다."* 예를 들어 "방역이 끝난 상태에서 동선 공개는 사람들의 불안을 줄이는 것일 뿐, 방역이나 과학적 기술은 아니다."라는 것이다. 그의 지적처럼, "그런데도 동선 공개가 개인의 인권을 침해하고 불이익을 준다면 이는 명백하게 잘못된 접근이다."** 사회적 거리두기의 실천 측면에서도 주목할 만한 부분이다. 어떤 사람은 '감염병으로부터 보호받아야 할 국민'의 자격으로 대우받지만, 혹자는 '감염병' 그 자체로 취급을 받는다.

"문제는 자신을 뒤돌아보는가 아닌가의 차이일 것이다."*** 정희진이 이야기한 사회운동에서의 진보와 보수의 차원뿐만 아니라 언론 차원에서도 마찬가지다. 언론이 채택하는 보도 방식과 그 인권 의식 또한 사회운동과 마찬가지로 생동적으로, 그러니까 매 순간 새롭게 진행되어야 한다고 필자는 믿는다.

운동이란 정해진 어떤 입장을 현실에 적용, 실현해 나가는 것이 아니라 새로

---

* 김영희, 위의 글.

** 김영희, 위의 글.

*** 정희진, 「['자궁 점령'을 볼모로 한 남성 정치학의 순환 구조] '이영훈', 진보, 한국사회」, 『인물과 사상』 80호, 2004년 12월.

운 나/우리/공동체를 만들어 가는 과정이다. 계속 걷지 않고 멈춘다면, 즉, 삶에 존재하는 다층적인 억압과 고통을 복잡하게 사유하지 않는다면, 우리는 누구나 '수구 세력'이 될 수 있다.*

필자는 위 내용이 '언론'에 해당한다고 해석한다. 한국 언론은 코로나19 사태를 보도할 때 확진자 개개인의 인권에 대해 더 사유할 필요가 있다. 언론의 보도물에 대해 어떤 방식의 혐오가 예측되는지 미리 사고하여think 보도 방식을 시시각각 적용해야 한다. 그렇지 않을 때 해당 보도는 그저 '보도를 위한 보도', 죽은 보도가 될 것이다.

한국 언론의 관점을 비판하는 소모적인 논쟁
정치적인 것의 특수화와 소외

언론 보도의 성격이 총선을 앞두고 상당히 정치화되어 있다는 비판과 지적이 쇄도하는 가운데, 명확히 해야 할 것은 무엇인가? 정치화의 형태를 낱낱이 비교 분석하는 작업보다도, 오히려 선행할 메타beyond 인지는 바로 '정치화되지 않은 것은 없다'는 사실이다. 모든 일은 당파성을 띤다. 언론 또한

* 정희진, 위의 글.

같은 실증적 자료를 가지고도 언론별 렌즈를 통해 뉴스를 보도한다. 그것은 대통령의 '무능'이 돋보이게끔 강조된 조명highlight일 수도 있으며, 한편으로 잘한 대처를 높이 사는 내용일 수가 있다. 중요한 것은, 언론이 정치적으로 편향된 보도를 하느라 객관적 보도를 놓친다는 점이 아니다정치적으로 '편향된'이라는 말이 오히려 편향됐다biased. 다시 말해서 보도는 저마다의 위치성을 가지는 것이기 때문에, '위치도 정체성도 없이' 이루어지는 보도는 불가능하다.

김창엽은 '감염병의 발생과 유행이 정치화되는 건 거의 디폴트상수', 즉, '좋고 나쁘고가 아니라 인간이 살아가는 한 현실'*이라고 말했다. 이번 코로나19 사태가 언론에서 정치화된다는 사안에서 그의 요지는, "시민에게 명확하게 피해와 불이익을 끼치는 '잘못된 정치화'를 피해야 한다."**는 것이다. "오히려 이게감염병 사태가 끝나면 총괄평가는 더 열심히 집요하게 해야 한다."***는 그의 해석과 같은 맥락에서, 당장의 시급한 정치 의제로 떠올라 있는 감염병 이슈가 이후 수면 아래로 가라앉은 듯 보이는 때에도 사회 대대적으로 얼마나 철저하게 이를 사후 지식화하는 논의를 개진할 것인지가 핵심이다. 사후 논의가 사회의 감염병 대응력을 전체적으로 증진시킬 수 있는지 여부를 결정할 것이다.

국가현상론적인 '정치'의 정의에서 벗어나, 정치화의 일상적 수위에서의

---

* 김영희, 앞의 글.
** 김영희, 앞의 글.
*** 김영희, 앞의 글.

발생에 주목한다면, '도처에 깔린 정치적인 것la politique'들에 대해서는 더 말할 것도 없다. 그 와중에 언론이 '비정치적'일 수는 없는 것이다. 차이가 있다면, 숱한 정치적 시도 중에서, 지금 코로나19 사태에서 시민들에게 이로운 정치화와 피해를 끼치는 정치화의 차이가 있을 뿐이다.

언론의 위계 문제
누가 '언론'이고 무엇이 '사회적 목소리'인가?

한국의 경우에는 개방성과 투명성을 바탕으로 성공적으로 대응하고 있다는 평가가 잇따르고 있다. 예를 들어 조지메이슨 대학한국의 앤드레이 아브라하미안 교환교수는 다음과 같이 말하였다.

> 한국에서 확진환자가 부분적으로 높아 보이는 것은 한국이 높은 진단 능력, 자유로운 언론 환경a free press, 민주적으로 책임지는 시스템a democratically accountable system 등을 갖추고 있기 때문이다. 한국 주변 지역에서 이 모든 것을 갖춘 국가는 매우 드물다.*

한국이 비교적 '자유로운 언론 환경'을 가지고 있다는 점에 관해, 여러 수

---

* 조성환, 앞의 글에서 재인용.

위에서 논의할 수 있다. 근본적인 질문이 먼저 대두된다. 언론은 더는 전통주류, mainstream 매체의 범위에 국한되지 않는다. '언론'이라는 단위는 어디까지 확장 가능한가? '언론'은 어떤 채널의 형태로 변형 운용될 수 있는가? 특정 기관으로부터 직접적인 검열을 받지 않고 '자유롭게' 보도할 수 있는 독립성을 지닌 '주체적 매체'의 종류가 늘어났다. 이와는 별개로, 주류 언론과 여타 매체 사이에 나타나는 보도의 사회적 무게감 및 권력의 차이는 간과될 수 없다.

한편으로 이런 상황에서, 어쩌면 이런 일련의 코로나19 사태에 관해 '가장 객관적인' 보도와 판단이 가능해지는 사회적 위치는, 제3자의 눈으로 이번 사태와 정부의 대처를 판단할 수 있는 자리가 아닐까? 즉, 여당도 야당도 아닌, 제1당도 제2당도 아닌, 사실상 기존의 이분법적 정치 틀에 귀속되지 않는 사람들의 사회적 위치성이 주는 관점 말이다. 즉, 사실상 당선권 밖에 있는 신생 정당을 지지하는 사람들의 시각에 큰 통찰이 있는지도 모른다. 필자는 그러한 통찰이 가능한 위치가 바로 신생 정당인 여성의 당을 지지하는 여성들 개개인의 시각이라고 본다. 이들은 실제로 각종 SNS에서 익명과 실명의 단위를 넘나들며 최근 'n번방 미성년자 여성 성착취 사건' 등을 공론화하고, 뉴스로 만들어 내고, 각종 공중파 방송에 보도되게끔 다리를 놓는 체계적인 활동을 전개한 바 있다.

이러한 차원에서 볼 때 '언론'은 더는 전통 매체, 즉 신문과 공중파 방송의 범위에 국한되지 않는 굉장히 넓은 새로운 개념으로 이해되는 것이 바람직하다. 흔히 회자되는 '요즘의 1인 미디어 시대'는 초기에는 '유튜브'와 같은 플랫폼에서 개인 방송을 운영하는 경우를 의미했으나, 이제는 그 이상을 의미하게 되었다. 다시 말해 얼굴과 이름이 공개되었든 비공개이든, 자타 공인의 채널 자격으로 활동하든 그렇지 않든 간에 인터넷 사용자 개개인이 하나의 매체media가 되었다.

개인 SNS에 익명으로 올리는, 수집된 특정 정보의 논리적인 나열은 충분히 하나의 기사로 기능한다. 그들은 곧 '언론'보다 작은 영향력일지라도 여럿이 모여 체계적인 운동을 만들어 가는 힘을 지닌다. 그 개별 흐름이 '정보'와 더불어서 '지식'까지도 전달하는 것이 작금의 현실이다. 물론 한국사회에서 지식생산은 학계의 '연구자', '교수'의 전유물이었다. 그러나 지식생산에 대한 편향된 권위주의를 내려놓고 다시금 판단한다면, 지금 이 순간에도 '담론'은 학계뿐만 아니라 온라인과 오프라인, 학계와 비非학계 예를 들어 '언론'의 구분을 막론하여 펼쳐지고 설파되고 있다.

재난 상황에서 본 저널리즘의 위기와 네티즌들의 반응 ──

장희욱

언론이 보도하는 현상으로서 '코로나19'

'코리아포비아', '대재앙', '방역 참사', '외교 참사', '대구 전쟁통', '통제 불능'…. 코로나19라는 재난 상황 초기에 언론에서 집중적으로 사용된 단어들이다. 그동안 언론 커뮤니케이션의 문제는 재난 상황이 닥칠 때마다 어김없이 터져 나왔고 이번에도 예외는 아니었다. 이미 언론은 메르스 위기와 세월호 참사를 겪으면서 '기레기'라는 비난과 '재난을 팔아 장사를 한다'는 비판을 받은 경험이 있다. 그에 대한 성찰로서 '재난보도준칙'이 기자들 스스로에 의해 만들어졌지만 지켜지지 않은 것이다. 단순히 선정적인 단어를 사용했다는 것 이상으로, 이번 코로나19라는 재난은 저널리즘의 위기를 다시 한번 드러낸 측면이 있다.

이번 코로나19 언론보도에 제기하는 필자를 포함한 일부 언론 수용자들의 비판은 크게 세 지점으로 정리할 수 있다. 첫 번째는 사실에 대한 책임 있는 접근과 충분한 취재가 부족하다는 점이다. 애석하게도 '찌라시'나 개인 유튜버에 관한 얘기가 아니다.* 팩트체크팀이 설치된 언론사들이 많지만, 그럼에도 네티즌들은 주요major 언론사들이 사실 확인조차 하지 않은 오보를 내보내거나 인터넷 기사들이 너무 손쉽게 수정되는 모습을 지켜봐야 했다.** 예를 들어 《한국일보》의 「미국 FDA "한국 코로나키트 비상용으로도 적절치 않다"」에는 정부 방역을 조롱하거나 불신하는 댓글들이 달렸고, 조선일보의 「코로나 난리통에…조합원 교육한다고 딸기밭에 간 서울대병원 노조」 기사에는 조합원들을 비난하는 댓글들이 달린 바 있다. 둘 다 오보로 확인된 기사들이다. 정부 방역에 관한 오보는 시민들의 걱정과 불안을 가중시키고 민간인에 관한 오보는 당사자의 마음에 상처를 내는 것은 물론 심각한 손해와 피해를 불러온다는 점에서 심각했다. 일부 저널리즘이 공익을 저해한 것이다.

두 번째는 보도준칙이 유명무실하게도 언론이 혐오나 공포를 조장하는 측면이다. 헤럴드경제의 「대림동 차이나타운 가 보니…가래침 뱉고, 마스크 미착용 위생 불량 심각」 같은 기사가 대표적인 사례다.*** 기사 댓글을 최신순으로 보면 "혐오 조장 글에 혐오 맞장구 댓글. 딱 해외 나가서 한국인들이 당할 일을 예측하여 쓰는 듯ID. 구래서"이라든지 "심각할 정도는 아닌데요…ID. 카탈로그", "혐오장사ID. 이연"처럼 불합리하게 혐오를 조장할 수 있다는 비판적 댓글이 비

* 한국언론재단의 「코로나19(COVID-19) 관련 정보이용 및 인식 현황」에 따르면 58.9%가 사실이 아닌 정보를 접한 적이 있다고 답했고, 이 중 인터넷 포털 뉴스에서 접했다는 응답이 50.1%로 가장 높았다. 종편 뉴스는 31%, 지상파 뉴스는 29%였다. (중복응답)

** 라파엘 라시드라는 한 외신기자는 SNS에 "한국에서 기사 내용을 너무 쉽게 바꿀 수 있다는 사실은 너무 위험하고 비양심적이다"라는 비판의 글을 올리기도 했다.

*** 《프레시안》 「'이때다'… 반중 혐오 조장 앞장서는 언론의 민낯」 2020.01.29 기사 참고.

교적 주를 이루긴 하지만, 인기순으로 보면 중국인 및 국내 차이나타운 거주민에 대한 혐오가 주를 이룬다.

세 번째는 불합리한 방식으로 국내 정치 지형과 관련된 분열과 갈등을 유발하는 측면이다. 언론사의 논조를 문제삼는 것이 아니라, 보도가 기사로서 합리적이지 않다고 지적하는 것이다. 가령 코로나19 국면 초기에 대통령 탄핵 청원이 이슈가 되었다. 청원인의 심정은 이해하더라도 그 청원은 거짓 정보에 근거한 것이었지만 많은 언론이 사실 검증을 하는 대신 선정적인 제목으로 사실의 표면만 보도했던 측면이 컸다.* 《중앙일보》의 「의료 사회주의 김용익 사단, 그중 코로나19 실세는 청青 이진석」 같은 추측성 보도는 충분한 당사자 취재와 사실 확인 없이 이루어졌고 그 결과로 범학계 코로나19 대책위가 해체되었다. 정부 비판은 언론의 기본 책무일뿐더러 실제 여론을 반영한다는 점에서 충분히 이루어져야 하는 것은 당연하다. 하지만 비판의 논조를 불합리한 방식으로 보도하는 일부 사례들이 공익을 크게 저해하는 결과를 낳는 측면은 안타까울 수밖에 없는 것이다.**

---

* 《미디어 오늘》「'탄핵 청원' 거짓말투성인데… 묻지도 따지지도 않아」 2020.03.02 기사 참고.

** 한국기자협회는 「선 넘은 《조선일보》의 코로나 보도」 2020.03.04. 논설에서 일부 언론의 보도 방식을 비판하기도 했다. 《조선일보》에서는 「독자권익보호위원회 2월 정례회의. 우한 폐렴 보도, 정치적 비판이라는 인상 줘선 안 돼」(2020.02.14.)라는 보고서가 올라왔다.

코로나19 언론보도에 대한 시민들의 반응

언론보도에 대한 시민들의 전반적인 반응은 어떠했을까. 리얼미터에 따르면, 코로나19 정보와 관련하여 "언론을 얼마나 신뢰하는지" 질문했을 때 신뢰하지 않는다는 응답이 49.3%로 신뢰한다는 응답48.3%과 팽팽했다.* 그런데 신뢰한다는 응답 중에선 "매우 신뢰한다"는 응답이 8.1%에 그쳤고 "신뢰하는 편"이라는 응답이 40.2%였지만, 신뢰하지 않는다는 응답 중에선 "전혀 신뢰하지 않는다"는 응답이 20.4%로 제법 높았다

그리고 한국언론진흥재단이후 언론재단에 따르면, 코로나19 대응과 관련된 7개 사회 주체별로 "적절히 대응하고 있는지" 질문했을 때 63.7%가 언론이 잘 대응하고 있다고 답했다.** 10명 중 6명이 언론의 대응이 적절하다고 반응한 셈이지만, 아쉽게도 언론의 대응 적절성 평가는 7개 주체 사이에선 6위에 머물렀다. 1위는 자기 자신94.4%이었고 그 뒤를 의료기관93.2%, 타인들81.9%, 지방자치단체77.2%, 정부74.4%가 이었기 때문이다.

이를 종합했을 때 이번 코로나19 국면에선 기자들의 노고에도 불구하고 언론이 공익에 기여한 수준은 아쉬웠다고 평가할 수 있다. 언론이 다시 정보 전달 면에서 신뢰를 회복하고 사회문제를 해결하는 주체들 중 하나로서 인정

---

* 《리얼미터》「코로나바이러스감염증19 관련 언론보도 신뢰도 평가」 2020.03.18. 참고.

** 「코로나19(COVID-19) 관련 정보이용 및 인식현황」, 한국언론진흥재단, 《미디어이슈》 6권2호, 2020.03.26. 참고.

받기 위해선 표면적으론 앞서 언급한 세 가지 비판 지점이 수정 및 개선되어야 한다. 그런데 사실 한국 언론의 문제적 구조와 관행은 이미 시민들뿐만 아니라 언론인과 학자들에 의해서도 오랫동안 지적되어 오지 않았던가? 올해 초엔 '언론개혁'을 주제로 JTBC에서 신년토론이 열리기도 했다. 즉 문제의식과 담론을 형성해 나가는 단계에는 진작 진입한 것이다. 이젠 실제로 개선하려는 시도들과 느리게나마 바뀌어가는 국면들이 주목받아야 하지 않을까.

가령 단적으로 지나친 속보 경쟁이라는 관행과 관련하여 언론 수용자들은 지금 어떻게 생각하고 있을까. 3월 9일부터 12일까지 수행된 언론재단의 조사에 따르면 "코로나19 보도에서 신속성과 확실성 중 더 중요한 것"을 질문했을 때 89%가 확실성이라고 응답하였고, "보건당국의 공식 발표가 늦어지거나 의심스러울 때 언론은 불확실하더라도 보도해야 하나, 아니면 유언비어의 확산을 막기 위해 보건당국의 공식 발표를 기다려야 하느냐"라고 질문하였을 때도 88%가 공식 발표를 기다려야 한다고 응답하였다.

네티즌들로부터 긍정적인 호평을 불러일으킨 기사들 역시 주목할 만하다. SBS의 「충격과 공포를 넘어…'코로나 바이러스'를 생각한다」2020.02.16. 같은 기사의 경우, 질 높은 기사 자체에 대한 칭찬과 감사를 표현한 댓글들이 100여 개가 넘게 달린 독보적인 사례였다. "다음 글들도 기대되네여 꾸준히 읽을께요~!ID. 뽀얀진주" 같은 댓글이 많았는데 필자 역시 이 기자의 기사를 계속 찾아보아야겠다고 마음먹기도 하였다. 《한국일보》의 「코로나19 확진자 여러분 이분처럼만 해 주세요」2020.02.28.처럼 일종의 솔루션 저널리즘을 시도했다고 볼 수 있는 기사에는 "와, 성숙한 시민의식을 가지신 분입니다. 저도 혹시나 코로나 감염되면 저분처럼 철저히 관리하겠습니다!![ID. 소리]"처럼 감염병 관련 문제 해결에 실천적·정서적으로 도움을 받았다는 긍정적 댓글이 많았다.

개혁 내지 개선을 위해선 순기능적 요소를 확대 재생산하려는 의지가 필요하다. 필자는 평범한 한 명의 네티즌으로서 코로나19라는 재난 상황 동안 미디어를 관찰하고 뉴미디어[SNS]에 참여하였다. 그곳에서 주목한 네티즌들의 순기능적 움직임을 두 층위로 나누어서 추가적으로 소개해 보고자 한다.

네티즌들 사이의 상호작용 층위에서

뉴미디어에는 네티즌들이 활발히 상호작용하는 국면이 펼쳐져 있다. 기성 매체에서 충분히 다루어지지 않은 정보들이 유통된다는 점에서 뉴미디어는 언론 바깥의 언론으로 작동할 수 있는 가능성을 담지한 장소다. 그리고 위기를 겪을 때면 시민들이 자발적으로 뉴미디어를 통해 연대를 실천한다는 점에서 느슨한 연대의 현장이기도 하다.

느슨한 연대의 연결망에선 '해시태그[#]'와 '공유하기'를 매개로 서로에게 접속한다. 해시태그를 공유하는 것만으로 사진과 글로써 많은 사람들과 연결될 수 있기 때문에, 해시태그는 하나의 운동으로 발전하곤 한다. 코로나19 국면과 관련해선 아산과 대구가 이번 해시태그 운동의 중심지 중 하나였다. 특히 아산과 대구는 기성 미디어의 다소 아쉬운 역기능적 보도와 뉴미디어의 순기능적 작동이 엇갈렸던 현장이었다.

아산의 경우, 정부가 우한 교민의 수용시설을 천안에서 아산으로 천안에서 반발했기 때문에 번복했다고 주장한 《중앙일보》의 단독보도가 비판과 논란의 대상이 된 바 있었다.* 그 보도 이후 일부 아산 주민들이 강하게 반발하였고, 일부 언론은 그 반발을 집중 보도해 지역이기주의 논란이 일기도 했다. 이런 갈등 상황을 타개한 것은 뉴미디어를 중심으로 일어난 '#we_are_asan, #우한교민환영합니다' 해시태그 달기 운동이었다. 언론에서 보도되지 못한 혹은 보도되기 어려운 아산의 많은 시민들이 우한 교민들을 환영한다는 게시글을 뉴미디어에 올리기 시작하면서 정부 정책에 반발했던 다른 시민들도 마음을 돌렸던 것이다.

대구의 경우, 2월 20일 신천지 대구 교회에서 큰 규모로 확진자가 나온 뒤로 '대구 사재기'를 보도하는 기사들이 많았다. 그런 보도들은 이후 오보나 과장보도로 밝혀졌고 오히려 사재기 없는 시민의식이 주목받았다. 그리고 그동안 대구의 뉴미디어에선 시민들이 서로를 격려하고 돕는 움직임이 일어나고 있었다. '#실시간대구'를 검색하면 대구 시민들이 올리는 소식들이 공유되고 있다. 이곳에선 어느 사망자의 자녀가 언론에 보도된 내용이 사실이 아니라는 글을 올리기도 하고 소상공인들을 위해 남아 있는 식자재가 올라와 몇 분 만에 모두 팔리기도 한다. 전국적으로는 '#힘내라_대구경북'을

* 이 이슈와 관련해선 서로 다른 정보와 관점을 보도한 《미디어오늘》의 「《중앙일보》 '천안 선정' 단독보도가 만든 사회적 갈등」 2020.01.31. 기사와 「《중앙일보》 기자 "천안 · 아산 갈등은 정부 번복 탓"」 2020.02.11. 기사를 참고.

검색하면 시민들의 지지와 응원 그리고 기부가 이어진다.

공유하기는 뉴미디어에서 정보가 전달되는 대표적인 방식이다. 그런데 여기서 언론 수용자들 스스로의 언론 수용에 대한 자정작용과 주체성이 드러나는 국면은 주목할 만하다. 가령 한 네티즌은 코로나19 대응 정책에 관한 의견으로 글을 시작하여 장기적인 대응을 준비하자고 말하는데 이 중에선 저널리즘에 대한 시민들의 성찰 역시 엿볼 수 있다.

> "이런 미증유의 시민 통제에 시민들이 순응하기 위해서는 가장 중요한 것이 불필요한 공포감을 줄이기이다. 국민들은 공포감 때문에 코로나 바이러스 걸린 사람을 무슨 좀비 보듯 한다. 치명률이 1% 정도로 예상되는 감염병일 뿐이다. 공포감은 이성을 마비시키고 집단의 마비된 이성은 다시 공포감을 증폭시킨다. 여기에 가장 중요한 역할이 바로 미디어이다. 그리고 의사를 포함한 소위 전문가들의 역할도 중요하다. 자극적이고 정치적인 보도나, 발언들은 자제하자. 여기에는 '전 세계가 대한민국을 칭찬하고 이 정부가 잘 하는 것이다.' 라는 진보들의 목소리도 포함된다. 총선을 목전에 앞두고 있는 상황에서 상대방 진영을 조롱하거나 표 계산을 염두에 두는 발언은 삼가도록 하자."*

한 네티즌의 이 글은 "핵공감입니다, 공유합니다, 퍼가겠습니다." 같은 댓

---

* 김경철 「코로나 전쟁, 장기전을 대비하며, 사회적 연착륙」 2020.03.16. 페이스북 참고.

글들과 함께 100여 회 공유되었다. 재난상황 속에서 공익을 위해 필요한 저널리즘에 관한 담론이 시민-내재적으로 공유되는 국면은 언론 수용자를 언론에 대한 감시자 혹은 비평가로 주체화할 수 있다는 점에서 중요하다.

네티즌과 저널리스트 사이의 상호작용 층위에서

그런데 언론 수용자가 언론에 대한 감시와 비평의 주체로 거듭나는 국면은 네티즌과 저널리스트가 상호작용하는 층위에서도 발견할 수 있다. 그 과정에서 필자는 '매체 비평을 찾아 나선 네티즌들' 그리고 '네티즌들과 소통 나선 젊은 기자들'에 주목하였다. 공영방송에 국한해서 얘기해 보면 '저널리즘토크쇼J'와 '댓글읽어주는기자들KBS'가 그 사례이다.

저널리즘토크쇼J는 기자, 언론학자, 언론 수용자의 눈높이를 대변하는 방송인, 그리고 다양한 패널들이 모여 미디어를 비평하는 토크쇼이다. 언론 수용자는 이런 매체 비평 방송을 통해 기사의 사실관계나 논리적 구조의 맹점을 비평하는 관점을 학습할 수 있다. 그런데 눈에 띄는 지점은 매체 비평 방송에 대한 시민들의 큰 호응이다. 한 네티즌은 "제이가 잠시 쉴 때 목마른 시민은 다른 물을 찾아 떠났음ID. Dark Go"*이라는 댓글이 함의하는 대로 매체 비평 방송의

---

* 여기서 제이는 저널리즘토크쇼J를 말하는 것으로 "제이가 잠시 쉴 때"는 시즌1이 종결되고 시즌2를 준비했던 기간을 가리킨다.

큰 반향은 그동안 시민들이 언론에 대한 비평적 시각에 목말랐음을 방증하고 있다. 제작진이 21회 민주시민언론상을 수상했을 때 김빛이라 기자는 이렇게 수상 소감을 밝혔다.

> "이 상은 언제나 저널리즘이란 무엇인가를 기자들보다 더 많이 생각해 주시는 시민들께서 주시는 상으로 받겠습니다."

'기자들보다 더 많이'는 아니더라도 저널리즘이란 무엇인지 알기를 원하고 저널리즘이 바뀌기를 원하는 시민들이 이제 상당하다는 것은 분명하다. 그리고 이런 저널리즘에 대한 시민들의 지적이고 실천적 욕구에 반응하는 기자들도 있어 고무적이다. 댓글읽어주는기자들KBS이하 댓읽기 제작팀이 그들이다. 한 인터뷰에서 제작팀은 이렇게 밝힌 바 있다.

> 김 기자님은 오프닝 멘트에서 '4차 언론 혁명을 꿈꾸는 기자들'이라고 말하는데, 여기서 '4차 언론 혁명'은 무엇을 뜻하나요?
>
> 김 기자 : 1차 혁명은 구텐베르크 금속활자고 2차는 신문이죠. 3차는 방송이고 저희가 4차죠. 인터넷에 기사가 실리는 건 3.5차로 봐요. 왜냐면 인터넷에 올리는 건 기존 기사를 재가공해서 올리는 것에 불과하기 때문이죠. 그러나 4차는 쌍방향이에요. 댓글이 달리는 건 쌍방이 아니죠. 그러나 이걸 가지고 다시 리액션하는 순간부터 4차인 거죠. 저희가 이것에 대해 1절하고 저희도 모르게 독자들로부터 영향받고 시청자, 독자와 언론 간 경계가 겹치게 되고 서로 영

향을 주며 발전하는 것이죠.*

이 말처럼 '댓읽기'는 언론 기사에 댓글로 달린 네티즌들의 의견과 감상을 다시 저널리즘의 영역으로 가져와 기자의 시선에서 반응한다. 이 중에는 공격적인, 심지어 인신공격을 하는 댓글들도 있다. 그럼에도 기자들은 시민들의 분통과 불만에 공감하며 같이 기사를 비평한다. 또 기자가 아니면 알기 어려운 언론사의 속사정을 말해 주기도 한다. 그렇게 소통의 물꼬가 트이는 것이다. 악플을 달았던 네티즌에게 기자가 댓글을 다는 대화의 과정을 거치면 마지막엔 언론을 응원하는 말로 끝나는 경우도 있었다고 한다.**

저널리즘과 공익의 위기에 민주적으로 대응한다면

코로나19 대응과 관련하여 중국 모델과 한국 모델이 세계로부터 주목받고 있다. 중국의 경우가 권위주의 대응 모델이라면 한국의 경우는 민주주

---

* 「이영광의 거침없이 묻는 인터뷰 556 〈댓글 읽어 주는 기자들〉 제작진들」, 《오마이뉴스》, 2019.02.13. 기사 참고.

** 위의 기사, "김 기자 : 취재기자 할 때도 댓글을 보긴 봤는데 지금은 '프로대댓글러'가 제 별명이거든요. 유튜브에 댓글을 올리시면 거기 댓글을 다 달아 드려요. 늘 느끼는 게 뭐냐면 댓글 거칠게 다는 분이라 하더라도 사실 그 안에 따뜻한 마음이 있어요. 화를 내는 분은 안타까운 마음에서 그런 경우가 많아요. 악플이라고 넘어가면 모르겠지만 같이 바꿔 보자고 말씀드리면 금방 마음 여시는 분도 있고 어떤 분은 사과도 해요. 댓글 하나로 사람을 판단하지 않게 됐어요."

의 대응 모델이라고 해석할 수 있을 것이다. 여기서 한 외신기자는 기사에서 "코로나19 대응을 위해 한국 모델을 적용할 수 있을까?" 하고 자문했다.* 그리고 자국에 한국 모델을 적용하기 위해선 정부의 의지와 시민의 참여 의지 없이는 어려울 것이라고 진단했다. 저널리즘에 관해서도 비슷한 진단을 해 볼 수 있을 것이다.

저널리즘의 위기는 동시에 공익의 위기이며 그래서 우리들 자신의 위기와도 연결된다. 이 문제적 상황을 해결하기 위해선 언론인과 언론학자들의 지적이고 실천적인 의지뿐만 아니라 시민들의 의지 역시 필요조건일 것이다. 그리고 언론인의 의지와 시민의 의지의 협동이라는 이러한 원론적인 이야기가 단지 원론에 그치지 않고 실제로 현장에서 수행되고 있는 것이다. 앞으로 시민으로서 우리가 할 일은 이런 사례들을 확대 재생산하는 것이 아닐까.

---

* 「How South Korea Flattened the Curve」, 《*New York Times*》, 2020.03.23. 기사 참고.

이상적인 방역 모델을 보여주다

—해외 언론의 평가

조성환

일본의 평가 - 한국은 집중도가 높은 사회*

한국의 코로나19 대응과 관련된 초기의 해외 보도 중에서 필자에게 가장 인상적이었던 기사는 2월 17일 자《산케이신문》에 실린 구로다 가쓰히로 서울 주재 객원논설위원의「모든 재난은 인재이다」라는 칼럼이었다.** 이 칼럼은 2월 18일 자《서울신문》에 신진호 기자에 의해「산케이 '아베 정부, 코로나19 대응 문재인 정부에게 배워야'」라는 제목으로 소개되었는데, 이 칼럼에서 구로다 기자는 지금까지의 한국에 대한 비판적인 태도에서 180도 돌변하여, "한국은 지금 신형 코로나 바이러스 봉쇄에 성공하고 있다."는 평가로 시

---

* 이 부분은 2020년 3월에 나온《월간 공공정책》173호에 실린 필자의「위기 상황을 통해 본 한국 사회의 공공성」(74-78쪽)의 일부를 보완한 것이다.

** 黒田勝弘,「あらゆる災難は人災である」,《産経新聞》, 2020.02.17. https://special.sankei.com/a/column/article/20200217/0001.html

작해서 "아베 정부는 문재인 정부에게 배워야 한다."는 주장으로 끝맺고 있다. 지금 생각해 보면 한국의 코로나19 대응을 긍정적으로 평가한 최초의 해외 언론이 아닐까 싶다. 이 칼럼에서 특히 인상적이었던 점은 한국에 대한 호의적인 '평가'보다도 한국사회에 대한 그의 '통찰'이었다. A4용지 한 장이 채 안 되는 짧은 글에서 그는 한국 언론도 지적하지 못하는 한국사회의 본질을 짚어 내고 있기 때문이다.

> 한국은 무슨 일이 생기면 집중도가 높은 사회로, 사람들의 관심이 단번에 고조되고 집중되는 경향이 있다. 5천만 인구 중에서 관객 천만 명을 돌파하는 인기 영화가 자주 등장하는 것도 그렇고, 서울 도심에서 종종 '100만 데모'의 형태로 정치적으로 고조되는 것도 같은 현상일지 모른다. 한국은 이번에 과거의 군사적 경험에 더해서 집중도가 높은 사회적 특성으로 잘 대응하고 있는데
> … 밑줄은 인용자의 것

여기에서 구로다 논설위원은 코로나19 봉쇄의 성공 요인으로 '한국사회의 고도의 집중도'를 들고 있다. 이러한 지적은 한국 언론에는 미처 소개되지 않은 내용으로, 한국사회의 구조적인 특징을 파악하여 이번 대응의 성공 요인을 분석하고 있다는 점에서 국내외의 다른 보도와 차원을 달리하고 있다.

확실히 한국의 지난 역사를 뒤돌아보면 이런 경향이 두드러짐을 확인할 수 있다. 특히 고도의 집중력은 위기 상황에서 발현되곤 하는데, 이 점은 최근에 어느 유튜버가 제작한 〈한국은 국난 극복이 취미〉라는 짧은 영상에서

압축적으로 표현되고 있다.*

이 동영상에서 저자는 서양의 한국 전문가들의 평가와 한국의 역사적인 사례들을 소개하면서 '한국은 위기에 강한 나라'라고 결론짓고 있다. 역사적으로 잦은 외세의 침입을 받고 식민지지배까지 당한 '약한 나라'라는 종전의 이미지에서 일시에 '강한 나라'로 이미지가 180도 바뀐 것이다. 특히 "한국인들은 어떤 위기가 왔을 때 저돌적으로 힘을 합치는 모습이 있다."는 지적은 '한국은 유사시에 집중도가 높은 나라'라는 구로다 논설위원의 분석과 궤를 같이하고 있다는 점에서 주목할 만하다. 다만 구로다 논설위원의 분석이 서양 언론들이 한국의 대응을 높게 평가하기 이전에 나온 초기의 평가라는 점에서, 그리고 단지 위기 상황에서뿐만 아니라 평소에도 이슈가 있을 때마다 한국인들의 집중도가 높아진다는 사실을 지적했다는 점에서 보다 포괄적인 느낌이 든다.

구로다 논설위원의 한국 분석에서 또 하나 인상적이었던 점은 칼럼 제목인 「모든 재난은 인재이다」가 '한국인의 발상'이라고 소개하고 있는 점이다.

> 또한 박근혜 전 정권의 교훈도 있다. 박 전 대통령의 몰락, 추방에는 다수의 사망자를 낸 여객선 세월호 침몰 사고가 미묘하게 작용하고 있다. 세간을 뒤흔든 대형 재난은 반드시 정치적 책임으로 이어진다. 특히 한국인에게는 '모

* https://www.youtube.com/watch?v=DoBNkyPiqrQ

든 재난은 인재'라는 발상이 있다. 그리고 인재 중에서 가장 큰 원인은 정치라고 생각한다. 전통적으로는 이상기후나 전염병과 같은 극심한 자연재해가 닥치면 '왕의 덕'이 문제시되는 일이 자주 있었다.

이 지적은 이번 재난에 대한 한국 정부의 대응이 결코 일회적인 사건이 아니라 사상적인 전통이 작용하고 있음을 시사한다는 점에서 주목할 만하다. 확실히 유교사회에는 이러한 사상이 뿌리 깊게 존재하는 것이 사실이다. 예를 들면 '자연재해는 통치자의 부도덕에서 기인하는 것'이라는 '천인상관설' 또는 '천견설天譴說'이 그것이다. 특히 한국은 조선왕조 500년 동안 유교를 통치 이념으로 삼고 있었다는 점에서 더욱 설득력이 있다.

여기에 한 가지 덧붙인다면 한국인의 '생명사상'이야말로 이번 사태에 대한 발 빠른 대응을 설명해 줄 수 있는 키워드라고 생각한다. 『조선왕조실록』을 보면 군주의 덕목으로 '호생지덕好生之德', 즉 '생명을 좋아하는 덕'이 자주 거론되곤 한다.* 이 점은 한국어의 '살림'이라는 말로부터도 확인할 수 있는데, '살림'이라는 말에는 나라살림이든 가정살림이든 모두 '생명살림'의 일환이라는 생각이 담겨 있기 때문이다. 철학적으로 보면, 한국 정부가 이번 사태에 대해 기민하게 대처했던 이유도 생명살림이야말로 정치의 근본이라는 사상이 강했기 때문일 것이다. 뒤집어 말하면 만약에 정부가 생명살림에 실

* 『조선왕조실록』에 '호생지덕'은 모두 579회, '호생(好生)'은 1,037회 나오고 있다.

패한다면 그 대가는 다른 어느 나라보다도 크게 치러야 된다는 뜻이 된다.

생명사상, 살림정치와 더불어 '학습능력'도 이번 대처의 성공 요인으로 꼽을 수 있다. 세월호 사고와 메르스 사태 때의 실패를 학습한 경험이 이번에 크게 작용했다는 것이다. 주지하다시피 '학습'은 유학의 창시자인 공자의 언행을 기록한 『논어』의 첫머리에 나오는 말學而時習이다. 그런 점에서 유학에서 가장 중시하는 덕목 중의 하나라고 해도 과언이 아니다. 퇴계학을 연구하는 연세대학교 이원진 연구원은 이번 대응의 비결을 한국인의 '학습능력'으로 꼽았다. 유교 전통에 충실하여, 과거 시대에는 중국으로부터, 근대에는 일본으로부터, 그리고 현대에는 서양으로부터 학습을 축적해 온 내공이 이번에 발휘되었다는 것이다.

지금까지 살펴본 구로다 논설위원의 논평은 한국사회의 특징과 사상의 차원까지 내려가서 사태를 분석하고 있다는 점에서 교토대학 오구라 기조 교수의 『한국은 하나의 철학이다-리와 기로 해석한 한국사회』모시는사람들의 분석을 연상시킨다. 일본인의 한국에 대한 시각은 때로는 한국인이 놓치고 있던 점을 지적해 준다는 점에서 참고할 만한 점이 많다.

서양의 반응 - 개방성과 투명성의 성공

구로다 논설위원의 칼럼이 나온 지 정확히 1주일 뒤인 2월 24일 자 《타임》지에 「한국의 코로나 바이러스 유행은 어떻게 그렇게 순식간에 통제 불능이 되었나?」라는 제목의 기사가 실렸다.* 그사이에 대구에서는 신천지 교도를 중심으로 확진자가 순식간에 불어나는 사태가 발생했기 때문이다. 실제로 이 기사에서는 신천지의 '비밀스런opacity' 성격에 대한 소개와 함께 정부의 대응을 비판하는 여론을 상세하게 소개하고 있다. 그런데 이 기사의 마지막 부분은 지금까지의 논조와는 다른 견해를 소개하고 있다.

> 코로나 바이러스 확진자가 급증한 주된 이유는 한국사회가 상대적으로 <u>개방성</u>openness과 <u>투명성</u>transparency이 높기 때문이다. 조지메이슨 대학한국의 방문학자인 앤드레이 아브라하미안 교수는, "한국에서 확진자 수가 부분적으로 많아 보이는 것은 한국이 높은 진단 능력, <u>자유</u>로운 언론, 그리고 <u>민주</u>적으로 책임질 수 있는 시스템을 갖고 있기 때문이다. 이 지역에서 이 모든 것을 갖추고 있는 나라는 드물다."고 말했다. 밑줄은 인용자의 것**

여기에서 우리는 이후에 한국의 성공적인 대응 비결을 설명할 때마다 단골로 등장하는 두 개의 핵심 단어를 발견하게 된다. 그것은 '개방성'과 '투명

---

* Steven Borowiec, 「How South Korea's Coronavirus Outbreak Got so Quickly out of Control.」《*TIME*》, February 24, 2020; 이원영, 「美 타임 '한국 확진자 증가, 한국의 개방성 · 투명성 반영'」,《UPI 뉴스》, 2020.02.25.

** A major reason for the rapid surge in confirmed coronavirus cases is the relative openness and transparency of South Korean society. "The number of cases in South Korea seems high at least in part because the country has high diagnostic capability, a free press and a democratically accountable system. Very few countries in the region have all those," said Andray Abrahamian, a visiting scholar at George Mason University Korea.

성'이다. 이 기사를 쓴 Steven Borowiec 기자가 앤드레이 아브라하미안 박사의 말을 이 두 단어로 요약한 것이다.* 여기에서 주목할 만한 점은 '개방성'이 대구시에 대한 미봉쇄 정책을 두고 한 말이 아니라는 점이다. 그것은 진단 결과의 투명한 공개와 언론보도의 자유로움을 통칭한 말이다. 그런데 이후에 이 개념은, 투명성과 더불어, 한국의 코로나19 대응 전반을 설명하는 키워드로 사용되게 된다. 즉 중국의 우한 봉쇄와 대비되는 대구 미봉쇄를 '개방성'으로도 설명하는 것이다. 결과적으로 보면 한국적 대응시스템의 특징을 한국인 학자와 기자가 아닌 외국인 학자와 기자가 정리해 주고, 그것을 한국 정부와 언론이 차용하는 셈이 된 것이다.

그럼《타임》지 이후의 해외 언론에서 개방성과 투명성이 어떻게 반복되고 있는지를 살펴보기로 하자. 먼저《타임》지 기사가 난 바로 다음 날인 2월 25일에《뉴욕타임스》에 다음과 같은 제목의 기사가 실렸다.「코로나 위기에서 한국의 도시는 중국과 대조적으로 개방성을 시도한다.」** 최상훈 기자가 쓴 이 기사는 제목에서부터 '개방성'이라는 표현을 사용하고 있다는 점에서 주목할 만한데, 내용적으로도 '정보의 개방'을 넘어서 '도시의 개방'을 언급하고 있다는 점에서 획기적이다. 즉《타임》지에 실린 '개방성' 개념을 대구 집단감염에 대한 대응책에도 적용하고 있는 것이다. 그뿐만 아니라 한 걸

---

* 참고로 앤드레이 아브라하미안(Andray Abrahamian) 박사는『North Korea and Myanmar: Divergent Paths』(2018)와『Being in North Korea』(2019) 등의 책을 쓴 북한 전문가이다.

** Choe Sang-Hun,「In Coronavirus Crisis, Korean City Tries Openness, a Contrast to China」,《*New York Times*》, Feb. 25, 2020.

음 더 나아가서 이런 개방적 대응 방식이 '중국과는 다른' 방식의 방역 모델이 될 수 있다고까지 전망하고 있다.

> 만약에 이런 대응이 위기를 극복하는 데 효과가 있다면, 도시를 봉쇄하지 않은 채 감염을 공격적으로 모니터링하는 이 전략은 바이러스가 전 세계적으로 확산되면서 시민의 자유가 시험되고 있는 상황에서 더 민주적인 성향의 사회들에게 하나의 본보기가 될 수 있다.*

이후의 서양 언론의 흐름을 보면 이 전망이 실제로 현실화되고 있음을 알 수 있다. 전 세계의 대부분의 나라에서 한국의 코로나19 대응을 모범적인 방역 모델로 인정하고 있고, 그 평가 요인 중의 하나로 '중국과는 다른' 형태의 개방성과 투명성을 들고 있기 때문이다. 그런 점에서 이 기사는 선구적이라고 할 수 있다. 실제로 이 기사가 난 지 며칠 뒤에 독일 언론에서도 한국 정부의 투명적 대응을 높게 평가하는 기사가 실렸다. 3월 2일 자《연합뉴스》기사에 의하면,《슈피겔온라인》은 2월 29일에「코로나19, 한국의 전략은 단호한 투명성」이라는 제목의 기사에서 "한국 정부는 환자들에게 대단한 양질의 의료 서비스를 제공하는 것 이외에도 철저한 투명성에 초점을 맞추고 있다.

---

* If it works to contain the crisis, the strategy - aggressively monitoring for infections while keeping the city running - could be a template for more democratically inclined societies as the virus spreads worldwide, testing civil liberties.

이런 접근방식은 전 세계의 의료진들에게 새로운 바이러스에 대한 중요한 단서를 제공할 수 있다."고 평가하였다.*

한편 개방성과 투명성은 한국 정부 관계자가 해외 언론과의 인터뷰에서 한국 정부의 대응전략을 설명하는 개념으로도 자주 사용되게 된다. 가령 3월 10일 자 홍콩의 《사우스차이나모닝포스트SCMP》에 실린 박찬경 기자의 「코로나 바이러스: 중국, 이탈리아 같은 도시 봉쇄 없이 한국의 감염 비율 하락」**에서 보건복지부 김강립 차관은 다음과 같이 말하고 있다. "투명하고 개방적인 사회의 원리를 해치지 않은 상태에서, 자발적인 시민들의 참여와 창조적인 선진 기술의 응용이 혼합된 대응시스템을 권장한다. 시민의 참여는 개방성과 투명성을 통해 안전이 확보되어야 한다."*** 그뿐만 아니라 3월 15일에 강경화 외교부 장관도 BBC의 '앤드루 마 쇼'에 출연했을 때에도 한국의 특별한 전략을 묻는 질문을 받자 '개방성과 투명성 그리고 완전한 정보공개'라고 대답하였다.****

참고로 개방성과 투명성은 구로다 논설위원의 칼럼에는 등장하지 않는

---

* 이광빈, 「'한국, 단호한 투명성' 독일 언론 평가…중국과의 차이 강조」, 《연합뉴스》, 2020.03.02.

** Park Chan-kyong, 「Coronavirus: South Korea's infection rate falls without citywide lockdowns like China, Italy」, 《*SCMP*》, 10 Mar, 2020.

*** "Without harming the principle of a transparent and open society, we recommend a response system that blends voluntary public participation with creative applications of advanced technology," "Public participation must be secured through openness and transparency,"

**** "the basic principle is openness, transparency and fully keeping the public informed." 「강경화 장관 BBC 영어 인터뷰 '한국의 코로나19 전략은 개방성과 투명성'」, 《김타쿠닷컴》, 2020.03.17. https://kimtaku.com/korea-covid19/

개념이다. 그 이유는 당시만 해도 아직 대구의 집단감염이 발발하기 전이었기 때문이지만, 더 근본적으로는 그가 한국 정부 대응의 특징을 다른 관점에서 보고 있기 때문이다. 이 점은 그가 군 출신 지인의 조언을 인용하고 있는 대목으로부터 알 수 있다.

> 내가 아는 군 출신 지인의 말에 의하면, 방역은 군사작전처럼 전력의 대량 투입에 의한 속전속결로 봉쇄해야 한다. 일본은 병력을 조금씩 내는 대응을 하고 있어서 실패하고 있다.

이 지적은 '집중도가 높은 한국사회'라는 구로다 논설위원의 분석과 잘 맞아떨어지는 내용이다. 실제로 그는 한국사회의 높은 집중도를 설명하면서 북한과의 긴장 관계와 과거의 군사적 경험을 들고 있다. 그렇다면 우리는 여기에서 하나의 가설을 세울 수 있을 것이다. 한국의 코로나19 대응이 성공적이었다면 그 원인은 일본과 서양 언론이 지적한 두 가지 요인의 혼합에서 찾을 수 있지 않을까? 즉 한편으로는 집중도와 단결력이, 다른 한편으로는 개방성과 투명성이 동시에 작용한 것이다. 그리고 주체의 관점에서 보면 전자가 시민의 반응이라면, 후자는 정부의 대응에 해당한다. 그런 점에서는 '민관협력'의 성과라고도 할 수 있다.

실제로 2월 2일 자 《동아일보》 기사 「文대통령 "민관협력 힘써 달라"…신종코로나 전문가 간담회」에 의하면, 문재인 대통령은 이날 청와대에서 코로나19 관련 방역 전문가들과 긴급 간담회를 열고, 민간과 공공기관의 협력,

중앙과 지방의 공조를 강조했다고 한다.* 1월 20일에 첫 확진자가 발생했으니 그로부터 꼭 열흘 뒤의 일이다. 이후에 '민관협력'은 한국 언론에서 코로나19 대응을 설명하는 단골 용어로 사용되게 된다. 구로다 논설위원도 칼럼에서 '관민일체'를 '집중도'의 사례로 꼽고 있다.

최상의 모델 - 중국과 유럽의 사이

3월이 되면 미국과 유럽에서도 감염자가 급증함에 따라 한국형 대응을 모델로 삼아야 한다는 주장이 본격화되게 된다. 아울러 미국에서는 한국과의 검사 능력의 차이를 비교하면서 미국의 의료 시스템을 비판하는 장면도 연출되었다. 대표적으로 3월 12일에 미 하원에서 열린 '코로나 청문회'에서 캐롤린 멜로니 하원 감시위원장이 미국의 검사 능력이 한국에 비해 턱없이 부족하다고 지적하면서 관련자들을 다그치는 장면이 유튜브를 통해 전해졌다.

한편 3월 18일 자로 유럽의 감염자가 중국보다 많아지자 서양의 개방적 시스템에 대한 회의적인 견해도 등장하기 시작했다. 「바이러스가 중국보다 유럽을 더 강타하다. 이것은 열린 사회의 대가인가?」라는 제목의 3월 19일 자《뉴욕타임스》 기사가 그것이다.** 여기에서는 이전과는 정반대로 개인의

---

* 「文대통령 "민관협력 힘써 달라"…신종코로나 전문가 간담회」,《동아일보》, 2020.02.02.

** Richard Pérez-Peña, 「Virus Hits Europe Harder Than China. Is That the Price of an Open

자유와 시민의 의견을 중시하는 유럽의 사회시스템이 감염자 증폭의 원인이 되었다는 전문가들의 견해로 시작되고 있다.

그러나 바로 이어서 중국적인 봉쇄정책은 하나의 요인에 불과하고, 더 근본적인 성공 요인은 스피디하고 공격적인 대응이라는 반대의견을 제시하고 있다. 실제로 중국도 초기대응에 늦었다는 것이다. 반면에 중국이나 유럽과는 다른 방식으로 대응을 한 동아시아의 몇몇 나라들을 성공적인 사례로 들고 있다. 싱가포르, 대만, 홍콩 그리고 한국은 광범위한 검사와 확진자 격리, 그리고 신속한 추적시스템을 병행함으로써 경제적 봉쇄 없이도 바이러스를 통제하고 있다는 것이다. 이 중에서도 특히 한국은, Balloux 박사의 말을 인용하면서, 개인의 자유를 제한적으로 침해하고 경제와 사회를 제한적으로 단절시킴으로써 전염병을 억제할 수 있음을 세계에 보여주었다고 평가하고 있다. 그러나 이런 전략은, Reingold 박사의 말을 인용하면서, 대단히 자원집약적인 매우 힘든 작업이므로 미국에서는 되풀이될 수 없다고 덧붙였다.

이에 의하면 결국 서양 언론이 분석한 최상의 모델은 완전한 봉쇄도 아니고 전면적 개방도 아닌, 양자가 적절히 가미된 '절충'에 있다고 할 수 있다. 이것을 한국의 정치 이념으로 표현한다면 '공화와 민주의 조화'라고 할 수 있을 것이다. 여기에서 '공화共和'란 공동체의 안정과 지속을 추구한다는 의미이고, '민주'는 개인의 자유와 자율을 보장한다는 의미이다. 그래서 재난

Society?」, 《*New York Times*》, March. 19, 2020.

상황에서 공동체의 조화를 위해 개인의 자유를 적절히 제한한다는 점에서는 '공화적 민주'라고 할 수 있고, 반대로 이 자유의 제한이 시민 한 사람 한 사람의 자율에 의해서 이루어져야 한다는 점에서 '민주적 공화'라고 할 수 있다. 바로 이러한 '공화적 민주'와 '민주적 공화'의 병행이야말로 재난에 대처하는 국가와 시민의 바람직한 덕성이라는 것이 지난 한 달 반 동안 해외 언론이 도달한 최종적인 결론이었다.

3부

재난과 공공성

신종 감염병의 시대, 의료 시스템은 어떻게 달라져야 하나? –

박재현

전 세계 신종 코로나 바이러스코로나19 확진자 수가 2020년 3월 말 기준으로 70만 명을, 사망자 수는 3만 명을 넘어섰다. 우리나라는 확진자 수가 곧 1만 명을 돌파할 것이 확실시되고 있으며 사망자 수는 160명을 넘어 지속적으로 증가할 것으로 예상되고 있다. 대한민국은 물론 세계의 경제와 문화가 멈췄고 사람들은 전쟁 시기 방공호에 숨듯 집 안에 격리되어 생활하고 있다. 제3차 세계대전이 일어난다면 이와 비슷한 상황이지 않을까 하는 상상마저 하게 된다.

우리가 평소에는 위험성을 모르다가 한번 발생하면 건강과 일상생활에 큰 위협을 받는 신종 감염병을 경험한 것이 사실 이번이 처음은 아니다. 2003년의 중증급성호흡기증후군SARS, 2009년 국내 76만 3,759명을 감염시키고 270명의 사망자를 낸 신종 인플루엔자A H1N1, 2017년 186명 감염에 38명이 사망한 중동호흡기증후군MERS 등, 신종 감염병 유행이 터질 때마다 사람들은 국민을 안전하게 보호하고 신속하게 치료해 줄 수 있는 의료 시스템에 전적으로 의지하며 의료 시스템이 제대로 기능해 주기를 바랐다. 그렇다면 이와 같은 대규모 재난 사태에 대응할 수 있는 한국의 의료 시스템, 소위 공공의료 시스템의 현주소는 어떤가? 그리고 앞으로 어떤 방향으로 발전해 나가야 할까?

이 물음에 답하기 전에 한 가지 짚고 넘어가야 할 점이 있다. 의료는 의료 자체로만 존재할 수 없고 우리 사회 체계 안에서 존재하는 하나의 하위 시스템이라는 점이다. 국가와 사회 체계가 붕괴된다면 의료 시스템 역시 제대로 기능할 수 없다. 이는 최근 국가 재정이 어려워 의료 자원을 축소한 나머지 코로나19에 제대로 기능하지 못하고 많은 사망자를 내고 있는 이탈리아의 예를 보아도 알 수 있다. 최근 세계보건기구WHO에서는 건강은 의료 시스템 내에서만 달성될 수 있는 것이 아니라 사회 모든 정책에 건강에 대한 정책이 반영되어야 한다는 소위 '모든 정책에서의 건강Health in All Policies'을 강조하고 있다. 인간의 건강은 가장 기본적으로 우리의 의식주와 연결된 경제적 조건, 사회문화적 환경, 기후변화, 미세먼지와 같은 물리적 환경, 복지제도와 연결되어 있고 이러한 제반 여건이 건강에 유리하게 마련되어야 인간의 건강은 유지될 수 있다는 것이다. 코로나19 유행의 상황도 이와 다르지 않다. 모든 국민이 사회적 거리두기에 동참해야 하고, 마스크는 꼭 필요한 사람들에게 적절한 시기에 적절한 양으로 공급되어야 하며, 자가격리자를 위한 입주 시설과 이들에 대한 지원이 필요하다. 병원에서 코로나19 검사와 확진자들에 대한 치료로 사투를 벌이는 의료진뿐만 아니라 전 국민이 동참하여 코로나19와 싸움을 벌여야 한다. 코로나19와 같은 신종 감염병뿐만 아니라 인간의 모든 질병 역시 의료 시스템만으로는 대응할 수 없다. 인간의 건강과 질병자체가 사회적인 위험 요인과 연결되어 있으며 따라서 이에 대한 대응 역시 사회적이어야 한다. 고로 의료는 사회로, 사회는 의료로 모든 것이 연결되어 있다.

이러한 점을 생각한다면 코로나19 사태는 물론 모든 공중보건의 위기, 더 나아가 우리 국민의 건강은 의사, 간호사, 병원과 같은 의료 시스템 내에서만이 아니라 전 사회와 전 국민이 모두 같이 대응해야 한다는 인식이 필요하다. 예를 들어 사회적 거리두기를 하라는 보건당국의 지침을 무시하고 예배 등 종교적 집회를 강행한 신천지와 개신교 단체, 자가격리 지침을 무시하고 여러 공공시설을 돌아다닌 코로나19 확진자, 이번 기회에 떼돈을 벌어 보겠다는 욕심에 마스크를 매점매석하거나 제대로 기능할 수 없는 소위 가짜 마스크를 만들어 파는 상공인, 자기가 먼저 진단검사를 받겠다고 스스로 신천지 교인이라고 속인 사람 등, 이 모든 경우가 코로나19를 확산시키고 의료 시스템을 방해하는 사람들이라고 할 수 있다. 이렇게 우리의 눈살을 찌푸리게 하는 예가 있는가 하면, 그 반대의 경우도 있다. 운영하던 의원을 잠시 접고 코로나19와 사투를 벌이고 있는 의료진을 돕겠다고 대구로 몰려든 의사들, 주변에 자가격리를 하고 있는 사람들에게 사비를 들여 생활 물품을 보내주는 사람들, 사회적 거리를 유지하기 위해 엘리베이터를 타지 않고 계단을 오르내리는 확진자 등. 이들 모두 힘든 시기에 우리를 지켜 주는 숨겨진 영웅이라고 할 수 있다. 이와 같이 포괄적 개념의 의료 시스템병의원뿐만 아니라 건강과 관련된 모든 사회시스템이 제대로 작동하고 이를 통해 코로나19에 대응하기 위해서는 성숙한 시민의식이 전제되어야 한다.

한편, 코로나19 대응을 위해 갖추어야 할 덕목으로서 한 가지 덧붙이자면 과학적 사고 역량을 들 수 있다. 코로나19가 마귀의 소행이라는 신천지 신도들의 믿음, 소금물을 분무기에 담아 입에 뿌리면 코로나19를 퇴치할 수 있다는 믿음은 코로나19를 퇴치하기는커녕 확산의 불길에 기름을 끼얹는 격이 되고 말았다. 코로나19에 제대로 대응하기 위해서는 이 신종 바이러스가 무엇인지, 어떻게 전파되고, 어떻게 예방될 수 있는지에 대한 올바른 지식이 필요하다. 물론 이번 사태를 통해 많은 국민이 신종 바이러스에 대한 지식이 증가했지만 여전히 신종 바이러스에 대해 잘못된 지식, 비과학적인 믿음과 태도를 가지고 계신 분들이 많다. "아는 것이 힘이고 국력이다."라는 말이 있듯이 이제는 모든 국민이 올바른 보건학적 지식과 이를 활용할 수 있는 역량을 키우며, 이를 통해 보건학적으로 바람직한 문화를 만들어 가는 데 관심을 가질 필요가 있다.

두 번째로 짚고 넘어가야 할 문제는 코로나19와 같은 공중보건학적 위기에 대비, 대응할 수 있는 우리나라의 공공의료 시스템이다. 현재 유행하고 있는 코로나19 바이러스는 RNA 바이러스이기 때문에 돌연변이를 만들어 내기가 매우 쉽다. 전 세계로 확산되고 있는 코로나19 바이러스의 유전형은 동일하다고 볼 수 없다는 연구 결과가 나오고 있다. 그만큼 백신 개발도 힘들고 치료제 개발도 언제 완료될지 알 수 없는 형국이다. 전 세계적인 유행이 빨리 종식되면 좋겠지만 한 국가에서 코로나19 유행이 종식되어도 다른 국가에서 유입된 사람을 통해 다시 유행할 가능성은 얼마든지 있다. 따라서 이제는 코로나19와 같은 신종 감염병 유행이 일상이 된다고 생각하고 사회시스템은 물론 공공의료 시스템도 개선할 필요가 있다. 그렇다면 이렇게 신종 감염병이 일상이 되는 상황에서 우리나라 공공의료는 국민을 안전하게 지켜 줄 수 있는 대비가 되어 있는가? 이번 코로나19로 인해 각국의 의료시스템이 비교되면서 각국의 매체들은 한국이 상대적으로 효율적이고 질이 높은 의료 서비스를 제공하고 있는 것으로 보도하고 있다. 하지만 그 성과는 많은 의료진들의 물리적, 심리적 희생이 전제된 것이었다. 코로나19가 장기화될 경우 누적된 피로감과 의료기관의 재정 상태 악화로 인해 의료 시스템이 언제 붕괴될지 알 수 없는 형국이다. 그렇다면 어떻게 이 난관을 극복해야 할까?

조금 전문적인 이야기가 될 수 있겠는데, 이전의 사스, 신종플루, 메르스 유행 시기에 가장 많이 정책의제로 나왔던 것은 음압격리병상의 확충이었다. 이전 메르스 유행 시기에도 음압격리병상이 부족하여 병원 일부 및 전체 병동을 격리병상으로 운용하였고, 현재 코로나19 상황에서도 역시 격리병상이 부족하여 특히 대구에서는 중증 환자가 입원하지 못하는 사태도 벌어졌다. 2019년 12월 기준으로 전국의 음압병상 수는 총 1,027개이며, 이 가운데 국가지정 음압병상은 29개 기관 198개 병상으로, 2015년 메르스 사태 이후 19개 기관 119개 병상에 비해 양적 증가를 이루었다. 하지만 대부분의 음압병상은 원칙적으로 1급 감염병으로 분류된 코로나19를 제대로 치료할 수 있는 시설은 아니며, 198개 국가지정 격리병상 역시 감염병 관리에 최적화된 시설이 아니다. 이에 몇 년 전부터 감염병 전문병원을 권역마다 설치하는 정책이 제안되었고 예산까지 마련되었지만 선뜻 이에 응하는 병원이 없었고 현재는 2017년 2월 국립중앙의료원이 중앙 감염병 전문병원으로, 2017년 8월 조선대병원만이 권역 감염병 전문병원으로 지정된 상황이다.

이처럼 신종 감염병이 유행할 때마다 전 국민의 관심의 대상이 되었고 정부 역시 확충을 약속하였는데도 왜 이러한 문제가 반복되는 것일까? 일부 전문가들은 우리나라의 공공병원/공공병상의 비율이 낮은 것을 그 이유로 들며, 공공병원을 확충해야 한다고 주장하기도 한다. 하지만 필자의 생각은 조금 다르다. 의료는 모두 공공적인 성격이 있으며, 민간 병원이라도 국가적 재난 사태에서는 공공적인 역할을 다할 수 있어야 한다. 문제는 공공병원이 적어서가 아니라 우리나라 시스템이 공공적인 역할을 잘할 수 없게 만드는 제도에 있다. 다시 음압병상 이야기로 돌아가 보자. 왜 음압병상을 설치할 수 있는 예산을 주겠다고 하는데도 병원들은 이를 거부할까? 이는 설치가 문제가 아니라 한번 설치한 병상을 운영하는 데 상당한 비용이 발생하며, 현재 수가 구조로는 이를 감당하기 힘들기 때문이다. 최근 아주대학교 이국종 교수가 외상센터장을 사임하며 불거진 사태에서 볼 수 있듯이 이러한 상황은 비단 신종 감염병의 경우만 해당되는 것이 아니다. 운영하는 데 비용은 많이 들고 환자는 적고 수가는 낮아 적자가 발생할 수밖에 없는 외상 의료, 응급 의료, 재활 의료, 중환자 의료, 산과 진료, 장애인 진료 등에 모두 해당되는 사안이다.

조금 더 전문적인 이야기가 될 수 있는데, 이러한 문제를 해결하기 위해서는 결국 국가적으로 필요하나 운영이 잘되지 않는 의료 영역에 대해서 소위 '건강보험 지불제도'를 바꾸어 주어야 한다. 현재 병원에 대한 건강보험의 지불제도는 행위별수가제를 기반으로 하고 있다. 이는 환자를 더 많이 보고, 치료를 더 많이 할수록 수익이 나는 구조이며, 반대로 환자를 적게 보고 치료를 적게 할수록 적자를 보는 구조이다. 평소에 환자가 발생하지 않고 대비, 대응을 해야 하는 감염병 의료, 재난 의료, 외상 의료 등은 이 제도하에서는 적자를 감수할 수밖에 없다. 이러한 지불제도를 바꾸어 주지 않으면 건물을 지어 주겠다, 필요한 인력을 지원해 주겠다고 해도 병원은 움직이지 않을 것이다. 정부는 소위 '착한 적자'라고 하여 공적인 의료의 수행으로 인해 발생한 적자를 메워주겠다고 하지만 이것도 공공병원에만 국한된 것이고, 적자를 메워 주겠다는 것은 문제를 근본적으로 해결하지 못하는 '사후 약방문'과 같은 정책이라고 할 수 있다.

그렇다면 어떻게 해야 이와 같은 소위 공적인 의료에 대해 적절한 지불을 하고 이를 통해 건강한 공공의료가 확보될 수 있을까? 대답은 아주 간단하다. 지불제도를 환자 수, 행위량에 의해 결정되는 '행위별수가제'가 아니라 어떠한 경우에도 안정적으로 유지될 수 있는 '예산제'로 바꾸어 주면 된다. 쉬운 예로 음식점과 소방서를 비교해 보면 된다. 음식점은 손님이 오지 않으면 수익이 발생하지 않아 결국 문을 닫게 된다. 비슷한 이유로 최근 출산율이 줄어들면서 특히 지방에서는 출산을 할 수 있는 산부인과 병원을 찾기 힘들어졌다. 하지만 소방서는 어떤가? 아무리 시골 지역이라도, 화재가 나지 않더라도 유지가 된다. 그것도 언제든지 출동 준비가 되어 있다. 이러한 소방서는 1년 예산이 정해져 있으며 그 예산 안에서 운영을 하고 있다. 그래서 유럽 대부분 국가의 병원은 행위별수가제가 아니라 예산제로 운영하고 있다. 물론 예산제는 행정적 경직성, 진료량 축소와 같은 문제점이 있지만 그 반대로 운영은 매우 안정적이다. 특히 평소 재난에 대한 대비, 교육훈련은 행위별수가제로는 보상받을 수 없지만 예산제하에서는 가능하다. 소방서를 생각하면 이해하기 쉽다.

물론 우리나라와 유럽 국가를 직접 비교할 수는 없지만 역사적으로 볼 때 이런 차이가 생긴 이유를 생각해 볼 수 있다. 우리나라에서는 의료를 공적인 영역으로 보기보다 '아픈 자를 치료해 준다'는 시혜적 성격의 영역으로 생각하는 경향이 강했고, 이 때문에 국민 역시 의료를 대인 서비스로 생각하는 경향이 많았다. 하지만 서구 유럽의 경우 세계대전을 거치면서 의료와 복지에 대해서 국가가 책임을 져야 한다는 이념이 강했다. 이 때문에 의료 시스템 역시 공적인 영역에서 구축하였으며, 대부분의 공적 영역에서 적용하는 예산제가 잘 맞았던 것이다.

우리나라도 이제는 의료 전체는 아니지만 신종 감염병 대응과 같은 일부 영역을 공적인 영역으로 인식하고 이에 맞는 지불제도를 적용할 필요가 있다. 신문지상에서는 연일 이 코로나19 사태를 전쟁에 비유하며, 의료진을 전쟁에 투입되는 군인으로 묘사하고 있다. 군대는 예산으로 운용하듯, 신종 감염병의 대응과 대비 역시 예산제로 운용해야 한다. 그래야 이러한 공적인 의료 시스템이 만성적인 적자에서 탈출하여 국민에게 필요한 서비스를 안정적으로 공급할 수 있다.

우리는 지금까지 의료는 의사들이 환자를 치료하면서 돈을 버는 행위이며, 의사는 말년까지 안정적으로 돈을 벌 수 있는 직업이라고 생각해 왔다.

그래서 해마다 의대에 지원하는 학생의 평균 수능 성적은 타 학과에 비해 매우 높았다. 즉, 의료를 공적인 영역이 아니라 사적인 영역에 속하는 것으로 생각해 왔다. 하지만 코로나19 사태를 통해 이러한 생각이 바뀔 필요가 있다. 의료는 수요 공급에 따라 사고파는 재화나 서비스가 아니라 전 국민의 안전과 건강을 책임지는 공공재이다. 군대가 무너지면 외부 적의 침입에 대응할 수 없듯이 의료 시스템이 무너지면 국민의 건강을 지킬 수 없다. 과거 아프리카에서 에볼라 창궐로 인해 당시 의료진들이 사망하는 등 의료 시스템이 붕괴된 이후 영아사망률 등과 같은 건지표가 10년 뒤로 후퇴하였다는 보고도 있다. 이와 같이 의료 시스템, 특히 공적인 성격이 강한 의료는 행위별수가제와 같은 수익 친화적인 지불제도가 아닌 공적인 성격이 강한 예산제로 전환하는 것이 바람직하다. 또한 국방비에 많은 예산을 투입하는 것과 같이 공공의료 시스템에도 충분한 예산을 보장해 주어야 한다. 운영하던 의원을 잠시 접고 대구로 가서 코로나19 진료를 돕는 의사들도 필요하지만 이러한 선의의 온정에만 의지하여 국가적인 재난에 대응할 수는 없다.

마지막으로 언급하고 싶은 부분은 우리가 더 이상 신종 감염병의 문제를 한 국가의 관점에서만 바라보고 대처해서는 안 된다는 것이다. 실제 코로나19는 중국 우한에서 시작되었지만 전 세계로 퍼졌고 그 고통도 전 세계가 모두 겪고 있다. 앞으로 언제 코로나19가 종식될지 알 수 없지만 전 세계 인구가 서로 이동하는 지구촌 시대에서 코로나19는 영원히 종식되지 않을 가능성도 있다. 이제 감염병의 문제는 한 국가만의 문제가 아니라 전 세계 공동의 문제이며 따라서 전 세계가 책임을 지고 대응해야 한다. 왜 우리가 중국,

홍콩, 중동에서 발생한 신종 감염병에 대한 책임을 져야 하는지 반문을 할 수도 있겠지만 현재 결과를 놓고 봤을 때 더 이상 그런 관점으로는 문제를 근본적으로 해결할 수 없다.

근원적으로 어디서부터 무엇이 잘못된 것일까? 우리가 무엇을 잘못했기에 전 인류가 이러한 몸살을 앓아야 하는 것일까? 사실 바이러스는 인류의 곁을 떠난 적이 없었다. 인류가 정착을 하여 가축을 기르던 선사시대에 동물가축이 가지고 있었던 많은 바이러스가 인간에게 옮겨왔으며, 그 대표적인 것이 유아기 예방접종 대상인 천연두, 홍역 등이다. 지금도 마찬가지다. 세계동물보건기구는 인체 감염병의 60%가 동물에서 유래되며 특히, 새롭게 발생하는 전염병의 75% 이상이 인수공통전염병Zoonosis이라고 밝히고 있다. 최근에 등장한 신종 바이러스인 사스, 메르스, 코로나 바이러스 역시 인수공통전염병이며, 그 시원始原을 야생 박쥐로 보고 있다. 한 연구에 따르면 박쥐는 모두 바이러스 137종에 감염될 수 있으며, 특히 사람도 감염될 수 있는 '인수공통바이러스'도 61종이나 가지고 있다고 한다. 실제로 21세기 인류를 위협하는 인수공통전염병의 상당 부분이 박쥐에게서 인간으로 넘어왔다. 사실 박쥐는 우리 인류에게 이로운 동물이다. 박쥐는 작물을 해치는 해충과 사람의 피를 빨아먹고 질병을 옮기는 모기를 잡아먹는 고마운 존재이다. 하지만 그런 고마운 존재가 인류의 건강을 위협하는 바이러스의 발원지가 된 것이다.

왜 그렇게 된 것일까? 결국 그 원인은 인간이 자연을 무분별하게 착취해왔기 때문이다. 개발도상국들의 소득수준이 늘어나면서 육류소비가 폭증함에 따라 전 세계의 많은 지역에서 야생의 자연을 축산 농가로 바꾸고 있으며, 이 과정에서 삶의 터전을 잃게 된 야생 박쥐가 먹이를 구하기 위해서 축산 농가의 가축과 접촉할 기회가 증가하게 되었다. 게다가 매우 비위생적인 환경의 좁은 시설에서 사육되고 있는 가축은 그 자체로 거대한 신종 바이러스의 전달자 역할을 하게 되는 것이다. 이러한 과정에서 박쥐 속에 살고 있던 수많은 바이러스가 가축을 통해 인간으로 전해지게 된 것이다. 이와 같은 경로로 사스는 박쥐→사향고양이→사람으로, 메르스는 박쥐→낙타→사람으로 넘어오게 된 것으로 추측되고 있다. 인간이 자연의 개발을 통해 야생동물의 서식지를 파괴할수록 앞으로 코로나19와 같은 신종 감염병의 유행은 더 늘어나게 될 것이다.

그래서 최근 학계에서는 '원헬스One Health'라는 개념을 강조하고 있다. 원헬스는 사람과 동물, 생태계 건강이 하나로 연결되어 있다는 개념으로, 인류 보건 문제를 해결하기 위해선 사람, 동물, 생태계 전문가들이 힘을 합쳐야 한다는 뜻이다. 인간이 건강하기 위해서는 동물이 건강해야 하고 동물이 건강하기 위해서는 생태계 전체가 건강해야 한다. 인간의 욕심 때문에 자연을 무분별하게 개발하고 생태계를 파괴하며, 동물을 착취하게 되면 결국 그것이 부메랑이 되어 코로나19 사태와 같이 전 세계 인류의 건강을 해치게 되는 것이다. 사람을 위한 공공의료는 그 범위가 더 확장되어 동물과 전 생태계를 다 아우를 수 있는 생태공공보건이 되어야 한다. 그래서 서두에서 이야기한 바와 같이 의료문제는 의료제도 안에서만 해결될 수 있는 것이 아니라 전체 사회정책에 녹아들어가야 하는 것이다. 이른바 '모든 정책에서의 건강Health in All Policies'이 되어야 한다. 그렇게 되어야 UN이 제시하는 '지속가능발전목표SDGs: Sustainable Development Goals'가 추구하는 철학, 즉 인간만을 위한 지구가 아닌 동물과 생태계, 자연환경이 모두 건강하게 지속 가능한 지구를 만들자는 철학이 현실화될 수 있다.

공공의료 시스템은 그 자체만으로는 운영되지 못한다. 특히 신종 감염병이 일상화될 미래에는 더더욱 그렇다. 모든 국민이 사회적 거리두기, 기침 에티켓, 마스크 착용과 같은 건강한 보건 행위를 이행할 수 있어야 한다. 국가는 공공의료 시스템이 붕괴되지 않도록 어떠한 상황에서도 안정적으로 의료 서비스가 제공될 수 있는 지불제도를 도입해야 한다. 인간은 인간의 건강만을 생각할 것이 아니라 동물과 자연의 건강을 책임질 수 있도록 산업 체계와 생활 방식을 재편해야 한다. 알베르 카뮈가 소설 『페스트』의 마지막 문장에 기술한 바와 같이 "신종 전염병은 결코 죽지도 않고 사라져 버리지도 않고 인내심을 가지고 때를 기다리다가, 인간들에게 불행도 주고 교훈도 주려고 언젠가는 다시 올 것이다." 인류가 신종 전염병을 지구상에서 아예 없애겠다는 것은 애초부터 불가능한 일이다. 따라서 이들을 달래면서 슬기롭게 공존할 수 있는 사회와 의료의 시스템을 재편하는 것이 향후 과제가 되어야 할 것이다.

바이러스 오브젝트Virus Object

—공적 물物의 귀환, 실재 객체의 등장과 그 공공적 방역

이원진

물物, 객체의 부활

가히 바이러스 오브젝트Virus Object라 할 만하다. 전염병 '코로나19Covid-19' 말이다. 고작 나노 크기의 비인간 바이러스 행위자는 '브이Virus 세계대전'이라 불릴 만큼 가공할 위력으로 인류를 거대한 성찰의 공간으로 유인하고 있다. 이곳에서 우리는 이전에는 애써 외면했던 그런 종류의 반성을 이제 시작한다. 코로나 바이러스는 지구 공간 전체pan와 인류 전체에demic 영향을 미친다는 점에서 시공간에 관한 우리의 기존 관념을 리셋하는 '하이퍼오브젝트Hyperobject'이기도 하다. 이 직관적인 개념을 처음 생각한 사람은 2013년 영국 철학자 티모시 모튼*인데, 그는 일반적이고 통제 가능한 대상오브젝트을

* Timothy Morton, "*Hyperobjects: Philosophy and Ecology After the End of the World*", Univ of Minnesota Pr, 2013.

초과하는 어떤 것에 이름을 붙여야 할 필요성을 느꼈다고 한다. 하이퍼오브젝트는 지구 어디에나 이미 존재했지만 오로지 전 지구적 재난으로 인간 사회에 영향을 미칠 때에야 비로소 인간에게 실재하는 위협이 되는 대상 일체 미세먼지, 기후변화 등 를 말한다.

미국 철학자 그레이엄 하먼Graham Harman 역시 같은 맥락에서 '실재적 대상RO, Real Object'을 강조*한다. 평소 인간에게 고작 도구로 쓰여 온 사물은 주어진 기능을 원활히 수행하는 동안에는 존재감이 전혀 없다. 하지만 역설적으로 그 대상이 고장나 더 이상 작업을 할 수 없을 때에야 그 존재는 어둠 속에서 환히 자신의 실재성을 드러낸다. 못을 박을 수 없는 고장난 망치처럼. 인간이 스스로를 유일한 주체로 파악하고 자연을 그와 대립된 '대상/사물'로 취급하는 경우, 사물들은 '손맡에 있는Zuhanden, 도구로서의 관계' 채 우리와 연결됐다. 그러나 더 이상 우리에게 익숙하기를 멈춘 '눈앞에 있는Vorhanden, 실재로서의 관계' 코로나 바이러스는 그 존재의 실재성을 매우 강렬한 방식으로 우리 앞에 현현한다. 독일의 신예 철학자 가브리엘 마르쿠스 역시 이번 코로나19를 '형이상학적 전염병'이라고 부르며 인류가 이를 신자유주의적 전염에서 벗어나 공동으로 윤리적 연습을 할 기회로 여겨야 한다고 말한다.**

2007년부터 서구에서 유행하기 시작한 이런 생각의 흐름을 일컬어 '사변

---

* 그레이엄 하먼, 『쿼드러플 오브젝트』, 주대중 역, 서울: 현실문화, 2019.

** Markus Gabriel, "We need a metaphysical pandemic", https://www.uni-bonn.de/news/we-need-a-metaphysical-pandemic

적 실재론Speculative Realism'이라 부른다. 이들이 중시하는 것은 우리의 통제를 벗어난 실재적 사물, 즉 비인간non-human 오브젝트의 부활이다. 그래서 OOOObject-Oriented Ontology, 객체중심존재론이라고도 부른다. 그런데 이런 철학, 어쩐지 낯설지 않다. 가장 최근에는 한국사상사에서 동학의 경물敬物, 사물을 존중하고 경건히 대한다 사상에서도 이런 흐름을 찾을 수 있다. 또 더 멀리 거슬러 가면 유가에도 이 관념이 있었다. 바로 『대학大學』의 '격물格物' 개념이다. 그런데 퇴계 이황은 이 격물을 처음 제시한 중국 송나라 유학자 주자보다 더 적극적인 해석을 제시한다. 보통 격格은 '알아차리며, 끝까지 캐내어 이른다'는 뜻이다. 그러니까 격물은 '끝까지 캐내어 궁구해 물의 지극한 곳에 이르지 않음이 없다'는 의미다. 재밌게도 퇴계는 여기서 끝나지 않고 앞뒤를 바꾼 '물격物格'을 같이 말한다. 사물이 목적어가 아니라 주어가 되는 것이다. 격물이 격이 궁구하는 사람의 입장에서 공부工夫의 과정이라면, 뒤바꾼 물격에서 격은 사물의 이치의 극처'가' 스스로 이르는 것으로 물과 사람이 서로 조응하는 '공효功效'를 보여준다. 특히 퇴계가 주자와 달리 리理의 능동성을 제시한 대목으로 주목받는다. 퇴계는 인간이 사물의 이치 즉 물리를 스스로 파악하기도 하지만, 물리도 인간에게 스스로 다가온다고 본다. 즉 세상만사는 인간과 사물이 함께 조응하는 과정으로 본 게 아닐까. 그리고 그렇게 서로 조응할 때 열심히 공부한 효과가 생긴다. 사물의 행위성에 집중했던 초창기 학자이면서 그레이엄 하먼 등 사변적 실재론자에게 영감을 주었던 브루노 라투르Bruno Latour는 사물 역시 행위자actor라고 하는데, 퇴계의 물격은 브루노보다 한참 전에 사물의 행위성을 웅변한 생각이었다고 할 수 있다. 예를 들어 라투르는 과속방지턱이 인간의 과속 행위를 규정하는 명백한 행위자라고 말한다. 과속방지턱이라는 물이 스스로 이르러 인간이 자동차 브레이크를 밟도록 유도하면 민식이 같은 희생자를 막기 위해 법으로 규제하는 것보다 더욱 강력한 행위력을 발휘한다.

오늘날 이퇴계의 격물/물격과 동학의 경물 사상은 기술사회에서 더욱 실감나게 부활할 수 있다. 4차 산업혁명이 주도하고 있는 사물인터넷 등은 공동체주의에 대한 우리의 오랜 환상을 훨씬 실재감 있게 만들어 주고 있다. 4차 산업혁명의 첫째 특징인 '초연결' 사회는 일견 개인주의를 강화시켜 줄 것으로 보인다. 사물인터넷의 부상으로 기존의 인터넷이나 스마트폰을 통해 모든 기기가 연결되면 미디어와 디바이스로 시공간을 뛰어넘으며 인간과 사물은 상호 작용한다. 또 사물인터넷이 빅데이터와 결합하면 냄새, 맛, 진동, 질감 같은 다양한 속성까지 개인맞춤형 고객관리가 가능해진다. 우리는 정확히 필요한 시간에 원하는 취향으로 사물과 상호 작용할 것이다. 하지만 이게 다가 아니다. 이 사물엔 우리가 전혀 예기치 않았던 손님도 포함돼 있기 때문이다. 전염병 바이러스의 입장에서 보면 초연결사회는 전파에 최적의 조건이다. 이번 코로나19 사태는 극단적 개인주의로는 위기를 돌파할 수 없다는 점을 보여줬다. 둘째, 4차 산업혁명의 다른 특징인 '초지능'은 살아 있는 생명체에만 가능하다고 여겨졌던 학습추론능력, 자기개발능력이 사물에게도 있다고 말한다. 계속해서 전파력을 높이는 변종을 만들어 온 바이러스도 지능적 행위자다. 이 지능적 행위자도 물격物格해 오기에, 우리는 이들이 생성한 이유를 격물格物할 필요가 있다.

> 발생부터 유행과 확산, 대응, 결과에 이르기까지, 우리가 만나는 감염병을 둘러싼 사건은 병원체와 비인간non-human, 사람, 사회의 심층 구조로부터 '발현emergence'한 총체적 결과로, 그 과정을 종합적으로 해명하는 존재론이자 인식론이 필요하다. 신종emerging이란 인간에게 해를 입히지 않던 병원체가 새로 감염병을 일으킨다는 뜻으로, '새로움'보다는 '생성'의 이유에 주목해야 한다.*

마지막 4차 산업혁명의 세 번째 특징은 '초융합'인데, 이전에는 상상조차 할 수 없었던 다른 종류의 기술과 산업이 결합되어 새 융합산업이 출현하는 것을 말한다. 우리는 2011년 동일본대지진으로 인한 후쿠시마 핵발전소 파괴와 방사성물질의 유출, 미세먼지, 그리고 인수공통감염 바이러스 같은 상상을 초월한 융합의 형태로 나타나는 21세기 재난적 사건을 통해 하이퍼오브젝트의 실재를 체감한다.

이 초연결, 초지능, 초융합의 원리는 사회조직도 새롭게 바꿔 가고 있다. 우리는 새로운 객체의 행위성을 늘 의식하면서 새로운 네트워크에 기반한 거버넌스를 만들어 나가고 있다. 위계적 조직과 무질서 조직이란 양극단 사이에서 네트워크 거버넌스는 복잡함에 적응할 수 있는 시스템complex adaptive system을 갖추고 있는 중이다. 이런 측면에서 극단적 개인주의는 더 이상 유효하지 않을 것이다. 오히려 집단지성에 기댈 수 있는 공동체주의를 개인주

---

* 김창엽, 「新감염병 레짐…신자유주의적 코로나19」, 《프레시안》, 2020.03.23.

의와 함께 유지하는 고도의 조직술이 필요하다. 초연결사회에 접어든 네트워크 조직에서는 사회적 가치가 더 중요해질 것이다. 일반적으로 동양의 문화는 공동체 중심, 서양의 문화는 개인 중심으로 취급돼 왔다. 이때 서양의 개인 중심주의는 배경으로부터 독립된 개체를 중시하면서 생겨났다. 그러나 이제 그런 동서의 구분은 의미가 없다. 사변적 실재론자들은 배경을 지워 버린 개체의 독단성과 폭력의 문제를 지적하며 공동체적 성찰을 촉구하고 있으며, 동양은, 그중 한국은 세계 어느 나라보다 빠른 인터넷 기술을 선취하면서 플랫폼을 통해 개인맞춤형 정치, 경제, 문화생활을 누리고 있지 않은가?

바이러스 생성의 이유를 찾아서: 공公, 공공성의 재등장

다시 김창엽의 말로 돌아가 보자. 바이러스의 새로움보다는 바이러스 생성 이유를 밝히는 게 중요하다. 4차 산업혁명의 시기에는 생성 이유가 더 초연결적, 초지능적, 초융합적으로 등장할 것이기 때문이다. 사후에 막기 어렵다면, 평소 예방적 방역을 최대한 해 두어야 할 것이다. 이런 의미에서 재난사회학자 이재열은 향후 '사회의 질Social Quality'이 점점 중요해질 것이라고 예측한다.* 사회의 질은 개인 수준의 삶의 질과 대비되는 사회 수준의 관계

* 이재열, 「시대적 전환과 사회적 가치」, Social Innovation Monitor, 사회적가치연구원, 2018.

를 의미한다. 즉, 한 사회를 구성하는 시민이 공동체 내에서 자신의 잠재력을 충분히 발휘하면서 경제적 문화적 삶을 누릴 수 있는 정도다. 여기서 관건은 개인과 사회 사이의 균형이다. 개인의 자기실현이라는 원심력과 사회적 맥락에서 발현되는 집합적 정체성이라는 구심력 간 상호 긴장이 있되 둘 사이에 균형이 유지될수록 사회의 질이 높아진다. '사회의 질'이라는 개념은 1990년대 1000여 명의 유럽 학자들이 사람들의 일상적 삶의 질을 포괄적으로 포착해 내기 위해 제안한 개념인데, 이들은 암스테르담 선언에 서명하며 질적 도약을 추구해 왔다. 또 『수축사회』의 저자 홍성국 전 미래에셋대우 사장은 전 세계는 4차 산업혁명을 계기로 공급과잉이라는 사태를 맞게 될 것이고 대규모 실업으로 인해 거대한 수축사회로 진입하게 될 것이라고 진단한다. 다만 그는 이 수축사회를 탈출할 단서가 '사회적 자본'이라고 말한다. 우리 사회의 문제인 높은 생계비, 주거비, 교육비, 부족한 노후대책, 미미한 사회복지 등을 정부의 결단, 시민의 상호협력, 배려 등으로 함께 바꿔 가는 것이다. 『불평등의 세대』의 저자 이철승은 1980년대 민주화투쟁에 헌신했던 386세대가 현재 한국사회에서 경제, 정치 네트워크를 장악한 이후 18년간 독식하고 있는 점을 지적하면서, 이런 연공제의 불합리한 구조를 바꿔 낼 수 있는 기득권의 임금 자제와 적극적 노동시장정책 같은 '사회적 협약'이 필요하다고 역설한다.

독자들은 눈치챘겠지만 이들의 공통점은 모두 2019년 한국사회에서 많이 공감받고 회자되었던 작가들이라는 것이다. 또 공통적으로 현 상황을 타개할 열쇠로 '사회'를 얘기한다. 사회가 너무 모호하다면 오히려 '공공성의 재등장'이라고 말해도 좋다. 가장 쉬운 예를 들어보자. 감염병에 대처하는 공동체적 사회적 자본은 당연히 '공공재 common goods '의 확충이다. 공중위생, 응급의료 병상 확보, 의료진, 건강보험 등 말이다. 한국은 이 분야에서 전 세계적으로 강한 경쟁력을 가지고 있다. 공공재 기반이 약하면 재난 상황에서 책임은 개인으로 분산된다.* 또 공공재가 강화되려면 공동체주의 共同體主義. communitarianism 가 성립되어야 한다. 공동체주의는 개인주의적 자유주의와 전체주의적 권위주의 양쪽이 일으키는 문제점에 대한 이중의 반성에서 출발한다. 공동체주의는 자유로운 개인을 전제로 한 공동체가 극단적 개인주의와 극단적 집단주의 또는 관료제 라는 두 가지 심각한 도전을 받고 있을 때 이의 균형을 찾고자 한다. 코로나19 이후의 각국의 추세를 예측해 보건대, 양극단 중 극단적 개인주의로 흐르지는 않을 것 같다. 우리는 극단적 개인주의가 지니는 취약성의 민낯을 20세기 성적표상 '선진국'이라고 하는 나라들이 대처한 코로나19 방역체계에서 이미 확인했다. 시장만능 정책으로 일관하다 공공부문의 부실을 초래한 미국 등의 '선진국'들은 과거 신자유주의 시대와는 상당히 다른, 그러니까 1930년대 미국의 케인즈주의를 재등장시키며 국가적 경제개입의 수순을 밟을지 모른다. 그렇다면 우려해야 할 유일한 방향은 극단적 집단주의, 즉 전체주의의 등장이다. 가짜 뉴스와 혐오의 조장 등이 전체주의

---

* 공공재를 개인의 책임으로 바꿔 놓은 체제, 그것이 감염병 유행에 반응하는 우리를 둘러싼 삶의 사회경제적 조건이다. 『지구화 시대의 정의』의 낸시 프레이저(Nancy Fraser)에 따르면 신자유주의 통치성이다.

로 가는 길목을 암시하고 있다. 사람들은 진실을 찾기보다는 자신의 신념체계를 옹호하고 강화시켜 주는 정보만을 쫓아서 움직인다. 경제적인 측면에서도 4차 산업혁명으로 인해 공급량이 수요량을 초과하게 되는 현 체제는 우려스럽다. 『수축사회』의 저자는 제1차 세계대전 직후 자동차, 전기 혁명으로 생산성이 크게 높아지고 공급 과잉이 발생하자, 1937년 대공황이 일어났고 그 경제 위기가 1939년 2차 세계대전을 일으킨 당시 상황을 주목한다. 지금의 지구적 상황과 오버랩되기 때문이다. 과학과 기술을 맹목적으로 따를 때 나타날 큰 위험을 이해하려면 이제 우리 모두가 윤리적 각성을 해야 한다.

예를 들어, 중국은 우한시를 폐쇄하는 강제 조치를 취해서 조기에 감염 확산을 막았던 반면 개인적 자유를 중시하는 유럽은 그렇게 하지 못해서 바이러스가 크게 번졌으며, 한국의 대응은 그 중간에 위치했다. 정부가 강제 폐쇄 등의 강제력을 동원하지는 않으면서도, 시민들에게 지속적으로 감염예방수칙을 준수하도록 협조를 요청하고 상세한 지침을 제공했고, 시민민들이 적극적으로 동참했다. 이는 전형적으로 개인주의와 공동체주의가 잘 균형을 이룬 사례다. 앞서 강조했듯이 한국의 저력은 4차 산업혁명 즉 네트워크로 연결된 조직 거버넌스의 방식을 통해 개인과 아이디어들을 더 빠르고 개방적이고 투명하게 연결시킨 덕분에 발휘된 것이다. 이런 네트워크 구조는 전문성을 가진 개인들이 지식을 나누고 자발적으로 헌신할 수 있게 하는 데 유리했다. 이번 한국의 대처는 사회의 질, 사회적 협약, 사회적 자본이 모두 작동한 사례로 평가될 수 있을 것이다.

미국의 언론인 레베카 솔닛은 그의 책 『이 폐허를 응시하라』에서 "재난은 사람들을 각박하게 만들기도 하지만, 서로 돕고 보살피고 이타적으로 행동하도록 만들기도 한다."고 말한다. 9·11 테러, 허리케인 카트리나 등 대표적인 재난 현장을 취재한 결과 솔닛은 재난 상황에서 사람들이 보여주는 보편적인 태도는 오히려 이타적 행동임을 밝혀낸다. 재난사회학을 개척한 찰스 프리츠 역시 "많은 사람이 위험과 상실, 박탈을 함께 겪음으로써 집단적인 연대감이 생기고, 서로를 도우려는 의지가 샘솟는다."고 했다. 재난은 생존자들에게 공동체적 일체감을 맛보게 해 주는 것이다. 재난을 겪으며 한 사회를 지탱해 온 개인주의와 공동체주의가 얽히면서 사회적 저력을 드러낸다. 집단감염이 터지자 자원해서 대구로 달려간 의료인들을 볼 때, 광주에서 대구·경북인들에게 재난 의료 병상을 제공할 때, 쿠바가 미국 및 기타 국가에서 입국을 거부한 감염된 영국 유람선의 승객을 구조하고, 이탈리아 및 전 세계 감염국에 전문 의료진을 파견할 때 우리는 '집합적 감격'을 느낀다.

방역의 종착점: '공공적 방역'

콜롬비아 대학의 크루그먼 교수는 이번 코로나 바이러스를 '트럼프 팬데믹Trump Pandemic'이라고 명명한다.* 에볼라를 연구한 진화생물학자 로버트 왈

---

* Paul Krugman,"3 Rules for the Trump Pandemic", 2020.03.19., The New York Times, https://www.nytimes.com/2020/03/19/opinion/trump-coronavirus.html

라스는 에볼라를 '신자유주의적 에볼라neoliberal ebola'라고 불렀다. 미국 페미니즘 철학자 도나 해러웨이는 인류세를 '자본세資本世·Capitalocene'라고 부르자고 제안한다. '인류세人類世, Anthropocene'는 인간 활동에 의해 지구의 자연환경에 유의미한 변화가 초래된 시대를 말한다. 그런데 가만, 지구환경 위기를 만든 건 누구인가. 해러웨이가 볼 때 '인류세'라는 표현은 벌써 구린내가 난다. 그에 비해 자본세는 자본주의적 인간, 그것도 서구 백인 남성 중심의 자본주의적 사고관이 부추긴 인간 멸종이라는 느낌을 강하게 자아낸다.* '트럼프 팬데믹', '신자유주의적 에볼라', '자본세'란 명명 모두 발생지인 서아프리카 에볼라나 우한 코로나19 등을 지명하는 게 아니라, 문제 발생의 '원인'을 적시해 책임자에게 윤리적 압박을 가하려는 의도를 지닌다는 점에서 의미심장하다.

이 의도가 실제 효과를 발휘할 수 있을지 지켜봐야 한다. 트럼프는 상황을 악화시키고 있기 때문이다. 크루그먼에 따르면 미국이 6조 달러한화 6774조 원를 쏟아 붓고도 성과가 없는 소위 '테러와의 전쟁 Global War on Terror'은 대실패라는 불명예에도 불구하고, 2020년 군예산을 20년 전2000보다 59%, 30년 전1990보다 123% 더 높이 책정했다. 우리나라도 다르지 않다. 한국은 2006년 저출산 기본계획이 수립된 이후 2020년 현재까지 약 152조 원의 예산을 투입했지만 효과를 보지 못했다. 난임부부 지원, 아동수당 지급, 공공어린이집

---

* 도나 해러웨이는 '크툴루세(Chthulucene)'라는 말을 제안하기도 한다. 크툴루세는 필멸의 구성체가 서로에 대해 서로와 함께 위태로운 관계에 있는 시대를 뜻한다. 이런 관점에서 보면 바이러스를 적으로 보고 박멸하려고 하는 시도는 할 필요도 효과도 없다.

확대 등 그야말로 통계로 집계되는 실물 '아이'와 관련된 즉물적인 정책에만 집중한 탓이다. 그레이엄 하먼의 구분에 따르면 아이를 생산하고 기르는 여성이 '도구적 대상'이라면, 젠더와 세대의 결합이란 이중적 불평등의 고통에 시달리고 있는 20대 청년 여성은 '실재적 대상RO'이다. 코로나19 사태에 드러난, 그중 일부는 '신천지'로 달려갈 수밖에 없었던 20대 여성 청년이 바로 우리에게 퇴은退隱해 있던 그 실체다.

미국의 예산이 코로나19 이후 시대에 필요한 실재미국의 공공보건예산 등 공공재 확보를 군예산대테러예산으로 잘못 타겟팅했듯, 한국 역시 저출생 시대에 필요한 실재기득권 세력의 양보와 사회적 협약이란 사회적 자본를 잘못 타겟팅했다. 이제 그 잘못된 정책 조준이란 시행착오에서 소모되는 시간은 결코 인류의 편이 아니다. 6번째 대멸종이 될지 모를 인류의 종말이 재깍재깍 다가오고 있기 때문이다. 인류공동체는 다시 '상상적 공동체'의 범위를 훨씬 넓혀야 한다. 지구적 각성이 필요하다.

코로나19 발발 초기인 2020년 2월경에는 사회적 거리두기와 마스크, 소독제 등 개인의 '물리적 방역'이 가장 중요했다. 한 달이 지난 3월에는 그로 인한 심리적 우울이나 불안 현상으로 '심리적 방역'이 강조되고 있다. 장기전으로 보면 이제 '공공적 방역'이 필요할 때다. 개인적 사욕과 투사적 혐오라는 편견을 넘어 공동체가 자신의 공공 건전성을 확보하는 것은 더 이상 낭만적이고 한가한 이야기가 아니다. 공공영역에 대한 때맞는 투자와 시민적 덕으로 함께 성숙하는 공동체는 공동체주의와 개인주의 간의 건강한 협치와 긴장관계를 만들 수 있다. 마르쿠스 가브리엘의 말처럼 "공공성에 대한 윤리적 진전 없이 인류에게 진정한 진전은 없다".

2015년 9월 UN 총회에서 193개국이 합의한 2030 개발 의제인 '지속가능 발전목표Sustainable Development Goals, SDGs'는 2030년까지 15년간 국제사회가 지향하는 발전 이정표다. 유엔은 5P 개념으로 각 목표들을 설정했는데 각각 사람People, 번영Prosperity, 지구환경Planet, 평화Peace, 파트너십Partnership을 말한다. 특히 평화를 독립 항목으로 설정한 것은 매우 의미심장하다. 이번 코로나19 사태에서 보여준 한국의 민관협치파트너십 방역 모델은 투명성과 개방성을 갖추면서도 신속하고 평화로웠다. 세계보건보안지수Global Health Security Index에 따르면 한국 시민은 감염병의 예방과 인식 및 대응 항목에서 최상위에 속하며, 공공적 '응급체계' 범주에서는 세계 1위를 차지하고 있다. 개인주의와 공동체주의 간 평화로운 협치의 메시지를 더 널리 알리기 위해 우리가 사회 내부적으로도 공공성을 더욱 강화할 때다. 이것이 바로 한국사회의 사회적 자본이자 사회적 질이자 사회적 협약이기 때문이다. 독일 언론 《슈피겔》이 말한 한국의 '투명성과 공동체의식, 그리고 탁월한 의료 기술'은 세계를 향한 우리의 메시지이자, 모범적 모델이 될 수 있다. 하지만 아직 한국사회는 가야 할 길이 멀다. GDP는 계속 성장해 왔는데도 불구하고 국민들의 행복감은 높아지지 않고 있고, 세대 간 불평등과 연공의 위계 구조 등 미해결 과제가 많다. 각 부문의 산적한 과제들은 이번 코로나19 사태를 계기로 투명하고 개방적이며 상호 협력적으로 진행해야 할 것이다. 그렇게 된다면 선진화先進國가 아니라 선진화善進國 모델을 제시할 수 있을 것이다. 피터 슬로터다이크는 이를, 모두가 자본을 공유한다는 의미의 코뮤니즘communism

이 아니라 함께 면역성을 갖춰야 한다는 의미에서 '코이뮤니즘co-immunism' 이라고 말한 바 있다. 다른 말로 '공공적 방역'이다. 『면역에 대하여』를 쓴 율라 비스가 말했듯 면역은 공동이 함께 가꾸는 정원이기 때문이다. 마침 2020년 미증유의 혹독한 바이러스 오브젝트를 맞아들인 생존자들이 바야흐로 맞은 봄의 정원이다.

재난에 발휘되는 도덕성

—민주와 공화의 어우러짐

조성환

깨져 버린 신화, 주목받는 도덕

바이러스의 위협 앞에서 서구의 환상이 깨지고 있다. 천하무적으로만 여겨졌던 유럽이 코로나19에 속수무책으로 당하고 있기 때문이다. 서양에서조차 사재기가 횡행하고 있다는 소식에 네티즌들은 혀를 찼고, 팬데믹에 늑장 대응을 하는 각국 리더들이 이해되지 않았다. 모두들 한국이 제일 안전하다고 입을 모았고, 아시아인을 혐오하던 유럽이 오히려 경계의 대상이 되고 말았다. 바야흐로 지난 150년 동안 한국인들을 지배해 왔던 '서구의 신화'가 종언을 고하고 있는 것이다. 오슬로 대학의 박노자 교수는 이것을 '코로나19가 무너뜨린 신화들'이라고 표현하였다. 이번 코로나19 사태를 통해서 그동안 한국인들을 지배해 왔던 '선진국 신화와 미국 신화'가 동시에 깨졌다는 것이다.*

산산조각 난 것은 단지 서양에 대한 편견만이 아니다. 자신에 대한 선입견도 깨지고 있다. 자기 비하와 열등감에서 자기 확신과 자존감으로 나를 보는 눈이 바뀌고 있는 것이다. 이 모든 것을 역전시킨 것은 역설적으로 바이러스가 가져온 위기 상황이다. 위기 상황이 오히려 한국인들의 자존감을 회복시켜 준 셈이다. 한국은 더 이상 '모델을 따라가는 나라'가 아니라 '스스로 모델이 될 수 있는 나라'라는 인식을 갖기 시작했다. 코로나19에 대한 적극적 대응이 전 세계적인 모범 사례로 평가받고 있기 때문이다.

이것은 쉽게 납득이 되지 않는 전개이다. 상식적으로 생각해 보면, 서양이 선진국이고 우리가 그들을 따라가는 입장인데, 지금과 같은 위기 상황이라면 격차가 더 벌어져야 하기 때문이다. 그런데 오히려 역전이 되고 있는 것이다. 3월 12일에 미국 하원에서 개최한 청문회에서 "왜 미국인들은 한국과 같은 대규모 검사를 받지 못하는가?"라는 질타가 이어졌고,** 한국의 대응 방식을 폄하하던 트럼프 정부도 급기야는 한국에 도움의 손길을 요청하기 시작하였다.

이 비상식적인 상황을 어떻게 설명할 수 있을까? 이런 경우에는 책보다 유튜브를 찾는 게 낫다. 3월 8일에 제작된 〈한국은 국난 극복이 취미〉라는 동영상에서는 "한국인들은 위기가 오면 저돌적으로 힘을 합치는 모습을 보

* 박노자, 「코로나가 무너뜨린 신화들」, 《한겨레신문》, 2020.03.31.

** KBS광주, 「한국 좀 보고 배워! 외치는 미국 청문회」, 유튜브, 2020.03.12.

인다."라고 분석하고 있다.* 3월 17일에 해외문화홍보원에서 제작한 〈Korea, Wonderland? 참 이상한 나라〉에서는 '어려울 때면 공동체를 위해 팔을 걷어붙이는 이상한 나라의 사람들'이라고 한국을 소개하고 있다.** 정상적인 사람이라면 바이러스가 무서워서 피하려고 하는데 오히려 그것에 맞서서 자원봉사를 자처하고 있고, 정상적인 정부라면 감염자 수를 숨기려 하는데 반대로 모든 것을 까발리는 '이상한' 사람들이라는 것이다. 여기에서 우리는 위기 상황에서 오히려 도덕성이 고조되는 한국인들의 특성을 발견할 수 있다. 비상사태가 되니까 공동체의식이 더 강화되는 것이다.

도덕으로 극복해 온 국난***

실제로 지난 역사를 돌이켜보면 한국인들은 위기 상황에서 오히려 공공성이 증폭된다는 사실을 알 수 있다. 대표적인 예가 IMF 때의 '금모으기' 운동이다. 1998년 한 해 동안 351만 명의 국민이 무려 227톤의 금을 모았다. 고 김수환 추기경은 취임 때 받은 금 십자가를 내놓았고, 1997년 프로야구 MVP

---

* 제작자는 '트래블튜브'(Travel Tube)이고 동영상의 길이는 4분 22초이다. 3월 30일 현재 조회 수가 110만을 넘고 있다.

** 제작자는 Koreanet이고 동영상의 길이는 4분 10초이다. 3월 30일 현재 조회 수가 350만을 넘고 있다.

*** 이 부분은 2020년 3월에 나온 『월간 공공정책』 173호에 실린 필자의 「위기 상황을 통해 본 한국 사회의 공공성」(74-78쪽)의 일부를 수정한 것이다.

인 이승엽과 양준혁은 금메달을 기부했다. 그런데 이 운동을 처음 제안한 이는 정부도 아니고 공무원도 아닌 지역의 부녀자들이었다. 전국새마을부녀회가 주도하여 2017년 12월 3일부터 1주일간, 돌반지를 기부받는 '애국 가락지 모으기' 운동을 시작한 것이 계기가 되었다.* '가정살림'을 맡고 있는 부녀자들이 '나라살림'을 돕자고 일어난 것이다. 아마 평소에 '살림'을 해 본 주부로서 두 살림이 다르지 않게 생각되었을 것이다.

국가가 부도나는 절체절명의 위기 상황이었던 만큼 1997~1998년의 금 모으기 운동은 지금까지도 국민들의 뇌리에 선명하게 각인되어 있다. 한국개발연구원KDI이 IMF 외환위기 20주년을 맞아 실시한 대국민 여론조사에 따르면, '외환위기 하면 가장 먼저 연상되는 것'으로 응답자의 42.4%가 '금 모으기 운동'을 꼽았다고 한다. 아울러 외환위기를 극복한 원동력으로는 '금 모으기 운동'과 같은 국민의 단합54.4%을 들었다고 한다.**

그뿐만 아니라 이 '신기한' 운동은 해외에서도 배워야 할 사례로 소개될 정도였다. 당시에 국제통화기금IMF에 구제금융을 신청한 그리스 같은 나라에서는 긴축재정에 반대하는 시위가 연일 잇따르고 금 사재기와 외화 빼돌리기 같은 사태가 벌어지자 "한국을 배우자!"는 기사가 연일 등장하였다. 또한 유로존 재정위기가 한창이던 지난 2010년 5월 14일에 영국의 《파이낸셜타

* 심새롬, 「20년 전 금 모으기, 마약 같은 공동체의식으로 시작」, 《중앙일보》, 2017.12.04.
** 하현옥, 「[외환위기 20년] 금 모으기 운동, 위기 극복 위한 한국인의 결기 보여줘」, 《중앙일보》, 2017.12.04.

임스FT》의 기사는 다음과 같이 시작되고 있다.*

> "유럽인들이 나랏빚을 갚는 데 쓰라고 자신의 결혼반지를 내놓기 위해 줄을 설 수 있을까? 1997년 아시아 외환위기 당시 한국인은 그렇게 했다."

이러한 평가는 지난 2월 17일에 "아베 정권은 코로나 대응 방식을 문재인 정권에게 배우라."는 기사를 쓴《산케이신문》 구로다 논설위원의 조언이나,** 한국 의료진의 헌신적인 봉사에 주목하는 해외 언론의 보도와 크게 다르지 않다. 어쩌면 우리는 국가적 위기 때마다 이러한 평가를 받아 왔는지 모른다. 위기를 극복하는 과정에서 세계사에서 찾아보기 어려운 '사례'를 보여주었기 때문이다. 가장 가깝게는 지난 '촛불혁명'이 그러지 않았던가.

그렇다면 한국인들은 어떻게 해서 국가적 위기 상황에서 '이상할' 정도의 응집력을 발휘할 수 있는 걸까? 이 현상을 설명해 줄 수 있는 역사적 개념 같은 것은 없을까? 한국 근대사에 관심이 있는 사람이라면 여기에서 '보국안민'이라는 말을 떠올릴 것이다. 보국안민輔國安民이란 "나라를 도와서 백성을 편안히 한다."는 뜻으로, 쉽게 말하면 "나라가 위급해지면 백성들이 나서서 해결한다."는 뜻이다. '보국안민'은 1860년에 최제우가 창시한 동학의 슬로건으로 특히 유명한데, 실은 동학에서뿐만 『조선왕조실록』에도 보이고 의병

---

* 하현옥, 위의 기사.

** 黒田勝弘, 「あらゆる災難は人災である」, 《産経新聞》, 2020.02.17.

운동 때도 사용된 말이다.

'보국안민'은 때로는 '도울 輔' 자 대신에 '보호할 保' 자가 쓰여 '保國安民'이라고도 쓰이는데, 실제로 『조선왕조실록』에는 輔國安民보다 保國安民의 용례가 더 많이 나오고 있다.* 또한 '보답할 報' 자를 써서 '報國나라에 보답한다'이라고도 쓰는데, 가령 삼성의 창업자 이병철 회장의 창업정신은 '사업보국事業報國'이었고,** 포항제철의 포스코정신은 '제철보국製鐵報國'이었다.***

그러나 輔國이 됐든 保國이 됐든 報國이 됐든, 하나같이 '나라'를 생각해서 일어난다는 점에서는 큰 차이가 없다. 이 '나라 생각', 한문으로 표현하면 '사국思國'이야말로 국가가 위급할 때 전 국민을 결집시키는 원동력이었다. 마치 평소에는 형제들이 뿔뿔이 흩어져 살다가도 부모님이 위독하다는 말을 들으면 일시에 한곳으로 모여들 듯이 말이다.

동학농민개벽의 관민상화

한국의 '보국안민'의 운동사 중에서 가장 극적인 장면은 아마도 동학농민

---

* 『조선왕조실록』에서 '保國安民'은 총 15회, '輔國安民'은 총 3회 나온다. '保國安民'이라고 쓰면 "나라를 보호해서 백성을 편안히 한다."는 뜻이 된다.

** 김종훈, 「삼성 창업주 故이병철 회장 '사업보국' 정신 기린다…32주기 추도식」, 《디지틀조선일보》, 2019.11.19.

*** 이한웅, 「[포스코 50년] 26. 제철보국(製鐵報國)에서 With POSCO까지」, 《경북일보》, 2018.12.23.

혁명의 관민상화官民相和가 아닐까 생각한다. 사회학자 김상준 교수는 동학농민혁명의 꽃을 '민관공치民官共治의 집강소 체제'라고 하였다. 여기에서 '민관공치의 집강소 체제'란 '1894년 전주화약 이후부터 우금티 패전 이전까지의 약 4~6개월 동안 농민군과 관군이 시행한 협치 체제'를 말하는데, 이 체제는 혁명군과 정부군이 화약을 맺고 민관공치를 성사시켰다는 점에서 세계사적으로도 유례를 찾기 어렵다는 것이다. 그뿐만 아니라 이전과는 다른 새로운 국가형태, 새로운 근대의 가능성을 보여주었다는 점에서 혁명성을 뛰어넘은 '미래성'을 품고 있다고 평가하였다.*

김상준 교수의 지적은 기존의 동학에 대한 이미지를 근본적으로 바꾸고 있다. 종래의 동학에 대한 이해는 농민이 정부와 대결하는 '혁명'이나 '민란'의 측면이 강조되고 있었기 때문이다. 이에 반해 김상준 교수는 양자 사이의 '상화相和'에 주목하고 있다. 〈한살림선언문〉의 용어로 말하면, '죽임'보다는 '살림'의 시각에서 동학을 이해하고 있는 것이다.** 그런 점에서 동학 연구자 박맹수 교수의 『생명의 눈으로 보는 동학』모시는사람들의 관점과 상통한다고 할 수 있다.

다만 동학의 이러한 입장, 즉 상화相和와 상생相生의 지향성을 설명하기 위해서는 '혁명'보다는 '개벽'이라는 말이 적절하다고 생각한다. 왜냐하면 동학

---

* 김상준, 「동학농민혁명과 '동아시아 내장(內張) 근대'의 비전」, 『원불교사상과 종교문화』83집, 2020년 봄.

** 모심과살림연구소, 『죽임의 문명에서 살림의 문명으로 : 한살림선언 다시 읽기』, 한살림, 2014.

문헌에는 '혁명'이라는 말은 나오지 않고 '개벽'이라는 말이 쓰이고 있는데,* 이들이 말하는 개벽은 종래에 상극을 지향하는 혁명적 세계관에서 탈피하여 상생을 지향하는 새로운 문명으로의 전환을 의미하기 때문이다. 그래서 김상준 교수의 지적대로, 동학농민혁명에 '혁명성을 뛰어넘은 미래성'이 잠재되어 있다면, 그것은 그들이 혁명을 지향했기 때문이 아니라 개벽을 지향했기 때문일 것이다. 반대로 혁명의 눈으로 동학을 보면 그들은 '이상한 사람들'로밖에는 보이지 않을 것이다. 박맹수 교수의 지적대로, 동학농민군의 첫 번째 규율이 "살생하지 말라."였고, 그런 점에서 그들을 '살림의 군대'라고 할 수 있다면, 이것이야말로 형용모순이기 때문이다. 대개 농민군은 정부군이나 외국군을 무너뜨리기 위한 '혁명군'으로 조직되기 마련인데, 오히려 상대를 살리기 위한 군대라면 그것은 더 이상 군대라고 할 수 없을 것이다.

오늘날의 민관협력

동학농민개벽에서 보여준 관민상화와 서로살림, 또는 동학적 용어로 말하면 '다시개벽'의 전통은 이번 코로나19 사태에서도 빛을 발했다. 《산케이신문》의 구로다 가쓰히로 논설위원은 2월 17일 자 칼럼에서 한국의 성공적

* 예를 들어 동학의 한글경전인 『용담유사』의 「안심가」.

인 대응법으로 '관민일체'를 들었다.* 실제로 문재인 정부는, '개방성·투명성'과 함께, '민관협력'을 코로나19 대처법의 하나로 역설하였다. 3월 25일에 청와대는 한국이 발 빠르게 전국 단위의 검사 체계를 구축하게 된 배경을 "민·관·학계의 소통과 협력과 협조가 결정적이었다."고 밝히면서, 그 사례로 구정 연휴 마지막날에 서울역에서 있었던 긴급회의를 들었다. 1월 26일에 문재인 대통령이 정은경 질병관리본부장에게 전화로 대응 지시를 내렸고, 이에 질병관리본부가 다음 날 서울역에서 민간시약 업체들과 긴급회의를 가졌으며, 여기에 학계가 가세하여 시너지 효과가 커졌다는 것이다.**

또한 첫 확진자가 발생하고 열흘 뒤인 2월 2일에는 문재인 대통령이 방역 전문가들과 긴급 간담회를 갖고, 민간과 공공기관의 협력, 중앙과 지방 사이의 공조를 강조하였다.*** 2월 19일에는 외교부에서 "민관협력으로 중국 우한에 화물기를 투입하여 지자체·기업·민간단체의 구호물품을 수송한다."는 보도 자료를 냈고,**** 3월 8일에는 질병관리본부에서 "코로나19 진단제·치료제·백신 R&D를 위해 국내 민관협력에 가속도를 내고 있다."고 밝혔다.*****

그뿐만 아니라 지자체에서도 '민관협력'이 강조되었다. 부산시에서는 3월

---

* 黒田勝弘, 「あらゆる災難は人災である」, 《産経新聞》, 2020.02.17.

** 서예진, 「세계가 놀란 '코로나 진단키트' 신속 개발 비화」, 《시사위크》, 2020.03.25.; 김성휘, 「세계가 놀란 K-코로나 진단, 비밀은 '1월 27일 서울역'」, 《the300》, 2020.03.25.

*** 「文대통령 "민관협력 힘써 달라"…신종코로나 전문가 간담회」, 《동아일보》, 2020.02.02.

**** 「코로나19 관련 민관협력으로 우한행 화물기 투입, 지자체 · 기업 · 민간단체 구호물품 수송」, 《외교부》 홈페이지 '보도 자료', 2020.02.19.

***** 박성민, 「진단제 · 치료제 · 백신 R&D 민관협력 가속도」, 《헬로DD》, 2020.03.08.

6일에 부산광역시간호사회가 부산 지역 보건소 간호사들과 의료진들에게 격려품을 전달하면서 '코로나19 극복 위한 민관협력'이라는 제목의 보도 자료를 냈고,* 경기도 가평군에서도 3월 20일에 보건소와 소방대 그리고 교육청이 민간 학원 및 교습소의 방역을 지원한다고 밝혔으며,** 경기도 서종면에서도 "민관이 힘을 합쳐 이 위기를 극복할 수 있다."신희구 면장는 취지하에, 우체국 앞에서 마스크를 사려고 줄을 서는 주민들을 위해 천막과 의자 그리고 차를 현장에 배치하였다고 한다.***

중앙정부와 지자체 그리고 기업과 학계에 더해서 시민들의 협력도 두드러졌다. 부산 중구에서는 3월 6일에 주민자율방역단, 새마을회, 바르게살기운동, 자유총연맹 단체회원들과 공무원 등 시민 100여 명이 모여서 지하철역과 주변 지역의 방역을 실시하였고, 이후에도 매주 금요일을 민·관이 함께하는 '동시 방역의 날'로 정해서 코로나19 사태가 종결될 때까지 방역을 실시하기로 하였다. 경기도 안성시에서도 2월부터 지역자율방재단, 한국청년문화연대, 안성시민의회, 피플크린, 한국구조연합회, 또바기봉사단, 해병대전우회 등 시민 단체 10여 곳에서 재래시장과 터미널, 대학가, 사회복지시설 주변을 중심으로 100회 넘게 방역소독 봉사활동을 펼쳐 오고 있다.****

---

* 「코로나19 극복 위한 민관협력, "할 수 있다! 힘내라 부산!"」, 부산시 홈페이지 '보도 자료', 2020.03.06.

** 김기문, 「민관협력…보이지 않는 코로나19 잡는다」, 《현대일보》, 2020.03.22.

*** 김도윤, 「민관협력으로 코로나19 극복 앞장서」, 《경인매일》, 2020.03.06.

**** 고성민, 「"내 고장은 내가 지킨다." 시민들의 자발적 참여로 이루어지는 민관협력 방역 활동」, 《컬처타임즈》, 2020.03.07.

'사私' 재기가 없는 사회私會

이상의 '민관협력'의 전통은 사상사적으로는 조선 성리학의 군신공치君臣共治 이념으로까지 거슬러 올라갈 수 있다대표적으로 율곡 이이. 그것이 동학에 이르면 관민공치官民共治로 확대되어 관민공화官民共和의 이념을 실현시켰고, 지금과 같은 민주주의 사회에서는 '민관협력'으로 구현되고 있는 것이다.* 여기에서 조선 성리학의 군신공치 이념은 반드시 위기 상황에만 적용되는 것은 아니다. 평소에도 나라살림은 '모두가 함께하는' 공치와 협치가 되어야 한다는 것이다. 이런 '공공정치'가 유사시에는 더욱 강화되는데, 그것이 바로 지금과 같은 상황인 것이다.

그렇다면 한국에서는 왜 이처럼 '공공'을 강조하는 전통이 뿌리 깊은 것일까? 여러 가지 이유가 있겠지만, 아마도 '하나'에 대한 지향성이 강하기 때문일 것이다. 그리고 그러한 성향은 한반도가 처한 지정학적 위치와 무관하지 않을 것이다. 역사적으로 외세의 침입을 자주 받아 왔기 때문에 '하나'로 뭉치지 않으면 '공멸'한다는 교훈을 '수시로 학습時習'한 것이다. 그 결과 '분열=공멸, 단결=공생'이라는 의식이 마치 수학 공식처럼 머리에 박혀 있어서, 평소에는 낙천적이고 여유 있어 보이다가도 일단 유사시가 되면 마치 '군대'처럼 일사불란하게 움직이게 된다.**

---

* 조성환, 「위기 상황을 통해 본 한국사회의 공공성」, 『월간 공공정책』 173호, 2020년 3월.

** 실제로 1월 27일에 질병관리본부가 주재한 긴급회의 이후부터는 골든타임을 놓치지 않기 위해

또한 설령 서구적인 자유주의와 개인주의 사상을 수용한다고 하더라도 일단 긴급 상황이 되면 개인의 자유를 스스로 제한할 수 있는 공공성이 발휘된다. 달리 말하면 '공공'을 위해서 '사私'를 절제하는 기제가 스스로 작동되는 것이다. 이러한 '공공적 인간관'을 20세기 초의 천도교 이론가 오상준은 '공개인公個人'이라고 하였다.* '공개인'이란 일종의 '공화적 개인'이라고 할 수 있는데** 공동체의 존립공화을 위해 사적인 자유개인를 자율적으로 제한하고 조절할 줄 아는 인간을 말한다. 코로나19 사태에도 불구하고 유독 한국에만 사재기가 없는 이유로, 일차적으로 정부에 대한 신뢰나 유통 시스템의 발달을 꼽을 수 있겠지만, 그것을 근저에서 받쳐주고 있는 것은 공화적 인간관에 입각한 한국인의 공공의식일 것이다.

민관이 하나되어 "마치 군대처럼 움직였다."고 한다. 김서영, 「설연휴 서울역 모인 제약사들…일주일 만에 진단키트 승인됐다」, 《연합뉴스》, 2020.03.19.

* 오상준, 『초등교서』, 1907. 이 책의 번역은 오상준 지음, 정혜정 옮김, 『동학 문명론의 주체적 근대성』, 모시는사람들, 2019를 참고하기 바란다.

** 천도교 연구자 오문환은 오상준의 '공개인'을 '공화적 개인'으로 해석하였다. 오문환, 「천도교(동학)의 민주공화주의 사상과 운동」, 『정신문화연구』 제30권 제1호(통권 106호), 2007, 38쪽.

재난, 혐오에 날개를 달다

김진경

베레나는 23세 스위스 여성이다. 부모는 각각 중국과 베트남 출신이지만 그는 스위스 동북부 생갈렌에서 태어나고 자랐다. 지난겨울 스키 시즌을 맞아 베레나는 여동생과 함께 스키장으로 유명한 렌처하이데를 찾았다. 오전 내내 스키를 탄 뒤 점심을 먹으러 근처 레스토랑에 들어갔다. 입구에서 가까운 테이블에 젊은 남자 10여 명이 앉아 있었는데, 베레나와 여동생이 들어서자마자 하던 말을 멈추고 그들을 미심쩍은 눈으로 쳐다봤다. 그중 한 명이 갑자기 고개를 돌리더니 손으로 얼굴을 가리고 기침을 하기 시작했다. 곧 다른 남자가 똑같이 흉내를 냈다. 테이블에 앉아 있던 남자들이 재미있다는 듯 다 같이 웃음을 터뜨렸다. 베레나와 동생은 당황스럽고 기분이 나빠져 식당에서 나와 버렸다. 중국에서 한창 코로나 바이러스가 퍼지고 있을 때의 일이다.

베레나가 코로나 바이러스와 관련해 겪은 인종차별은 이뿐만이 아니다. 그가 어머니와 함께 기차에 탔는데 맞은편에 젊은 남자 두 명이 앉아 있었다. 그들은 베레나 쪽을 흘낏 쳐다보더니 자기들끼리 '칭챙총 코로나 비루스'라고 말했다. '칭챙총Ching Chang Chong'이란 외국인들에게 들리는 중국어 발음을 희화화한 것으로, 중국인을 멸시하며 쓰는 혐오 표현이다. '비루스'는 바이러스virus의 독일어 발음이다. 어머니가 당장 경찰에 신고하려는 걸 겨우 말리고, 베레나는 남자들에게 "그런 말을 하기 전에 먼저 중국어부터 똑바로 배우라."고 쏘아붙인 뒤 기차에서 내렸다.

중국발 코로나 바이러스 소식이 연일 언론에 보도되던 지난 1월 이후, 유럽에는 다른 종류의 바이러스가 소리 없이 번지기 시작했다. 중국인을 겨냥한, 실제로는 중국인 외에도 많은 아시아인이 피해자가 된 '인종 혐오'라는 바이러스다. 필자가 살고 있는 스위스에선 2월 25일에 첫 확진자가 나왔지만 인종 혐오는 그보다 훨씬 전부터 시작됐다. 베른에 살고 있는 19세 베트남 남성 브라이언 하바리는 1월 말 자신의 소셜 미디어 계정에 "며칠 사이에 '코로나 보이'를 비롯해 150건이 넘는 인종차별적 발언을 들었다."고 썼다. 22세 일본계 여성은 취리히 중앙역에서 지나가는 사람들에게 "저것 봐, 코로나 바이러스야."라는 말을 들었다고 했다.

이런 일은 스위스뿐 아니라 전 유럽에서 벌어지고 있다. 독일 함부르크에서 태어나고 자란 도상민 씨는 부모가 한국인이다. 그가 다른 아시아인 친구들 여섯 명과 함부르크의 지하철에 타고 있을 때, 젊은 남자 두 명이 그들 쪽으로 다가오더니 "코로나, 코로나!"라고 외치며 휴대전화를 꺼내 촬영을 하기 시작했다. 도 씨의 친구가 "왜 그러느냐?" 하고 묻자 남자들 중 하나가 말했다. "재밌으니까! 그리고 너희들 박쥐 먹어서 그렇다며? 박쥐 먹었으면 다 죽어야지." 도 씨는 스위스 일간지 《NZZ》와의 인터뷰에서 "우리 일행을 모욕한 그 남자들도 독일인이 아닌 이민자로 보였다. 한 이민자가 다른 이민자를 혐오하는 증오의 체인인 셈이다."라고 말했다. 영국 사우스햄프턴에서는 여자 청소년 2명14세, 15세이 마스크를 쓴 중국인 4명에게 인종차별적 발언을 해 체포되는 일이 있었다. 싱가포르 출신의 대학생 조너선 목 씨는 런던 옥스퍼드 가에서 사람들이 자신을 보고 '코로나 바이러스'라고 하는 걸 듣고 쳐다봤다가 폭행을 당해 안면 골절 부상을 입었다.

유럽인들은 대개 아시아 사람들이 어느 나라 출신인지 외모만으로 구별하지 못한다. 지금 벌어지고 있는 인종 혐오의 대상에 중국뿐 아니라 한국 일본 등 동아시아와 넓게는 동남아시아 사람들까지 포함되는 이유다. 외모만 아시아인일 뿐 유럽에서 나고 자란 사람들도 예외가 아니다. 위의 사례에 나오는 베레나는 "나의 국적은 스위스인데 외모가 아시아인이라는 이유로 같은 스위스인에게 차별을 받으니 가슴이 찢어지는 것 같다."고 말했다.

전염병이 번지기 시작할 때 감염된 집단 구성원을 따돌리고 때로 축출하는 건 인간뿐 아니라 동물의 세계에서도 흔히 관찰되는 일이다. 이는 질병으로부터 자신의 몸을 방어하려는 본능적 행동에 속한다. 침팬지 연구의 권위자 제인 구달 박사는 1966년 탄자니아의 국립공원에서 침팬지 연구를 하던 중 이 같은 사례를 확인했다. 맥그리거라는 이름의 침팬지가 전염성이 강한 폴리오소아마비 바이러스에 감염됐다. 그러자 그때까지 같은 무리에 속해 있던 다른 침팬지들이 맥그리거를 공격해 무리에서 쫓아냈다. 쫓겨난 뒤에도 무리가 그리웠던 맥그리거가 나무에서 털을 다듬고 있던 침팬지들을 보고 다가가 손을 내밀자, 그들은 바로 그 자리를 떠나면서 뒤도 돌아보지 않았다. 이 같은 따돌림 현상은 침팬지 외에도 꿀벌이나 가재, 황소개구리의 올챙이 등 여러 동물들에게서 관찰된다. 건강한 동물이 감염된 동물을 알아내는 방법은 대개 몸 상태의 변화로 인한 냄새화학물질, 또는 폴리오처럼 변형된 신체를 통해서다. 맥그리거의 경우 폴리오로 인해 다리를 절뚝거리게 된 점이 다른 침팬지들이 그를 기피하는 근거가 되었다.

지금 유럽에서 벌어지는 아시아인에 대한 인종 혐오가 동물들의 행태와 다른 점은, 냄새나 몸 변형과 같이 감염을 확인할 수 있는 객관적 증거 없이 외모만으로 차별이 이루어지고 있다는 점이다. 코로나 바이러스는 감염 시 기침, 열 등의 증상이 따른다는 것이 잘 알려져 있지만 그보다 아시아인으로 보이는 외모가 더 즉각적이고 강렬한 기피 이유가 된다. '최근에 일본에 다녀온 스위스인'보다 '최근 1년 사이 스위스를 떠난 적이 없는 일본인'이 더 위험한 대상으로 인식되는 것이다. 기차 안에서 코카시아인과 아시아인이 동시에 기침을 하면 사람들이 아시아인에게만 눈총을 준다. 심지어 외모도 보지 않고 이름만으로 차별하는 경우도 있다. 스위스에 사는 미국인 티나 리스는 앱으로 우버를 예약했다가 곧 취소됐던 경험을 학부모들의 채팅방에 공유했다. "내 성은 리스Lees인데, 우버 기사가 내 성을 아시아에 흔한 성인 'Lee'로 잘못 보고 아시아 사람은 위험해서 태우기 어렵다고 했다."

이런 상황에서 '아시아인 혐오는 바이러스로부터 나의 몸을 보호하기 위한 자연스러운 반응'이라는 주장은 근거가 부족하다. 코로나 바이러스가 중국에서 시작되긴 했지만 2월 중순 이탈리아에 도달한 뒤 더 빠르게 번지고 사망률도 훨씬 높았는데도 아시아인에 대한 차별이 멈추지 않았다는 것이 그 방증이다. 지난 2월 24일, 이탈리아 북부 도시 카솔라에 있는 한 주점에서 지폐를 교환하려던 중국계 청년 장은 직원으로부터 "당신은 코로나 바이러스에 감염됐으니 여기 들어올 수 없다."며 제지를 당했다. 주점 안에 있던 또 다른 30대 남성이 유리잔으로 장의 머리를 내리쳐 장은 머리가 찢어지는 부상을 입었다. 이탈리아 내 확진자 수가 200명을 넘어서고 이미 지역사회 전파가 이루어지고 있던 때였다. 현지 매체는 "당시 아무도 이 중국계 청년을 도우려고 나서지 않았다."고 전했다.

아시아인 혐오가 번지는 데에는 일부 언론도 큰 몫을 했다. 독일 시사주간지《슈피겔》은 2월 첫째 주 판 표지에 방독면을 쓴 아시아 남자가 스마트폰을 들여다보는 사진과 함께 '코로나 바이러스, 메이드 인 차이나'라는 문구를 달았다. 프랑스 지역 일간지《르 쿠리에 피카르》는 1월 26일 자 1면에 '중국 코로나 바이러스 - 황색 경보Alerte Jaune'라는 기사 제목을 실었다. '황색'은 동양인의 피부색을 비하하는 말로, '경보'와 결합해 모든 동양인을 조심해야 한다는 뜻으로 읽힌다. 호주 일간지《헤럴드 선》은 1면에 Pandemonium대혼란을 Panda-monium으로 바꿔 씀으로써 이 혼란의 원인이 중국Panda에 있다는 것을 암시했고, 호주《데일리 텔레그래프》는 1월 29일자 1면의 절반을 할애해 '중국 아이들은 집에 있어야China kids stay home'라는 제목의 기사를 실었다. 중국에 다녀온 사람들은 자녀를 학교에 보내지 말아야 한다는 내용의 기사였지만 제목만 봐선 중국인 모두에게 문제가 있다고 받아들이기에 충분했다. 서구의 여러 언론이 바이러스의 예상 전파 경로나 대책을 찾는 대신 대대적으로 '중국 낙인 찍기'에 급급했다.

말 한마디가 큰 파급력을 지니는 정치 지도자들의 용어 사용도 정제되지 않긴 마찬가지였다. 오히려 정치적 목적을 갖고 일부러 차별적인 용어를 골라 사용하는 경우도 있었다. 세계보건기구WHO는 지난 2월 11일 바이러스의 공식 명칭을 'Sars-CoV-2'로, 그로 인한 질병을 '코로나 바이러스 감염증coronavirus disease, COVID-19'으로 정하고 그렇게 부를 것을 회원국들에 권고했다. WHO는 지난 2015년 지역명이나 특정 직군, 동물명을 감염병의 명칭으로 사용하지 않는다는 가이드라인을 만들었다. 해당 집단 전체를 병의 원인으로 낙인 찍게 되는 부정적 효과 때문이다. 하지만 미국 트럼프 대통령은 초기부터 '중국 바이러스Chinese virus'라는 용어 사용을 고집했다. 지난 3월 25일 화상으로 열린 주요 7개국G7 외교장관 회의에서 코로나 바이러스 대응책이 담긴 공동선언을 작성하던 중, 미국 정부가 '우한 바이러스'라는 명칭을 포함시키려고 했다가 다른 국가들의 반대에 부딪혀 성명 채택이 무산되기도 했다. 다른 회원국들은 이 명칭이 국제적 협력이 필요한 시기에 불필요한 분열을 일으킬 뿐이라며 동의하지 않았고 결국 일부 나라는 각자 따로 성명을 냈다.

질병을 특정 집단과 연결 지어 자신의 정치적 목적을 달성하는 데 이용하려 한 정치인은 역사에 종종 등장한다. 아돌프 히틀러는 1920년 8월에 했던 연설에서 "유대인은 국민들 사이에 결핵을 퍼뜨리는 균이다. 이 질병 유발인자가 우리 안에서 사라지지 않는 한 유대주의는 앞으로도 사람들을 계속 오염시킬 것이다."라고 말했다. 미국의 침례교 목사이자 기독교 우파 단체인 '도덕적 다수'의 대표, 그리고 공화당원이기도 했던 제리 폴웰은 "에이즈는 신이 자신의 법도대로 살지 않은 사회에 가한 심판이다."라고 말해 소수자들에 대한 증오를 부추겼다. 폴웰은 2001년 9·11 테러 직후에는 "이 테러가 미국에 일어난 것은 이교도들, 페미니스트들, 동성애자들 때문이다. 미국이 도덕적으로 타락하여 하느님이 보호하는 손길을 거두셨다."는 주장도 했다. 프랑스 극우 정치인 장 마리 르펜은 '에이즈같다Sidaïque'라는 말을 썼는데, Sidaïque는 프랑스에서 에이즈를 뜻하는 'SIDA'와 유대인을 뜻하는 'judaïque'를 합쳐 만든 말이다.

15세기에서 16세기 초 유럽 전역에 널리 퍼졌던 매독은, 전염병에 대한 두려움이 얼마나 쉽게 타자에 대한 혐오감으로 치환될 수 있는지 보여주는 좋은 사례다. 매독은 콜럼버스의 탐험대가 신대륙에서 유럽으로 옮겨왔다는 설도 있고, 유럽에 이미 존재하고 있었다는 설도 있다. 15세기 말 벌어진 이탈리아 전쟁Great Italian Wars에 참가했던 여러 나라의 군대를 통해 이 병은 유럽 전역으로 번졌다. 흥미로운 것은 영국과 독일, 이탈리아에선 이 병이 프랑스병이라 불렸고, 프랑스에선 독일병 또는 나폴리병, 네덜란드에서는 스페인병, 러시아에서는 폴란드병, 터키에서는 기독교병으로 불렸다는 것이다. 전염병에 대한 정보가 부족하고 공포가 클 때 그 원인을 돌릴 희생양scapegoat을 찾는 것은 5세기 전이나 지금이나 큰 차이가 없어 보인다. 스위스 언론도 현재 유럽에서 벌어지는 아시아인에 대한 차별이 희생양Sündenbock 찾기와 같다고 표현하고 있다.

한국인은 인종 혐오의 피해자이기도 했지만 가해자이기도 했다. 위기 상황에 특정 집단을 겨냥해 차별하는 일은 한국에서도 일어났다. 초기에는 중국 전체가 차별 대상이 되었다. 한국에 사는 중국 교포도 예외가 아니었다. '중국인 출입 금지'를 써 붙인 식당이 생겼고, 중국인 집단 거주지에는 추가

요금을 내지 않는 한 음식 배달이 되지 않았으며, 택시 기사들은 중국인에 대해 승차 거부를 했다. 한국 정부가 전세기로 우한에서 교민들을 데려오기로 했을 때 격리 장소로 지정됐던 아산과 진천의 주민들은 길을 막고 항의했다. 중국으로부터의 입국을 차단해야 한다는 의견 역시 초기부터 지금까지 꾸준히 존재한다. 중국인 입국 금지를 요청하는 청와대 국민청원이 시작된 것은 1월 23일인데, 같은 날 중국 정부는 바이러스의 발원지인 우한을 봉쇄하기로 결정했다. 우한 밖으로 나오는 길이 사실상 막혔는데도 전체 중국인에 대해 입국 금지를 해달라는 청원에 76만 명이 넘게 동의했다. 코로나 바이러스가 퍼지기 시작한 초기에 '우한 폐렴'이라는 용어가 광범위하게 쓰였고, WHO의 권고에도 불구하고 여전히 이 용어를 쓰는 언론과 사람들이 있다.

3월 중순 이후 이탈리아를 비롯한 유럽의 상황은 아시아보다 더 나빠졌다. 3월 말에는 미국의 확진자 수가 급속도로 늘면서 순식간에 중국 전체 확진자 수를 뛰어넘었다. 반면 한국은 세계 최고 수준의 검사량과 그에 따른 적절한 격리 조치 덕분에 확진자 증가 추세를 완만하게 낮추는 데 성공했다. 그러자 이번에는 유럽과 미국에서 더 안전한 한국으로 돌아오는 사람들에 대한 비난이 시작되었다. 소셜 미디어에서는 '검머외'라 불리는 이들에 대한 입국 제한 등 강력한 제재를 요구하는 글이 넘쳐난다. '검머외'란 '검은 머리 외국인'의 줄임말로, 외국 영주권이나 국적을 취득한 한국계 외국인을 부정적으로 지칭하는 속어다. 이들이 외국에서 경제활동을 하고 세금도 외국에 내면서, 전 세계적으로 전염병이 유행하자 한국에 와서 검사와 치료를 받으려는 파렴치한 사람들이라는 인식이 퍼지고 있는 것이다. 미국 유학 중에 한국 강남에 있는 집에 돌아와서 코로나 바이러스 감염 증상이 있는데도 제주도에 여행을 갔다가 확진 판정을 받은 사람은 현재 인터넷상에서 '강남 코로나 폭격기'라는 멸칭으로 불리고 있다. 개인적인 대처 방식에 문제가 있었던 것은 사실이지만 그 때문에 외국에서 입국하는 사람들을 한꺼번에 '검머외'라는 집단으로 묶어 소외시키는 것이 바이러스 확산을 막는 데 실질적인 효과가 있는지는 의문이다. 국내에 거주하는 한국 국민 중에도 무책임한 행동을 보이는 사례는 계속 나오고 있어서다. 그렇다면 자가격리 조치를 무시하는 등 일탈 행위를 하는 경우에 대해 그것이 한국 국민이든 외국인이든 관계없이 어떤 처벌을 할 것인지가 논의되어야지, '검머외'를 타겟 삼아 비난하는 것은 소모적인 논쟁일 뿐 아니라 혐오 발언이기도 하다.

코로나 바이러스와 마찬가지로 혐오 바이러스도 사람의 몸을 숙주 삼아 전 세계로 퍼져 나간다. 1월에 중국인을 차별하던 한국인이 2월에는 유럽에서 아시아인으로 한데 묶여 차별받았고, 2월에 아시아인을 차별하던 유럽인이 3월에는 아프리카에서 차별받고 있다. 유럽발 비행기편으로 아프리카에서 코로나 바이러스가 퍼지기 시작하자 백인을 상대로 언어폭력이 늘어나고 있는 것이다. 에디오피아 정부는 국민에게 외국인을 공격하지 말라는 경고까지 했다. 아프리카에 있는 많은 외국인들이 바이러스뿐 아니라 아프리카식 '군중 재판'을 당할 것이 두려워 집 안에 몸을 숨기고 있다. 수많은 고리로 연결된 혐오의 사슬이 지구촌을 하나로 묶고 있다.

수전 손택은 『은유로서의 질병』에서 질병에 대해 사회와 대중이 만든 상상적 관념이 소수자와 약자에게 어떤 폭력이 되는지 쓰고 있다. 손택은 42살에 유방암을, 64살에 자궁암을 진단받았다. 52살에는 폐암으로 어머니를 잃었고 얼마 뒤 에이즈로 친구가 죽었다. 고통스러운 치료를 받고 회복한 뒤 그는 한 인터뷰에서 이렇게 말했다.

"질병은 그저 질병이며, 치료해야 할 그 무엇일 뿐이다. 환자는 고통받는 사람을 뜻할 뿐이다. 그러나 환자들이 가장 깊이 두려워하는 것은 이런 의미에서의 고통이 아니라, 사람들이 자신의 고통을 비하한다는 고통이다."

4부

재난과 일상

코로나19가 바꾼 일상과 삶

이현진

2020년의 겨울은 오래도록 기억에 남을 듯하다. 2월 10일 봉준호 감독이 기생충으로 아카데미상을 수상해 온 나라가 기쁨에 들썩였다가, 얼마 지나지 않아 곧바로 급격히 확산된 코로나19로 인해 이내 세상이 잠식되어 버렸다. 매일매일 확진자 수가 증가하면서 코로나 확진자건 아니건 대부분의 사람들이 사회적 거리두기에 들어갔다. 많은 이들이 스스로 자가격리 상태에 들어간 것이다. 처음에는 중국에서 퍼진 전염병이 우리나라까지 여파를 미쳤다가, 유럽 대륙과 미국 등에까지 이어지더니, 결국 코로나19 바이러스는 제네바 WHOWorld Health Organization를 통해 지난 3월 11일 팬데믹pandemic으로 선언되었다. 혹자는 이러한 상황을 제2차 세계대전 이후의 전 지구상의 최대 위기라고도 말한다.*

* 주세페 콘테 이탈리아 총리는 코로나로 인한 이탈리아의 상황이 '제2차 세계대전 이래 가장 중대한 위기'라고 표현했다고 한다. 또한 스티븐 로치 예일대 교수는 신종 코로나바이러스 감염증(코로나19)이 제2차 세계대전 이후 최악의 경기침체를 촉발하고 있다고 경고했다.

코로나19가 국지적으로 확산되고 있던 초반에는 많은 나라에서 한국인을 입국 금지하고 소외시켰다. 그러나 팬데믹 선언 이후 이탈리아, 스페인, 미국 등에서 확진자와 사망자가 걷잡을 수 없이 속출하면서, 코로나 검진 체계를 준비하고 대응하여 급격한 사회적 확산을 잘 막아 내고 있는 한국을 칭찬하기 시작했다. 방역당국 진단검사의 속도와 수준, 이에 대한 언론보도의 통계조사 및 보도의 투명성은 독보적으로 조명되었다. 드라이브스루drive through 및 진단키트 등의 선진적 방법론은 외국에서 수입해 가고자 하며, 일단 확진자로 판단되면 국가에서 의료비 전액을 부담하여 낫게 해 주는 정책에도 외국 언론의 감탄이 이어졌다. 또한 스스로 사회적 거리두기를 잘 실천하고, 마스크 대란 속에서도 구세군 냄비에 마스크를 기부하는 한국인의 국민성과 자세에도 존경을 표한다. 방탄소년단이 전 세계 무대에서 활약하고, 영화 〈기생충〉이 아카데미상을 수상한 데 이어, 지난 며칠간 코로나19 사태에서 보여준 '방역 한류'에 전 세계가 주목하고 있다.

하지만 외국의 시선처럼 모든 것을 훌륭하게만 바라볼 수 있는 것은 아니다. 이제 조금 진정되어 가는 것 같지만, 한때 마스크 공급 부족으로 인한 대란도 있었다. 정부가 개입하여 마스크 공급을 한다고 한 뒤에는 공급 체계와 방법에 대하여도 여론이 분분했다. 마스크 사용에 대한 지침과 안내도 계속 바뀌니 무엇이 맞는 말인지 모르겠다. 미세먼지가 한창일 때는 한 번 쓴 마스크는 버려야 한다고 떠들던 전문가도 '그냥 천마스크를 쓰라', '필터만 교체하면 된다', '삶아 쓰면 된다', '3일 정도 사용은 괜찮다'로 점차 안내를 바꾸었다. 무엇보다 우려스러운 것은 코로나19 사태로 인해 일상이 멈추고, 이에 따라 사회적·개인적 삶이 영향 받은 게 한두 가지가 아니라는 것이다. 더욱이 이렇게 위급한 시기에 어느 하나 사회적 합의를 도출하지 못하고 불안정한 상황이 계속된다는 점이다. 이는 우리 사회만의 문제는 아니지만, 사람들의 소비가 위축되면서 공장과 자영업자들의 생계는 크게 위협받고 있다. 취약계층에 대한 정부지원금, 긴급생활지원금의 지급에 대하여도 사회계층 간 그리고 지역 간 갈등과 이를 둘러싼 정치적 갈등이 한데 버물어져 논란이 끊이질 않는다.

사회적 거리두기가 요청되면서 공공기관과 회사는 재택근무를 하도록 권하고 있고, 대학과 초중고교 등에서는 입학과 개학을 미루었다. 많은 대학들은 개강을 연기했고, 기존의 오프라인 수업을 개강과 동시에 동영상 강의나 화상회의로 대체하여 진행하게 되었다. 사태의 추이를 지켜보며 당분간 온라인 강의를 진행하겠다고 한다. 초중고교는 두 번째 연기된 개학을 한 번 더 연기하느냐 혹은 온라인으로라도 개학을 하느냐, EBS 교육방송을 활용한 교육을 시도하느냐 기로에 서 있다가, 4월 10일부터 순차적으로 온라인 개강을 시작했다.

이처럼 코로나19 사태는 국민 모두의 일상과 삶에 영향을 미치고 있다. 모두에게 처음인 사상 초유의 재난이기에 그 누구도 미리 대비하지 못했고, 그로 인해 혼란과 불안이 팽배해 있다. 그러나 더욱 염려스러운 것은 여러 바이러스 전문가들에 의하면 이런 팬데믹이 우리 세대뿐 아니라 우리 자식 세대, 그리고 그다음 세대까지 계속 나타날 것이라는 전망이다.* 우리는 모두 이러한 코로나19 사태에 처음 노출되었으나, 이를 계기로 무엇이 우리 삶 속에서 변화될 것이며 더욱 소중하게 남을 것인지 생각해야 한다. 그리하여 그 다음에 혹시 다시 찾아올 또 다른 팬데믹에 대비해야 한다.

오늘날 우리 삶은 팬데믹이 아니어도 숨가쁠 정도로 빠르게 변화하고 있다. 인류세 문제, 환경오염, 인공지능 시대에서의 기계 및 기술에 위협받는 인간 등의 큰 변화 말고도 나날이 새로워지는 미디어 기술의 변화에 따라 세상에 대한 우리의 인식은 매순간 수정되어 간다. 몇 년 전 메르스가 한창 퍼지고 있을 때, 지하철 속에서 간간이 마스크를 쓴 사람들을 보면, 마치 타인을 감염자로 인식하며 서로 불신하고 있다는 생각에 각박한 느낌이 들었다. 그러나 이제는 바뀌었다. 여전히 마스크를 쓰고 다니는 것이 어색하고 불편하여도, 마스크를 쓰는 게 더 이상 나만을 보호하고 타인을 불신하기 때문이 아니라, 타인을 위한 배려이자 예의로 인식되고 있는 것이다. 물론 그 사이 몇 년 동안 미세먼지가 가득한 날들 가운데 호흡기를 보호하기 위해 마스크 착용에 익숙해진 이유도 있겠지만 말이다.

이 글에서는 코로나19 사태로 인해 우리의 생활이 어떻게 변화될지 조망하고자 한다. 필자는 대학에서 미디어 기술과 문화의 연계를 가르치고 있기에, 특히 미디어 기술과 문화적 관점에서 우리의 삶이 코로나19 사태 전후로

---

* 미국 역학자 래리 브릴리언트의 TED 강의 참고. https://www.ted.com/talks/larry_brilliant_my_wish_help_me_stop_pandemics

어떻게 달라질 것인지 생각해 보려 한다.

필자의 경우, 코로나19로 인해 개강이 2주 연기된 덕에 좀더 여유 있게 개강을 준비할 수 있었다. 방학은 학기 중에 집중할 수 없는 개인적 연구와 오래도록 처리하지 못하고 질질 끌어온 행정 업무를 한꺼번에 처리할 수 있는 시기이기에 어떤 때는 학기보다 더 분주한 경우도 많다. 필자는 이러한 일들로 인해 과로로 쓰러져 일어나지 못하고 며칠을 보낸 탓에 방학 말 새 학기 개강 준비가 촉박했던 참이었다. 개강이 연기된 덕에 여유를 가지고 수업 준비를 마무리할 수 있었다. 3월 중순 개강 후에도 온라인 수업이 이어지고 있어 출퇴근하는 시간이 절약되어 남는 시간 동안에 여느 때보다 더 많은 업무를 처리하고 있다. 더욱이 코로나19로 인해 약속들이 취소되거나 무기한 연기되어 더욱 여유가 생겼다. 업무 처리를 하고도 남는 시간이 생겨 그동안 들추어 보지 못한 관심 분야의 책들을 읽으며 나름 보람 있게 자가격리의 시간을 보내고 있는 것이다. 집에서만의 하루하루가 이어지다 보니 때로는 날짜 가는 것도 모르고, 마치 세상이 멈춰 버린 듯한 느낌이 들 때마저 있다. 가끔 식구들 먹거리를 마련하기 위해 집 밖으로 나가면 바깥세상은 여전히 그대로 움직이는 듯 보이지만 말이다. 어쨌든 사회적 거리두기이자 자발적 격리를 취하면서 뜻밖의 휴가 아닌 휴가를 보내는 것 같기도 하고, 이미 봄이지만 길고긴 겨울방학을 보내고 있는 것 같기도 하다. 자영업자들이 힘든 시기를 버텨 내려고 아우성을 치는 지금 이런 필자의 이야기가 한없이 한가하고 철없이 들릴 수 있겠지만, 이러한 시기가 실제 필자와 유사 직종의 여러 사람들에게 비슷하게 느껴질 수도 있겠다 싶다. 하지만 지금 이 시기는 그야말로 그

동안 숨가쁘게 흘러가던 시간을 다시 부여잡고 재충전의 기회와 함께 스스로를 되돌아보는 시간을 마련해 주고 있다는 것도 부인할 수 없는 사실이다. 그래서 조한혜정 교수가 지난달 한 신문 칼럼에서 코로나19로 인해 강요된 현재 상황을 강제적 휴가라고 말하며, 그동안 숨가쁘게 달려왔던 삶에 잠시 벗어나 "이제 좀 쉬자."라고 제안한 것이 필자에게는 크게 공감되었다.*

사회적 거리두기가 지속되며 감지되는 변화의 조짐 중 하나가 사람들의 삶의 많은 부분이 현실 세계에서 온라인상으로 이동한다는 사실이다. 그리고 그중에서도 큰 부분이 온라인 콘텐츠 소비이다. 코로나19 사태 때문에 격리된 사람들이 집에서 보내는 시간이 늘어나면서 유튜브와 넷플릭스 등의 시청률이 폭증했다고 한다. 지난 3월 구글의 유튜브, 페이스북 등에서 인터넷망 과부하를 예방하기 위해 유럽에 이어 한국을 포함한 모든 나라에서도 동영상 비트레이트bitrate, 초당 비트수를 낮추어 제공하겠다고 공표했다.** 온라인 회의 및 수업 때문에 인터넷망의 사용이 폭발적으로 증가하는 이 시기에 동영상 콘텐츠 소비 수요도 덩달아 함께 증가할 경우, 이런저런 문제가 발생할 수 있기에 미리 영상 화질을 낮추어 대비하기로 했다는 것이다.

실제 코로나19 사태 이후 온라인상의 삶의 비중은 전과 비교할 수 없이 크

---

* 문화인류학자 조한혜정 교수는 2020년 2월 23일 자《경향신문》에 "푹 쉰 후 슬슬 재난학교를 만들자"라는 기사를 썼다. 그러나 이 기사가 코로나로 인해 고통받는 많은 사람들에게 공분을 샀다는 소식도 있었다. 그래서인지 같은 기사는 저자의 요청에 의해 26일 "탈바꿈을 위한 재난학교를 만들자"라는 제목으로 수정되고 일부 내용도 바뀌었다.

** 곽희양, 「유튜브, 유럽에 이어 국내에도 동영상 화질 낮춰 제공」,《경향신문》, 2020.03.25. http://news.khan.co.kr/kh_news/khan_art_view.html?art_id=202003250947001 참조.

게 확대될 것이다. 기존에도 많은 미디어 이론가들이 우리의 삶이 점점 가상화되고 디지털화되면서, 앞으로 이러한 온라인 상에서의 삶이 더욱더 늘어날 것이라고 예측하지 않았던 것은 아니다. 그러나 현재의 모습을 보면, 코로나19로 인해 이러한 변화가 생각보다 더욱 가속화될 것이라는 예측이 가능하다. 아마 이 시기가 지나면 동영상 온라인 강의 및 온라인 화상회의, 화상미팅이 오프라인 미팅과 함께 당당히 선택할 수 있는 옵션 중의 하나로 간주될 것이며, 실제로 많이 대체될 것이다. 재택근무가 더욱 일상화될 것이고, 온라인 수업 및 디지털 교육에도 급격한 변화가 생길 것이다. 무엇보다 코로나19 사태로 인해 원격 만남에 익숙해지기도 하였거니와, 출퇴근 시간과 약속 때문에 이동하는 시간이 단축됨으로써 그동안 시간적 손실이 막대하였다는 것도 깨닫게 되었으니 말이다. 핸드폰이 없던 시절도 있었지만, 이제는 그런 시절을 떠올리기도 힘든 세상이다. 기술로 인해 한번 경험하게 된 신세계는 그 이전의 상태를 떠올리거나 그때로 되돌아갈 수 없게 만든다.

한편 코로나19 사태 이후 일부 분야에서는, 특히 크리에이티브 산업에서는 새롭고 참신한 작업들이 폭발적으로 생산될 것이다. 개인 맞춤형 콘텐츠와 서비스를 제공하는 산업 분야 등에서도 수많은 새로운 서비스가 발굴되고 제공될 것이다. 소설가는 자신의 소설에 좀더 집중할 수 있는 이 시기를 거쳐 많은 작업을 이루어 낼 것이며, 연구자들은 쓰고자 했던 여러 논문을 침잠해서 마무리할 수 있을 것이기 때문이다. 여러 콘텐츠와 서비스 사업자들은 온라인 시장에서의 소비자의 행태와 반응을 그 어느 시기보다 효과적으로 추적해 보고 시험해 볼 수 있다.* 바이러스로 인해 사람들이 집에 있는 시간이 늘어나면서 집안 청소 및 청결한 환경에 더욱 관심을 가지고 이를 위해 투자하는 소비가 늘어난다든지, 온라인으로 건강한 식단을 제공하는 서비스를 찾아 주문이 이어지게 될 것이다. 코로나19 사태 이후의 변화된 생활 패턴에 맞추어 변화된 콘텐츠와 서비스가 제공될 것이다. 사실 이러한 생산성은 당장 우리 세대의 일꾼들에게 기대된다기보다는 우리 다음 세대들에게 더욱 기대된다. 평소 3주 정도밖에 안 되는 여름방학, 겨울방학을 보내며 아쉬워하던 아이들은 코로나19 사태로 인해 몇 배 연장된 방학을 이어 가고 있다. 초반에는 연장된 방학을 반겼으나 이제는 학교에 가서 친구들과 놀고 싶어하는 아이들을 보면서, 어쩌면 이 시기에 성장한 아이들과 다른 어느 시기에 성장한 아이들의 창의성 정도를 추적 비교해 보면 흥미롭지 않을까 생각도 하였다. 친구들과 함께 놀지도 못하니, 혼자 집에서 놀며, 동일한 공간에서 동일한 장난감을 가지고 지루해하더니만, 이내 기존의 놀이들을 조금씩 수정 변형시켜 가며 새로운 놀이를 만들어 내는 아이들을 보면서 든 생각이다. 예전에도 샌드박스sandbox 놀이터 등 한정된 환경 내에서 무궁무진한 놀이가 나올 수 있었던 것처럼, 한정되고 제약된 상황, 그러나 집중할 수 있도록 보장

---

* 최근 오픈한 '킹덤 2' 넷플릭스 드라마가 전 세계적으로 큰 호평을 받고 있다. 특히 조선시대 바이러스로 인해 전염병이 생기고 좀비들이 양산되는 상황을 그린 이 드라마는 전염병인 코로나 시대에 더욱 해외로부터 관심을 받고 있다. 또한 이 드라마는 한복과 갓, 궁궐과 사대부 예법 등 한국적 전통이 잘 녹아 있어 외국인들의 관심이 한류로 이어지는 데 큰 역할을 하고 있다. 김수영, 「김수영의 연계소문: BTS부터 '기생충' · '킹덤2'까지…전 세계 뒤흔드는 한류 3대장」, 《한국경제》, 2020.03.16, https://www.hankyung.com/life/article/202003139629H 참고.

된 상황에서는 언제나 기존에 생각지 못한 창의적 세계를 만들 수 있다.

한편 온 가족이 하루 종일 집에서 함께하며 사람들은 건강과 가족을 위하는 삶과 여가를 누리는 삶에 대하여 다시금 생각해 보는 기회를 가지지 않을까 생각된다. 맞벌이 부부로서 서로 매일매일 피곤하게 지내며 아침과 밤에만 마주하던 가족들이었는데, 여러 바쁜 일정이 사라지고 나니 몸도 마음도 조금은 더 여유로워지기도 했고, 또한 이 상황이 얼마나 오래갈지 모르는 상황에서 예상되는 정신적·심리적·경제적 어려움에 대비하며 서로 더 조심하고 위하는 마음가짐을 갖게 된다. 물론 간간이 가정주부들인 친구들끼리 삼시세끼 가족들에게 밥을 해 먹여야 하는 노동량 증가와 정신적 부담 내지는 지겨움을 서로 하소연하지만 말이다. 이처럼 코로나19로 인한 일상과 삶의 변화는 그동안 우리가 너무 바쁘게 산 것은 아닌지 되돌아보게 하며, 앞으로 일과 삶의 분리에 대하여 좀더 생각하도록 이끌 것이다. 쉬지 못하고 달려오는 데 익숙한 한국인들에게는 더욱 그러하다.

코로나19로 집에 있는 시간이 늘어나면서, 앞으로는 집이라는 공간에 대한 소비가 증가할 것이다. 집은 바깥의 위협, 제2, 제3의 코로나19와 같은 상황에서도 안전을 보장해 줄 피난처이자 안식처인 것이다. 이제 사람들은 언제 어디서든 화상회의를 할 수 있도록 적합한 공간을 유지하고자 할 것이고, 이를 위한 미디어 시스템은 물론 화상에 비추어질 영상 너머의 공간에 신경을 쓰려고 할 것이다. 이제 언제든 위기가 닥쳤을 때 오랜 시간 머무를 수밖에 없는 공간으로서 집, 그리고 집 안의 욕실이나 침실, 심지어 냉장고까지도 업그레이드된 시스템과 환경으로 유지시키고자 하는 욕구가 더욱 늘어나게 될 것이다.

앞서도 온라인상의 미팅과 회의, 수업 등이 더욱 일반화될 것이라고 했는데, 현재 미미하게 뒷받침되는 기술에서 느껴지는 아쉬움도 빠르게 개선될 것이다. 현재 많은 대학이나 회사에서 온라인 미팅앱으로 Zoom *을 사용하고 있는데 이 때문에 많은 사람들이 줌이 코로나19로 인한 최대 수혜자라고 말하기도 한다, 이 역시 몇 주가 지나면서 이미 많은 사람들에게 익숙해졌다. 처음 온라인 강의와 미팅이 적극적으로 도입된다고 할 때, 제일 먼저 생긴 우려는 집 안 공간 등 사생활 영역이 너무 적나라하게 노출된다는 점이었다. 집 밖에 나가지 못하고 집 안에서 화상회의를 진행하면 화면 너머 집 안 공간이 어쩔 수 없이 드러나기 때문이다. 그래서 온라인 미팅에서 화면에 전면적으로 등장하는 인물과 그 배경의 노출을 시각적으로 분리시키는 기술이 있으면 좋겠다 싶었는데, 이는 이미 '가상배경 기술'이라는 이름으로 탑재되어 있었다. 다만 아직 크게 아쉬운 것은 사운드 부분이다. 여러 사람들과 회의를 진행할 때, 일부 사람들은 어쩔 수 없이 카페 공간이나 공용 오피스같이 여럿이 함께 사용하거나 주변 환경음이 시끄러울 수 있는 공간에서 회의에 접속할 수밖에 없는 경우가 있다. 그런데 주변의 배경음을 제거하고 분리하는 기술은 시각영상 기술만큼 섬세하지 못하다. 아마 노트북에 탑재된 마이크가 지향성마이크 등으

---

* Zoom(https://zoom.us/)은 온라인 화상회의를 위한 서비스 앱으로, 최근 코로나19 사태로 개학을 연기하는 학교의 학생들로 이용자 수가 급증하였다. 줌과 코로나19 관련 기사로는 다음을 참고. http://www.donga.com/news/article/all/20200311/100112737/1

로 교체될 수 있다면 이 적용도 더욱 빨라지지 않을까 싶다.

또한 오프라인 미팅 대신 온라인 미팅이 증가하면서 아쉬운 부분이 회의나 미팅을 진행하며 음식을 나누어 먹을 수 없다는 지점이었다. 오프라인에서는 한 장소에 함께 있기에, 간식과 식사를 나누어 먹을 수 있었다. 또한 공동 구매를 통해 각종 모임에서 필요한 도구들이나 준비물도 저렴하게 함께 챙길 수 있었다. 이제 온라인 모임에서도 오프라인과 비슷한 구조로 간식과 먹거리, 재료들을 나눌 수 있는 키트 등 획기적인 방안이 모색되어야 할 것이다. 이를 위해서는 현재보다는 좀더 유연하고 확장된, 저렴한 유통배달망이 필요하리라 생각한다. 현재처럼 일부 배달업체만 배부를 수 있는 형태가 아닌, 좀더 스마트한 지혜가 모여야 할 영역이다. 온라인 쇼핑과 각종 배달 앱 서비스에 이어, 이런 유통망을 갖춘 신종 서비스가 출현할 수도 있겠다.

코로나19 사태 이후 교육의 변화 역시 불가피하다. 사실 코로나19와 상관없었던 훨씬 이전부터 국내에서도 디지털 교과서의 보급 등을 준비한다는 이야기가 심심치 않게 있었다. 2005년에 이미 미국에서는 '한 명의 아이에게 한 대의 랩탑 컴퓨터One Laptop per Child, OLPC'란 구호로 100달러짜리 컴퓨터를 만들어 아프리카나 아시아의 개발도상국 등 가난한 나라 아이들에게 보급하는 운동이 시작된 바 있다.* 이러한 운동은 세계의 많은 어린이들에게 교육

---

* OLPC 운동은 세이무어 파퍼트(Seymour Papert)나 니콜라스 네그로폰테(Nicholas Negroponte) 등 MIT Media Lab 교수진들을 통해 추진되기 시작하고, 세계 경제 포럼에서 논의되어, 구글, 이베이 등의 기업들의 후원으로 진행되고 있다. John Markoff, 「NEW ECONOMY, Taking the Pulse of Technology at Davos」, 《New York Times》, Jan. 31, 2005. 참고. https://www.

의 기회를 평등하게 분배하고, 교육의 질을 높이고자 한 것이다. 다시 말해, 디지털 미디어와 컴퓨터를 통해 컴퓨터 및 디지털 리터러시정보 이해 및 표현능력를 높이고, 앞으로 더욱 급변할 디지털 기술에 대한 의존도로 인한 여러 사회적 불평등과 불균형, 즉 디지털 디바이드Digital Divide를 감소시키고자 한 것이다. 코로나19 시대를 마주하며, 급속도로 진척되는 온라인 개강을 보며 우리나라가 이 부문에서도 선도적인 표준 모델을 구축할 수 있기를 기대하게 된다. 우리나라의 경우, 공교육만큼 활발한 사교육 시장은 이미 온라인 강의로 발 빠르게 대체되고 있는 상황에서 공교육에서도 이런 변화에 대한 대응에 속도가 빨라져야 할 것이다. 이런 관점에서 초중고 온라인 개학과 관련하여 교육부가 "실시간 커뮤니케이션보다는 쌍방향 커뮤니케이션으로 진행될 가능성이 높다" 혹은 "쌍방향 커뮤니케이션도 온라인 교육의 하나이며, 현재 산적한 문제를 해결할 수 있는 하나의 안이 될 수 있다"고 제안한 부분은 너무나 궁색하게 들린다. 위와 같은 준비가 더딘 상황에서 사회적 빈곤층이나 다자녀 가정에 온라인 학습을 위한 컴퓨터나 태블릿을 제공하는 문제, 맞벌이 가정의 초등학교 저학년생들에게 온라인 학습 방법을 가르치는 문제 등 실제 교육부가 고려해야 할 사항들이 산적해 있을 것이라는 것이 이해되지 않는 바는 아니나, 오늘날 디지털 세대에 이미 게임이나 유튜브 등을 접하고 있는 아이들의 눈높이에 전혀 맞지 않는 안이기 때문이다. 우리나라 경우 태

---

nytimes.com/2005/01/31/technology/taking-the-pulse-of-technology-at-davos.html

블릿이나 컴퓨터 보급과 공급만 잘 해결된다면, 온라인 교육이 확대되기 위한 고속 인터넷망은 사회 곳곳에 이미 잘 깔려 있기 때문에, 다른 나라보다 온라인 교육에 긍정적인 상황이다. 이번 코로나19 사태를 계기로 인터넷 인프라 강국으로서 이러한 변화에 좀더 신경을 써야 할 것이다.

한편, 교육을 위한 기술적 매체적 인프라만 대체할 것이 아니라, 교육의 질도 코로나19 이후 새롭게 재고되어야 할 것이다. 전 세계적으로는 2006년 이미 Khan Academy 등 비영리 교육 서비스, 그리고 무크Massive Open Online Course, MOOC 강의들이 제작, 제공되기 시작했다. 이들은 초중고교 수준부터 대학교 수준까지, 그리고 컴퓨터공학, 금융, 역사, 예술에 이르기까지 수많은 영역에서 4,000여 개의 동영상 강의를 제공하고 있다. 이러한 움직임을 그동안 각 대학과 교육 프로그램들에서도 모르는 바는 아니었다. 그러나 그러한 양질의 강의 방식이 생겨 질 높은 강의들이 무료로 제공됨에도 불구하고, 모른 척 안이하게 대처해 온 것도 사실이다. 그러나 이번에 온라인 강의의 물꼬가 트임에 따라 코로나19 이후 많은 대학 교육이 온라인 강의 시스템을 자연스럽게 도입하게 된다면, 이제는 칸 아카데미나 무크 등의 양질의 강의 콘텐츠와 경쟁을 피할 수 없게 된다. 외부 온라인 강의가 더욱 훌륭하다면 비싼 등록금을 내고 대학 강의나 학교 강의를 들을 이유가 없어지기 때문이다. 더욱이 온라인 강의는 한 명이 양질의 콘텐츠를 제공하면 다른 동일 분야에서 비슷한 것을 따로 생산할 필요가 없어지기도 한다. 따라서 온라인 강의 방식이 정착되면. 교수들은 강의법 개발과 동시에, 오프라인 강의 형태의 장점을 온라인에서 흡수하고 교육 내용의 질을 높이기 위해 더욱 치열하게 고

민할 수밖에 없게 될 것이다.

코로나19 사태가 비교적 초기였던 2월 중순경에는 모든 이들이 하루하루 늘어나는 확진자와 사망자 수를 체크하기에 바빴다. 그러나 이제 많은 사람들은 확진자와 사망자 수를 예전처럼 심각하게 들여다보지 않는다. 적어도 한국에서만큼은 어느덧 터널의 끝이 보이기 때문이기도 하지만 어느새 코로나19가 일상이 되어 버렸기 때문은 아닌지 코로나19 속의 삶에 어느덧 익숙해져 버린 것은 아닌가 싶어 씁쓸해진다. 마음만은 여전히 겨울인데, 며칠 전 거리에서 보았던 키 작은 나무들의 연둣빛 잎들을 보고 어느덧 봄이 우리 곁에 와 있다는 사실에 새삼 놀랐다. 집 안 창문 저편으로 보이는 목련꽃과 벚꽃이 흐드러지게 핀 바깥 풍경을 보니 이렇게 봄이 조용히 지나가나 싶어 아쉽기만 하다. 다행히 코로나19 상황의 안정 국면이 정착되는 시점을 상정하며 서서히 생활방역 체계로 넘어가도록 준비하고 있다는 말도 들린다. 하루빨리 잃어버린 봄과 우리네 일상이 회복되길 바란다. 하지만 동시에 코로나19로 인해 인식된 일상에서의 교훈들은 잊지 말아야 할 것이다. 분명 코로나19 전과 후 사람들의 일상적 삶과 태도는 크게 달라져 있을 것이며 이제 그 이전으로 돌아갈 수 없을 테니까 말이다.

변화된 일상에서 무엇을 볼 것인가?

—코로나19가 가져온 '비상적 일상'과 그에 대한 '공공'적 진단

박지은

변화, 구더기의 요람이 되거나 바다가 되거나

때로 변화는 변함없는 것으로부터 시작된다

고여 있는 물웅덩이는 구더기의 요람이 되기도, 바다의 한 줄기가 되기도 한다. 그 정반대의 변화는 그것을 보고 지나치는 누군가에 의해, 혹은 그 자리에 수로를 대는 또 다른 누군가에 의해 태동한다. 변함없는 것을 비관하는 타성惰性은 곪은 변화를, 변함없는 것을 환기하는 자성自省은 새로 나는 변화를 일으키기 때문이다.

마주한 일상의 변화 또한 반복되고 굳어진 '기저의 일상'에서 시작한다. 우리는 굳어진 매일을 비관하여 '썩은 물'에 그칠 것인지, 또는 그 속에서 길을 틔워 '바다'로 나아갈 것인지를 택하는 갈림길에 서곤 한다. 지금 여기, 변화가 몰아치는 오늘도 역시 그렇다. 우리는 지금 어떤 변화를 맞이했는가? 타성과 자성, 그 정반대의 이정표 중 무엇을 좇아 여기에 왔는가? 이정표를

따라 도착한 '변화'라는 종착점에서 발을 돌려, 다시 그 갈림길로 회귀하고자 한다.

코로나19의 창궐 이후, 우리가 맞이한 변화는 가히 '비상非常적 일상'이라는 역설로 설명된다. 휴대전화를 종일 울리는 날카로운 경보음, 텔레비전 화면을 채우는 비슷한 헤드라인들이 증명하듯 비상은 경계를 비집고 들어와 일상의 자리를 밀어냈다. 바이러스를 뒤따라온 변화들은 어떻게 일상日常이 비상非常으로 치환되는지를 보여주었다. 거리에는 사람의 흔적이 줄고 불 꺼진 가게가 늘었으며, 사람들 사이에 벌어진 물리적 공백은 심리적 공백으로 이어졌다. 하루에도 수십 번 확진 추가 소식에 신경이 곤두서고, '슈퍼 확진자'가 밝혀지는 날에는 분노가 모여든다. 텅 비어 있지만 소란하다.

무엇보다 '생계'라는 이름으로 벌어지는 일상의 변화는 바이러스만큼이나 치명적으로 생존을 위협한다. 특히 '비정규직 노동자'라는 이름으로 살아가는 사람들에게는 당장 오늘 하루를 살아가고 내일을 기약하는 것이, 그 무엇보다도 '일상적'이어야만 하는 것이 날것의 두려움으로 다가온다. 지금도 수없이 경험하고 목도하는 '비상적 일상'-즉, '코로나 갑甲질'이라는 이름으로 당장의 일을 박탈당하고, 안전이 보장되지 않은 노동 환경에 처하는 일상들-은 새로 나지 못해 곪아 버린 변화이다. 이를 환기시키기 위해, 그 이전을 보아야 한다. 곪은 변화를 향해 좇아온 길을 되돌아가, '우리'*라는 이름의 '다수'가 선

---

* 이 글에서는 중립적 인칭대명사로서의 '우리'와 수적 · 권력적 다수를 대변하는 '우리'를 구분하고자 한다. 전자는 방점 없이, 후자에는 방점을 찍어 구분하였다.

택한 타성의 이정표를 직시해야 한다. 궁극적으로 물웅덩이 같은 일상을 돌아보는 자성의 여정을 새로 시작해야 한다. 그래서 이 글에서는 공공철학, 더 정확하게는 '공공하는 철학'으로부터 기반을 빌려 와 일상의 변화를 '진단'하고자 한다.

'다수'의 타성이 만들어 낸 곪은 변화

필자가 비상적 일상에 주목하게 된 결정적 계기에서부터 이야기를 시작해 보려 한다. 3월 초순, 서울과 대구 등지 콜센터에서 집단 확진 사례가 있었다. 관련된 안전 안내 문자와 보도가 하루에도 수차례 이어졌고, 여론 또한 동요했다. 그리고 구로 콜센터 확진자 중 한 명이 콜센터 출근 전 새벽에 여의도 증권가에서 녹즙 배달 업무를 해 왔다는 것이 추가적으로 알려지자 '다수'의 언론은 '증권가 비상', '증권가 발칵' 등으로 헤드라인을 장식했다. 갑작스러운 집단 확진이었기 때문에 다분히 화제가 될 수밖에 없었고, 확진자의 이동 노선 추가 공개에 귀추가 주목되는 것 역시 새삼스러운 사실은 아니다. 그러나 왜 많은 노동 현장 중 유독 콜센터에서 집단적으로 확진이 일어났는지, 왜 콜센터 확진자가 새벽에 녹즙 배달을 하며 '투잡'을 뛰어야만 했는지, 오랜 시간 '다수'가 그 이유를 지나쳐 왔다는 것 또한 분명한 사실이다.

콜센터는 밀접한 집단 노동과 비정규직으로 집약되는 '사무직 공장'White-collar Factory*이다. 1미터도 채 안 되는 거리에서 종일 업무를 해야 하며, 칸막이가 설치되어 있지 않은 곳도 많기 때문에** 절대적으로 비말감염에 취약한 환경일 수밖에 없다. 이것이 가장 가시적인 콜센터 집단 확진의 이유이자, 동시에 바이러스로 인해 겨우 알려진 콜센터 노동자의 실상이다. 그 안을 들여다보기 위해 2018년《한겨레》 신민정 기자의 콜센터 노동 관련 기사*** 내용을 빌리자면 다음과 같다.

콜센터는 '1분 안에 지원 가능'하고, 지원 후 단 48시간에 출근이 결정되며, 각종 회사의 콜센터 외주·하청업체는 땅값이 싼 곳-기사에서는 서울 서남권-에 몰려 있다. 본격적인 노동의 현실은 '몸에 딱 맞는 닭장에 갇혀 기계처럼 알만 낳는 느낌'이었다는 어떤 콜센터 노동자의 말로 대변된다. 약 80cm의 거리를 두고 각각의 노동자들은 24시간 내내 돌아가야 하는 콜센터의 불을 교대로 밝히고 있었다. 밤늦은 업무 시간대는 야간 수당이 붙고 '투잡'을 뛰기 좋다는 이유로 경쟁률이 높았다-녹즙 배달을 병행한 확진자의 이야기를 떠올리게 하는 대목이다. 관리자와 상담 노동자들의 단체 메신저에서는 실시간 감시가 계속되고, '화출화장실로 출발'과 '화착화장실에서 도착'을 알려야 한다. '전자감시'와 감청은 당연하게 노동자들을 옥죈다.

언제든 쉽게 충당될 수 있는 인력, 최소한의 비용 투자, 당연한 듯 자행되

---

* 신민정, 〈콜센터는 '80cm 닭장'…화장실 오갈 때도 '출발' '착석' 보고〉, 《한겨레》, 2018.05.30.
** 김정남, 〈콜센터 비정규직, 칸막이 없이 마주보고 근무〉, 《대전CBS노컷뉴스》, 2020.03.11.
*** 위의 기사.

는 노동 감시는, 개선되어야 하는 당위조차 발견되지 못한 채 '다수'에 의해 묵인되어 왔다. '언제든 무슨 일이 생겨도 그럴 법한' 일상이었다. 그것은 이미 비상적 일상이었다.

역시 마찬가지인 일상들이 있었다. 기본도 갖추지 못한 대학 청소노동자의 휴게 공간은 한 노동자가 마지막으로 머문 장소가 되었지만, '다수'는 적극적인 개선 의지를 내비치지 않은 채 손을 떼었다.* '프리랜서'라는 허울 좋은 말은 열악한 노동 환경과 비정규직 처우를 은폐하고 있었고, '다수'는 이를 고발한 비정규직 PD에게 내부고발자라는 낙인을 찍어** 결국 그가 돌아올 수 없게 만들었다. 톨게이트 노동자들의 일상은 217일간 투쟁 그 자체였고, 현장으로 돌아왔음에도 여전히 계속되고 있다. 적정한 휴게조차 당연하게 고려되지 않은 노동을, 내부고발이라는 이름으로 얼룩져 버린 정당한 외침을, 살기 위해서 숨쉬듯 투쟁해야만 하는 일상들을 이미 너무도 많이 지나쳐 왔다. 그러나 그 노동을, 외침을, 일상들을 무화시킨 '다수'의 권력은 너무도 많이 용인되어 왔다.

이 곪은 변화는 이미 오랜 시간 예견되었던 것이고, 단지 이제야 '운수 좋게' 수면 위로 오르게 되었을 뿐이다. 바이러스 이후, 매출 증가에만 몰두해 노동자들의 건강권이나 사고 시 사후 대책이 부재함을 이야기하는 대형마

---

* 정환봉 외 5인, 〈대학 청소노동자 휴게실 가보니…"대소변 소리 들으며 밥먹고 쉽니다"〉, 《한겨레》, 2019.08.19.

** 노도현, 〈"억울해 미치겠다" 어느 PD의 죽음〉, 《경향신문》, 2020.02.29.

트 비정규직 노동자들,* 인력 감축을 위해 부당 해고를 당한 공항 하청업체 또는 비정규직 노동자들, 작업장에 확진자가 발생했음에도 하청업체 소속이라 원청업체로부터 마스크를 공급받지 못한 노동자들, 그리고 그 외에도 무수한 비상적 일상들 역시 그러하다. 모두 '다수'의 타성이 침묵해 온 결과이다. 그렇기 때문에, 비상적 일상들은 지금도 무수히 발화되고 있음에도 여전히 '다수'로부터 조명을 받기가 어려운 것이 사실이다. 목전의 문제를 논한다는 이유로 원래 그래 왔듯 기꺼이 침묵하려 하거나, '우연적이면서 동시에 절대적으로 악인' 바이러스를 중대한 원인으로 상정함으로써 이 비상적 일상을 어쩌다 운이 나쁘게 찾아온 변화로 위치시킨다. '다수'의 타성은 이처럼 관성적이고 게으르다. 그렇다면 '다수'의 타성은 무엇을 배후 삼고 있는가? 다시 말해, 타성의 근본은 어디에 있는가?

'다수'의 타성과 '공동共同 정치'

2019년 8월에 시행된 통계청의 경제활동인구조사에 따르면, 파악된 전체 임금근로자가 10명일 때, 그중 적어도 3명약 36%은 비정규직으로 일하고 있다.** 그럼에도 불구하고 그 '3명'을 부르기 위해서는 다른 '7명'의 이름을 빌려야만 한다. 정규직과 비非정규직이라는 명칭, 그에 부여되는 사회적 인식

---

* 진혜민, 〈[코로나19 확산] 비정규직은 안전 무방비… "안전까지 차별 받아야 하나요"〉, 《여성신문》, 2020.03.11.

** KOSIS(통계청, 2019 경제활동인구조사 근로형태별 부가조사), 2020.03.16.

전반에서 살펴볼 수 있듯 수적 다수 또는 권력적 다수는 '표준'이 되는 반면에 비非다수는 '비표준'이 된다. '다수'는 비다수라는 타자를 설정하고 그로부터 '다수'로서의 지위를 얻게 되기 때문에 계속해서 비다수를 울타리 바깥에 둔다. 비정규직이라는 이름의 비다수가 배제되는 것은 이러한 과정에서 기인한다.

이처럼 '다수'로부터 자행되는 비다수 배제를 '공동共同 정치'라고 말하고자 한다. 이는 김태창의 '공공하는철학'에 관한 논의를 기반으로 한다.* '공동共同'을 먼저 이야기하는 것이 이 글에서 적절한 순서라고 판단하여, '공공公共'에 대한 이야기를 조금 뒤로 미루었음을 미리 알린다. 김태창에 따르면 '공동'이란 '동同'-동질성-을 기반으로 '공共'-공생, 공존, 공복-이 성립하는 것이다. 즉 동질성과 공존이 서로의 유일한 필요충분조건이 되고, 이에 부적합한 이질적 타자는 배제된다. 동질성을 추구하는 것은 '다수', 그리고 그로부터 배제된 이질적 타자는 '비다수'라 할 수 있다.

따라서 필자가 말하는 '다수의 공동 정치'란, 동질성을 계속해서 추구하지만 동시에 차이는 배제함으로써 '우리'끼리의 공존을 도모하는 모종의 흑백논리이다. 이것은 '다수'와 '비다수'의 권력관계에 의거하는 것이며, '다수'끼리의 공동을 추구하고자 하는 목적이 있다는 점에서 다분히 이해관계에 따른다. 그 때문에 넓은 의미에서 정치적이다. '나'와 '너', 더 나아가 '우리'와 '그

* 김태창, 「공공철학이란 무엇인가」, 『철학과 현실』, 2007.01.

들'을 구분하고 '그들'을 배제함으로써 양자의 대립을 공고히 하는 것이 그 동력이다. 그러므로 타성은 공동 정치가 추구하는, '일그러진' 공共을 명목으로 면죄부를 얻었고, 그에 힘입어 이전의 일상을 묵인해 왔다. 정규직 전환을 요구하는 사람들을 마음껏 집단 해고하고, 수십 일간의 투쟁을 마음껏 외면하고, 비정규직 처우 개선을 명시한 법제와 방침을 마음껏 빠져나갔던 시간들. 그 시간 내내 묵인하며 쌓아올린 면죄된 울타리 안은 곪을 대로 곪아 지금 여기에 당도했다. 이러한 일련의 반추를 통해 다시 자성과 타성의 갈림길에 섰다. 어떻게 '우리'의 타성을 환기할 수 있는가? 그리고 어떻게 자성의 이정표를 따라 나아갈 것인가? 그것이 마지막 숙제가 될 것이다.

화和를 향한 공공公共

'우리'의 타성을 환기하고 자성으로 나아가기

타성을 환기하는 것의 초석은 먼저 '공동 정치'를 벗어나는 것이다. 그러나 당장의 탁상공론으로는 해결이 어려운 것이 사실이다. 진단은 했으나, 처방까지는 시간이 필요하다. 하지만 '공공'적 진단의 연장선에서, 그 방향을 이야기하는 것은 어렵지 않다. 그것을 곧 '공공公共'이라고 말할 수 있을 것이다.

김태창은 앞서 언급한 '공동'과 구분하여 '공공하는 철학'을 설명한다. '공동'이 어떠한 이질적 타자를 배제함으로써 동일한 것들 간의 공共을 추구하는 것이었다면, 공공은 '끊임없이' 공公과 사私를 매개함으로써 나, 타자, 그리고 세계가 함께共 움직이도록 하는 것이다. 그러므로 공공은 계속해서 동動하는 상태라는 점에서 동사動詞적 의미로 해석되는 것이 적합하며, 그 의미를 이해하고 지향하는 것이 공공하는 철학의 핵심이다. 특히 여기에서 필자가 주목한 것은 화和를 통해 공공을 설명한 부분이다. 앞서 공동의 '동'과 다르게 '화'는 그 이질적 타자와 함께 움직여 조화를 이루고자 한다. 따라서 '공공'은 곧 '우리'와 '그들'의 '화'를 향한 움직임이며, 종국에는 '우리'와 '그들' 사이 구분이 없는 '화'의 상태로 귀결된다.

다시 말해 자성의 이정표를 따르는 여정은 화和를 향한 공공公共의 방향으로 나아가야 한다. 지금까지 공동이라는 이름하에 타성이 외면하고 배제해온 것들을 직시하고, '우리'와 '그들'을 '공공해야' 한다. 울타리 위에 걸터앉아 그 바깥에 있는 비정규직 노동자들의 일상을 '내려다보는' 것이 아니라, 그것을 허물어 내고 서로 교차해야 한다. 이러한 주장이 '머릿속 꽃밭' 같은 허상이라 생각할 수 있지만, 사실 '우리'와 '그들'을 구분 짓는 것이야말로 허상임을 알아야 한다. 이러한 허상의 울타리를 무너뜨리는 것은 단지 긴급한 해결책으로 내놓는 방침이나 법제를 통한 것이 아니며, 한쪽의 투쟁으로써 얻어져야 하는 것 역시 아니다. '비非정규직'이기 때문에 겪어야 했던 일상에 대한 근본적인 검토에서 시작하여, '합의를 위한 합의'가 아닌 '공존을 위한 합의'를 위해 대화하고 고민해야 한다. 인식과 노동문화의 개선이든, 방침 공표와 법제의 제정이든, 이러한 '공공'을 위한 움직임들이 그 뒤를 따르리라는 것은 의심할 여지가 없다. 구체적인 고민에 박차를 가하는 단계만이 남았다.

어떤 변화를 말할 것인가

사실 이 글은 수많은 '일상'들을 나열한 것일 뿐이다. 그 일상들은 이례적인 재난으로 인해 이제야 들여다보게 된 현실의 민낯이며, 지금 이 '비상적 일상'을 바라보는 시선을 재고하게 했다. 따라서 이 글은 단지 지금 어떤 변화를 맞이했는지, 그리고 그 변화의 표면적인 이유가 무엇인지를 찾는 시선을 넘어, 변화 이전에 고여 있던 일상을 살펴보는 시도이다. 하지만 이는 매우 기초적이며, 그에 대한 실천적인 처방과 행동은 과제로 남아 있다. 그러나 이미 말하였듯이 '어떤 변화를 말할 것인가?' 하는 질문의 답이 어느 쪽을 향하고 있는지 우리는 이미 알고 있다. 물웅덩이에서 '바다'로 가는 길, 즉 '공공'을 통한 '새로 나는 변화-그리고 화和'가 그 답이 되어야 할 것이다. 치열하게 고민하되 너무 늦지 않게 '바다'에 당도할 수 있기를 다짐하고 소원한다.

영화로 보는 팬데믹 컬쳐의 도래

—파국을 넘어서는 연대의 어슬렁거림

이원진

영화 〈월드워 Z〉2013에선 바이러스 좀비들이 '건강한' 인간만을 공격한다. 이를 간파한 UN 조사원 제리 레인브래드 피트은 자신에게 코로나19 등의 병원균을 주입하는 방식의 '위장 백신'으로 극적으로 좀비를 피해간다. 하지만 어디까지나 영화 속 얘기다. 이번 코로나19 바이러스는 실제로 건강하기커녕 전 세계에 기저질환이 있던 사람들, 아니 전염병 이전부터 사회에서 기피되던 소수자를 먼저 공격하고 있기 때문이다. 문학평론가 신형철은 이를 "이미 오랫동안 진행중이었던, 재난 속의 재난이 재난을 통해 드러난다"고 표현했다. 그렇다면 〈월드워 Z〉가 드러내려 한 것은 소위 한 사회의 건강한 사람들이 먼저 백신을 발견하고, 스스로의 희생을 감수하는 자발성의 서사가 아닐까. 그 자발성 속에 재난을 극복할 단초가 담겨 있다는 믿음을 영화를 통해 드러낸다.

저널리즘이 재난 사건, 사고를 전할 때 현황과 원인, 대책이라는 딱딱한 틀에서 접근한다면, 영화는 재난 속 피해를 당한 당사자들의 삶에 관심을 기울인다. 정책이나 정치가 해결하지 못했던 '재난 속의 재난'에 처해 있었던 사람들이 호명되고, 조명받는다. 이것이 재난 속에서 피어오르는 정의다. 이 글에서는 이런 정의에 입각해 재난 서사, 특히 코로나19 같은 팬데믹 컬처를 일으킨 영화를 살핀다. 2020년 아카데미상 4관왕을 시작으로 전세계를 강타한 봉준호의 영화 〈기생충〉은 죽지도 살아 있지도 않은living dead, 즉 기생적 바이러스 생명체의 전조를 알렸다는 점에서 징후적이다. 재난 서사는 우리나라에서도 바야흐로 하나의 장르로 자리 잡고 있기에, 편의상 한국편과 외국편을 나눠서 고찰해 볼 필요가 있다. 특히 바이러스 생명체의 가장 강력한 상징으로 도래한 좀비 영화와 그 의미도 살펴본다.

한국의 재난감염병 영화와 외국의 재난영화

대재난이 발생하고 예기치 못한 안타까운 죽음들이 잇따른다. 무능한 사회나 정치 시스템은 사태 해결에 난맥상을 드러낼 뿐, 개인은 저마다 상황을 타개하기 위해 사분오열하며 각자도생의 고투를 벌인다….

재난 서사의 기본 공식이다. 코로나19가 발발한 후 영화관을 가지 못하면서 전염병을 다룬 영화에 대한 관심은 더욱 높아져서 온라인스트리밍을 이용해 관람하는 사람이 늘어났다. 영화진흥위원회에 따르면 IPTV 이용 순위에서 〈컨테이젼〉과 〈감기〉의 순위가 10위 안으로 올라갔다.

한국 최초의 재난영화는 이만희 감독의 〈생명〉1969이었다. 석탄을 캐던 중 지하 갱도가 붕괴되면서 고립된 광부의 구출 과정을 그린다. 임권택 감독이 동학 교주 해월 최시형의 삶을 그린 영화 〈개벽〉1991에는 콜레라라는 전염병이 처음 등장한다. 조선 민중은 19세기에 20회나 창궐한 이 질병을 요괴의 장난 즉 '괴질怪疾'이라 불렀다. 그러나 최시형이덕화 분은 백성들을 모아놓고 이렇게 말한다. "괴질은 결코 요괴의 장난이 아닙니다. 섣부른 미신에 빠지지들 마십시오. 물은 반드시 끓여 먹을 것이며 가래침과 대변은 반드시 파묻으시고 누구에게든지 먹던 밥이나 헌 반찬을 대접하지 마시고 밥을 지을 때 지성으로 씻으시오. 그리고 몸을 자주 닦으시오."

콜레라 이후 한국은 공중위생을 확립해 나가게 된다. 하지만 대중에 각인된 한국 최초의 재난 서사는 봉준호 감독의 〈괴물〉2006이다. 한강에 사는 돌연변이 괴물은 새로운 바이러스를 퍼뜨리는데, 동물을 통해 인간에 전염된다는 서사로 1091만 명의 관객을 모으며 대성공한다. '재난영화disaster film' 붐의 신호탄이었다. 이어 윤제균 감독의 영화 〈해운대〉2009가 3년 뒤 개봉해 1132만 명이라는 대중을 동원하고, '변종 연가시'로 인한 대재난을 그린 영화 〈연가시〉2012, 대형 화재 사건을 다룬 〈타워〉2012년 등이 연달아 개봉한다. 2013년에도 〈더 테러 라이브〉560만 명, 〈설국열차〉935만명, 〈감기〉312만명가 줄줄이 개봉하면서 재난 영화 불패 신화를 이어갔다. 이 중 〈괴물〉과 김성수 감독의 〈감기〉는 사스SARS의 확산에서 영감을 받아 만든 영화다. 〈감기〉는 호흡기로 감염되는 치명적 바이러스가 퍼지자 도시가 봉쇄되고 사면초가에 몰린 사람들은 가족을 지키기 위한 사투를 벌인다. 이타적 인간/이기적 인간 등 재난 속 인간 군상이 적나라하게 드러난다.

정한석은 "〈감기〉에서 발생하는 진짜 재난은 '국가가 재난에 대처하는 방식'에서 비롯된다"고 본다. 그러므로 치사율 100%의 감염자들이 피를 토하며 쓰러지는 장면이 아니라 종합운동장에서의 인간 살처분 등 국가 폭력이 행해지는 장면이 〈감기〉의 핵심적 재난 장면이라는 것이다. 이렇게 감염 서사는 재난 상황에서의 국가의 무능한 대처와 폭력을 조명한다. 황진미는 〈괴물〉, 〈연가시〉, 〈감기〉가 책임자 도망과 국민을 배신하는 국가를 다루고 있다며, 임진왜란, 동학농민운동, 청일전쟁, 한국전쟁, 보도연맹사건, 삼풍백화점 붕괴사건, 대구지하철 화재사건, 천안함 참사, 세월호 참사 등에서 나타난 국민의 저항을 담고 있다고 분석한다. 확실히 〈연가시〉, 〈타워〉에서 자율적인 개인들은 공적 연대를 형성하며 위기를 해결하려 한다. 최정민은 전염병 발발 서사를 '이방인/보균자'에 대한 불안감을 표출하는 동시에 '이방인/보균자의 피'가 백신 개발에 쓰임으로써 그들을 공동체 안에 포섭하며 사회 통합의 과정을 보여준다고 본다.*

2016년은 바야흐로 한국 재난영화의 최전성 시대다. 총 4편이 흥행하며 2300만명의 관객을 돌파했다. 세월호를 겪은 후에 나타난 문화 신드롬이란 분석이 지배적이었다. 우선 나홍진 감독의 〈곡성〉이 한 마을에 퍼진 의문의 질병과 그로 인해 연이어지는 죽음을 다뤘다. 〈부산행〉 프리퀄 애니메이션인 〈서울역〉에 이어 연상호의 〈부산행〉은 경제개발 신화에 빠진 천리마 고속 상무 '용석'이라는 인물을 통해 속도와 경쟁이란 생존법칙을 일체의 모

* 이 모든 평론은 박인혜, 「2010년대 감염서사 연구」, 연세대 석사학위논문, 2019를 참고해 작성했다.

든 가치판단보다 앞세우는 작태를 풍자하며 1130만 명을 돌파했다. 무너진 터널 아래 생존기를 그리며 우리 일상에 있음직한 일을 다룬 〈터널〉와 〈판도라〉도 있다. 이렇게 한국의 10대 재난영화 리스트가 2006년 〈괴물〉부터 2016년 〈부산행〉까지 10년에 걸쳐 차곡차곡 만들어졌다. 최근하는 "'세월호 참사', '메르스 사태' 등 여러 재난 사태를 직간접적으로 겪어 온 대중들이 그 누적된 경험들을 반영한 영화에 공감하는 것"이라고 평했다. 전찬일은 〈터널〉 〈부산행〉 등에 '재미'와 '시대적 의미'가 적절히 결합된 점을 흥행 요인으로 꼽았다. 그는 "'시대성'과 '시의성'을 확실히 깔고 가야 관객들이 호응하는데 이들 재난영화는 현 사회에 대한 환멸과 분노를 잘 담아냈다는 면에서 성공적"이라고 평한다.

그렇다면 외국의 재난 영화는 어떤 것이 가장 대표적일까. 콜레라부터 코로나19까지 전염병 시대를 그린 영화들은 꾸준히 이어져 왔다.* 미국에서 전염병 영화는 해외 각국의 원작 소설을 바탕으로 2000년대 이후에도 활발히 제작됐는데, 이는 9.11 테러, 사스나 조류독감과 같은 새로운 전염병에 대한 공포의 증대를 반영한다. 가난한 자와 부자를 가리지 않고 퍼지고, 사회 시스템을 순식간에 마비시키는 대혼란 속에서 적나라하게 드러나는 인간 본성이 많은 크리에이터의 상상력을 자극한 것이다. 콜레라는 기원전부터 있었던 질병이지만 1817년 인도에서 대유행하기 시작했다. 1820년대 동아시

* 영화 목록은 양유창, 「콜레라부터 코로나까지… 전염병 시대를 그린 영화들」, 《매일경제》, 2020.02.29.

아로 번진 후, 조선왕조실록엔 우리 백성 150만 명 이상이 콜레라로 사망했다고 기록돼 있다. 1884년 독일 생물학자 로베르트 코흐가 콜레라균을 규명하면서 진정됐다. 가브리엘 마르케스의 소설을 원작으로 한 영국 마이크 뉴얼 감독의 영화 〈콜레라 시대의 사랑〉2007의 배경이 바로 1880년~1930년까지 콜레라가 창궐한 콜롬비아다. 한 여자를 무려 51년간 기다린 가난한 남자의 순애보를 그린 이 작품에서 콜레라는 콜롬비아 사회의 전근대성을 상징한다. 1925년 중국 상하이에서 전염병을 연구하는 영국 세균학자가 주인공인 영화 〈페인티드 베일〉2007도 콜레라로 인해 사람들이 죽어 나가는 마을 한복판에서 의료 봉사에 전념하는 주인공의 사랑을 그린다. 마틴 스코세이지의 〈에비에이터〉2004는 개인적 방역의 원조를 볼 수 있는 영화다. 콜레라로 어머니를 잃은 후 세균에 대한 강박관념에 사로잡힌 영화감독이자 비행사였던 거부 하워드 휴즈가 주인공이다. 그는 항상 비누를 갖고 다니면서 손을 자주 씻었고 음식에 누가 손을 대면 먹지 않은 것은 물론 말년엔 무균지대인 자신의 방에서 스스로 격리하며 지낸다.

다음 전염병은 1918년의 스페인 독감이다. 스페인 독감은 조류인플루엔자의 일종인데, 이후 1968년 홍콩 독감, 2009년 세계보건기구WHO가 21세기 첫 팬데믹으로 선언한 신종플루돼지독감, 2013년 조류인플루엔자 등으로 변형돼 계속되고 있다. 1918년 5월 처음 발견된 이래 1년 동안 전 세계에서 6억 명 이상을 감염시키고 최대 1억 명의 사망자를 내며 '의학적 홀로코스트'라고 불릴 정도로 역사상 가장 독한 전염병이었지만, 영화에서는 별로 중요한 소재가 되지 않았다. 대신 1920년대 영국 귀족 가문을 그린 드라마 〈다운튼

애비〉2011 시즌2에 등장인물들이 스페인 독감으로 쓰러지는 장면이 묘사된다. 스티븐 킹 원작의 드라마 〈더 스탠드〉1984는 정부의 비밀 연구 시설에서 생화학 무기로 만든 '슈퍼플루'가 연구실 밖으로 빠져나오면서 전 세계 인구의 99%가 사라진다는 설정이다. 아침까지도 이상 없던 사람들이 밤에 사망하는 등 증세가 급격하게 악화되며 초반부터 공포를 조성한다.

다음 바이러스는 1974년 수단에서 처음 보고된 뒤 1995년 콩코 에볼라강에서 발생한 '에볼라'다. 치사율이 75%에 달하며 감염되면 피부가 벗겨지고 급성 출혈을 동반하는 끔찍한 감염병이다. 로빈 쿡의 메디컬 스릴러 원작에 볼프강 페테젠 감독이 만든 영화 〈아웃브레이크〉1995는 에볼라보다 더 강력한 치사율 100% 바이러스가 아프리카에 창궐한 상황으로 시작한다. 미국 질병통제예방센터CDC 직원인 주인공은 오지 자이르에서 모타바 바이러스로 주민이 몰살당한 마을을 발견한다. 그곳의 원숭이 한 마리가 실험용으로 미국으로 오게 되면서 인플루엔자처럼 변이돼 인간에게 공기를 통해 감염된다. 영화 첫 장면은 1958년 박테리아 복제연구로 노벨상을 탄 조슈아 레더버그가 바이러스를 일컬어 '인간이 지속적으로 이 지구를 점령하는 데에 가장 큰 위협적인 존재' the single biggest threat to man's continued dominance on the planet라고 말하며 시작한다. 25년 전 이때까지만 해도 인간이 지구를 점령할 수 있다고 믿었나 보다. 넷플릭스의 '팬데믹'이란 다큐멘터리에 나오는 뉴욕시 전염병 전문가는 이 영화를 보고 전염병 분야에 투신하게 됐다고도 한다. 그만큼 이 작품에 표현된 의학적 지식이 상당하다. 좀비 영화의 걸작으로 꼽히는 대니 보일 감독의 영화 〈28일 후〉2002 역시 에볼라에서 영감을 받았다. '아웃

브레이크'처럼 실험실의 원숭이가 '분노 바이러스'에 감염되는데, 이에 전염된 인간은 광기에 사로잡힌 좀비가 된다는 설정이다. 기존 좀비 영화와 달리 감염된 사람들이 재빠르고 공격적이어서 충격적이다. 이 외에도 리처드 프레스톤의 〈핫 존〉2014과 로리 가렛의 〈임박한 역병〉The Coming Plague, 1995, 〈미래의 묵시록〉The Stand, 1994 등의 문학작품도 에볼라와 연관이 있다.

아예 전염병의 원인을 규정하지 않아 공포 심리가 더 자극되는 영화도 있다. 테리 길리엄 감독의 〈12 몽키즈〉1995는 미지의 바이러스로 인간의 99%가 죽고 소수의 사람들만이 지하에서 버티는 2035년이 배경이다. 백신 개발도 포기한 그 시점, 최후의 수단은 과거로 돌아가 바이러스 창궐을 막는 시간여행을 하는 것이다. 전염병 영화 중 IMDB 평점 1위다.

다음은 보건위생이 안착된 현대사회에 닥쳐 온 전염병 사스SARS다. 2002년 중국에서 발병해 유럽과 북미 등으로 번졌는데 치사율은 10%지만 전파 속도가 과거와 비교할 수 없을 정도로 빨라 충격이 더욱 컸다. 지금의 코로나19는 사스보다 1000배 전염력이 강하다. 스티븐 소더버그 감독의 〈컨테이젼〉2011은 지금 코로나19 사태와 가장 싱크로율이 높아 소름돋을 정도의 영화다. 영화 제작진은 바이러스와 전염병 전문가들에게 자문을 받았다고 밝혔는데, 미국 CDC도 사실성을 인정했을 만큼 감염 경로의 묘사가 정교하다. 'MEV-1'이라는 바이러스는 박쥐에서 돼지로, 다시 인간으로, 손접촉이라는 매개체를 통해 비행기를 타고 전 세계로 순식간에 퍼진다. 사람들은 패닉에 빠지고 병원에 환자들이 몰려드는 와중, 프리랜서 기자는 조회 수를 늘리기 위해 가짜 뉴스를 배포하며 공포를 조장한다.

포르투갈 주제 사라마구의 소설을 영화화한 페르난도 메이렐레스 감독의 〈눈먼 자들의 도시〉2008는 전염병 감염자들이 시력을 잃으며 대혼란에 빠지는 상황을 그린다. 한 치 앞도 보이지 않는 아수라장 속에서 주인공만이 시력을 보존하며 탐욕스런 인간 본성의 유일한 목격자로 남는다. 나이트 샤말란 감독의 〈해프닝〉2008 은 이름 모를 식물에서 유래한 전염병이 인간의 자살 충동을 유발한다는 점이 특이하다. 최악의 상황이 마무리된 뒤 TV에 전문가가 출연해 지금까지는 시작에 불과했다고 말하면서 끝나는 엔딩이 흡사 코로나19의 예고편 같다. 조시 맬러먼의 소설을 원작으로 하는 수사네 비르 감독의 〈버드박스〉2018는 '눈먼 자들의 도시'와 '해프닝'의 합작품이다. 무언가를 보게 되면 자살 충동을 느끼게 되는 전염병의 발발로, 곳곳에서 집단자살이 이루어지는 와중에 주인공산드라블럭은 두 아이와 함께 피난길에 나선다. 여기선 마스크보다 안대가 더 중요한 방역 도구다. 〈로마〉2018로 더욱 유명해진 21세기 최고의 SF 감독 알폰소 쿠아론의 〈칠드런 오브 맨〉2006도 모든 여성을 불임으로 만드는 전염병이 휩쓸고 간 황량한 미래 사회를 그린다. 모든 희망이 사라지고 폭동과 테러가 일상이 된 삶에서 20년 만에 한 흑인 소녀가 임신하는데, 이를 지키기 위해 주인공들은 사투를 한다. 저출생 시대의 결말을 예고하는 영화다.

〈월드워 Z〉2013은 미국 아마존 베스트셀러 맥스 브룩스의 소설 『월드 워 World War Z』가 원작이다. 의문의 항공기 습격과 국가 간 교류 전면 통제 등 세계 곳곳에서 재난이 일어나자 주인공이 가족과 함께 도시를 탈출하다가 인류 대재난에 맞설 최후의 1인으로 활약한다.

영화로 만들어지진 않았지만 이번 코로나19를 정확하게 예언해 주목받은 소설이 있다. 딘 쿤츠의 『어둠의 눈The Eyes of Darkness, 1981』은 중국 우한시 외곽 한 생화학 무기 연구소에서 인위적으로 만든 전염력 높은 신종 바이러스 '우한-400'이 유출되면서 전 세계로 확산한다는 내용인데, 40년 전 우연의 일치치고는 섬뜩할 만큼 코로나19 상황과 유사하다.

한국의 좀비 서사와 외국의 좀비 서사

살아 있지도 않고 죽지도 않은Living dead 좀비zombie는 곧 바이러스를 연상시킨다. 박테리아와 달리 바이러스는 죽지도 살지도 않은 중간적 생명체다. 좀비의 존재는 처음에는 타자였다가 이제는 친구가 된 생명체를 대변한다. 한국에서도 좀비물이 진화하면서 바이러스 묘사 양상이 전혀 달라지고 있다. 좀비 영화의 대부 조지 로메로 감독은 '현존하는 모든 재난이 곧 좀비'라 했다. 그는 '좀비 삼부작' <살아 있는 시체들의 밤>1968, <시체들의 새벽>1978, <시체들의 날>1985을 남겼다.

〈살아 있는 시체들의 밤〉도 시작은 미지의 바이러스였고, 〈시체들의 새벽〉에서 노동자가 좀비를 향해 "그들은 우리야They are us"라고 한 이유는 좀비는 산 노동과 죽은 노동을 구별 불가능한 것으로 만드는 신자유주의의 증인이기 때문이다. 좀비는 원인을 알 수 없는 각종 질병에 대한 현대인의 공포를 상징하는 존재다. 좀비는 우리가 미처 대처하지 못한 일체의 위협과 떨쳐낼 수 없는 공포를 아포칼립스默示적 전망과 디스토피아적 불안으로 표현해 낸다. 좀비의 기원은 아이티 전설에서 저주로 인해 되살아난 시체였지만 현대 좀비는 뱀파이어 서사와 결합돼, 감염성 질환으로 진화하고 있다. 진화된 좀비는 걷는 좀비walking dead에서 뛰는 좀비running dead로 전환되면서 분노를 장착했다. 초점 없는 동공으로 인간을 바라보며 어슬렁거리며 걷는 좀비는 진화를 거쳐 영화 〈28일 후〉2002에서 분노 바이러스를 입은 괴물로 등장한다. 조지 로메로의 초기 좀비물이나 드라마 〈워킹데드〉, 〈새벽의 황당한 저주〉2004, 〈좀비The Dead〉2010 등 걷는 좀비에게서 좀체 나타나지 않던 분노다.

한국의 좀비 서사에서 좀비는 더욱 빨라서 사람들의 흥미를 끈다. 〈부산행〉, 〈킹덤〉 시리즈의 인기가 이를 대변한다. 국내 좀비 서사는 2000년대 이후부터, 감염 서사는 2010년대 이후부터 활발해졌다. 한국 최초의 좀비 영화는 〈괴시〉1981로 추정된다. 그러나 〈부산행〉2016을 기점으로 거대한 제작비의 좀비 블록버스터가 등장한다. 급증하는 감염병 공포가 B급 문화였던 좀비를 대중문화의 주류로 소환한 것이다. 〈킹덤〉은 천문학적인 제작비를 바탕으로 한 뛰어난 만듦새로 한류 확산에 기여하고 있다. 좀비를 소재로 한 웹툰과 소설의 창작도 2000년대 이후부터 활발하다. 하지만 서구 좀비와는 차별화되는 한국 좀비의 특성이 두드러진다. 일부 연구에 따르면, 서구 좀비가 식인의 본능만을 지닌 괴물로서 사람들을 물어뜯어 감염시키는 공포의 대상이라면, 한국 대중문화에 출현한 좀비는 이성과 감정을 모두 가진 인간 같은 존재로 형상화되며, 무자비하게 사람들을 해치지도 않는다. 웹툰 〈당신의 모든 순간〉2010에서 좀비들은 자신의 가족을 기억하며, 그들이 살았던 집으로 되돌아오고, 심지어 가족을 찾는 과정에서 울부짖기도 한다. 웹툰 〈

좀비의 시간2〉2011에서는 맨홀 속 좀비들이 공동체를 형성한다. 좀비들은 맨홀에 떨어진 유나가 밖으로 나갈 수 있도록 도와주기도 한다. 소설 『좀비들』2010의 좀비는 인간과 모습이 같다.

이렇게 한국 팬데믹 컬처의 한복판에 들어온 좀비는 '생존주의 문화'의 한 징후다. 사회학자 김홍중은 "개성 없는 맹목적 욕망의 덩어리인 좀비들의 파상적 물결 앞에 생존을 도모하며 살아남고자 하는 주인공들의 고투를 그리는 좀비서사는 생존주의적 상상력과 깊은 친화력을 갖는다"고 말한다. 예상치 못한 압도적 재난에서 가장 중요한 것은 생존인데, 생존을 위협하는 불안요소를 실체적인 집단에 혐오적으로 투사함으로써 그들을 '적대적인 타자'로 설정한 것이 좀비다. 김홍중은 생존, 독존, 공존, 탈존은 청년 세대의 마음을 지배하는 네 가지 삶의 좌표축인데, 경쟁 상황에서 살아남기 위해서 개인은 자신의 모든 잠재적 역량을 가시적 자원자본으로 전환하는 자기통치의 주체가 되고 있다고 말한다. 청년 세대의 생존 여부는 요행이나 운에 달린 것이 아니라, 생존 추구자가 자신의 자아와 맺는 합리적 규율과 통치 가능성에 종속된다. 여기엔 경제 자본, 사회 자본, 문화 자본 이외의 감정 능력, 희망의 능력, 회복력resilience, 집중력mindfulness, 상상력, 기획력, 창조력, 인간적 품성, 꿈꿀 수 있는 능력 등 개인이 동원할 수 있는 모든 역량들의 총체가 자본 '생존력生存力'으로 구성된다. 그러나 새로운 생존은 특별한 성공이나 대단한 성취를 의미하는 게 아니라, 놀랍게도 '평범한 안정을 위한 분투'이다박고형준, 2014: 119

후지타 나오야도 『좀비의 사회학』에서 신자유주의의 폭주를 좀비물 유행의 원인으로 꼽는다. 생존을 위해 분투하는 우리가 두려워 스스로 경계를 설정하고, 타자를 대상화하고 있지는 않은지 반성해야 한다. 〈월드워 Z〉에서 이슬라엘의 장벽을 넘어가고 있는 좀비의 모습을 보자. 장벽 안에서 종교적 의례 소리가 마이크를 통해 확성되자 자극 받은 좀비들이 장벽을 향해 몰려든다. 거대한 좀비 무리들이 자신들의 몸을 받침대로 삼아 장벽을 타넘는 이 장면이 혐오의 파국적 상징이다. 오글대는 벌레처럼 보이는 좀비떼는 팔레스타인 가자지구 장벽과 그곳 주민들에 대한 노골적인 혐오적 투사다.

역설적으로 바로 이 지점에서 좀비는 신자본주의의 생존주의에 젖은 몰자아를 넘어 체제 외부를 욕망하는 각성한 주체가 된다. 좀비는 언제나 우리가 억압해야 할 그 무엇thing이었다. 좀비는 대타자를 위협하는 두려움의 대상이었기에 괴물로 처단해 왔다. 그러나 좀비를 환대하는 것은 내 안의 또 다른 나 곧 '인간다움의 근본'을 만나는 것이자 원점인 '엑스 니힐로'의 주체로 태어나는 순간이다.* 그 죽음을 통해 개인은 토포스topos의 주체에서 아토포스atopos의 주체로 옮아갈 수 있다. 좀비 서사의 종말론은 새로움을 향한 또 다른 시작이다. 이런 점에서 좀비의 식인 행위는 산 노동의 피를 빠는 뱀파이어의 이기주의적 사랑과는 다르다. 서동수는 "좀비의 식인 행위는 감염이라는 사건과 더불어 기독교에서 말하는 이웃-사랑의 전형인데, 각성의 시간과 순간을 나누는 것이며 연대의 시작"이라고 분석한다. 좀비의 어슬렁거림은 연대를 위한 기다림이며, 인간을 향한 공격성은 적극적인 환대의 다른 이

---

* 서동수, 「좀비, 엑스 니힐로의 주체와 감염의 윤리」, 『대중서사연구』25권, 2019.

름이라는 것이다. 좀비의 분노는 괴물성을 드러내는 장치에 멈추지 않고 세계의 파국을 앞당기는 촉매제 역할을 한다. 좀비들의 분노와 폭력은 기만적인 가상의 세계를 정지시켜 새로운 미래를 가능케 하는 메시아적 폭력이다. 조지 로메로의 좀비 시리즈는 미국 사회의 인종 차별, 베트남전 갈등, 미국적 신자본주의 속에 억압된 욕망의 분출이기도 하다. 맥팔랜드 역시 좀비와 인간 간의 경계가 애초부터 허상이었기 때문에 '좀비 이미지'는 죽음이라는 자연 상태를 직면한 '인간의 자아 재현 위기를 우연하게 담아낸 것'이라고 분석한다. 좀비를 기묘함uncanny와 관련해서 바라본 로봇공학자 모리 마사히로는 결여된 존재가 살아 움직인다는 점living dead에서 좀비는 가장 섬뜩한 존재이지만 인간과 좀비를 더 이상 구별할 수 없을 때 비로소 기묘함언캐니의 계곡을 빠져나올 수 있다고 본다. 가족, 친구 등 누구나 좀비로 돌변할 수 있다는 감염에 대한 불안감 그리고 좀비와 인간을 구별할 수 없게 되는 각성의 순간이 모든 좀비 영화의 스토리에 내재된 매혹점이다.

재난 서사의 상상력이 필요한 이유

매스 미디어와 학문, 예술이 생산하는 다양한 담론들과 문화적 산물들은 고도로 분화되고 복잡한 현대사회가 스스로를 관찰하는 대표적 형식이다. 그래서 매스미디어와 예술의 접점에 있는 영화와 드라마가 팬데믹 서사에 집중한다는 것은 우리 사회가 위기와 절멸의 상황에 노출되었다는 자가진단이다. 묵시록이나 파국의 상상력이 21세기 문화공간에 범람하는 현상 역시 생존이란 상상계의 은유적 확장이며 거기서 나타나는 감염 서사는 죽음에 대한 문화적 애도cultural mourning다.

박기수*의 말대로 우리가 〈킹덤〉 시즌 2부를 넘어 3부, 4부를 기다리는 건 좀비의 스펙터클과 화려한 한국적 건축의 미 때문이 아니라 그들을 소환한 현실의 메타포를 읽기 위해서다. 백성들을 좀비로 만든 현실의 질곡과 권력층의 탐욕, 그리고 그것을 비겁하게 묵인했던 우리를 돌아봐야 하기 때문이다. 〈킹덤〉의 김은희 작가는 전작 〈시그널〉에서도 탐욕스런 권력층과 경찰 고위간부가 공모해 사건을 조작하고 억울한 희생양을 만드는 상황을 극적으로 그려냈다. 진범을 잡지 못한 채 장기 미제로 남은 사건을 과거와 미래의 형사가 공조해 파헤쳐 간다는 설정이 압권이었다.

지금까지 다룬 영화에서는 바이러스의 원인도 제각각, 결과도 제각각이었지만 나는 특히 시선곧 영혼을 빼앗기는 전염 현상을 다룬 〈눈먼 자들의 도시〉2008와 〈버드박스〉2018가 인상적이다. 서동수가 분석했듯이 섬광을 본 여인이 경이의 표정을 짓는 장면에서 시선의 탈취는 빼앗김이 아닌 외부와의 조우, 즉 상징계의 외부인 실재를 만나는 순간이다. 이는 현실reality이야말로 실은 가상fantasm이며 자신은 대타자의 욕망을 욕망한 가짜 욕망의 주체였음을 깨닫는 '각성의 시간'이다. 그래서 시선의 탈취는 가짜 욕망의 주체였

* 박기수, 「부산행 킹덤…이 시대에 좀비물이 주목받는 이유」, 《매일경제》, 2019.04.12.

던 자신의 몰락을 경험하는 '충격'과 '경이' 그 자체이다.

스페인 독감 창궐은 누구도 멈출 수 없었던 제1차 세계대전 종식 계기가 됐고 전쟁이 끝나면서 잠잠해졌다. 이렇게 재난 서사 속 등장인물들이 불확실성을 타개하고 불안한 상황을 해결하는 과정을 보면서 나 역시 지금 어떻게 살아가야 하는가에 대한 정보와 답을 찾는다. 인류 위기의 치명적 결과에 대한 상상력과 분석은 이제 팬데믹 문화로 대중의 의견을 동원하면서 두터워지고 있다. 이 문제를 전문가들에게만 맡겨 둬서는 안 된다는 위기감과 각성이 일고 있는 것이다. 팬데믹 컬처는 그래서 이제 과학뿐 아니라 문화적 커뮤니케이션 속에서 배양되고 있다. 극장 등 사람이 많이 모이는 시설 방문을 자제하는 사회적 분위기가 형성되면서, 영화를 온라인 스트리밍OTT으로 시청하며 오래전의 팬데믹 서사가 재유행하고 있다. 서사 안에서 좀비와 바이러스는 계속 진화하고, 사람들은 이와 조금 더 친근해지며 '뉴노멀'을 준비한다. 좀비를 통해 전염된 정치적 분노와 좀비를 통해 각성한 항의의 연대의식이 광장에서 참여를 이끌어낼 수 있기를 기대한다. 그래서 우리에겐 우리 앞에 어슬렁거리는 좀비와 재난 서사가 더 필요하다.

5부

재난과 종교

코로나19, 종교에게 무엇을 요구하는가?

허남진

이 글을 쓰고 있는 현재4월 초, 코로나19 상황은 하루가 다르게 위기가 고조되고 있고, 결국 세계보건기구WHO에서 세계 감염병 대유행팬데믹을 선언하는 등 전 인류의 안전과 생명이 위협받고 있다. 코로나19는 세계적, 지구적 차원의 문제임이 명백해졌다. 현재 코로나19에 대해 정확하게 전망할 수 없는 상황이고, 혹자는 '바이러스와 함께 사는 새로운 일상을 준비할 시기'라고 평가하며 코로나19 이후 일상의 삶을 전망했다.

이러한 지구적 위기 상황에서 한국의 방역 정책 및 의료 체계 등이 '코리안 모델'로 불리면서 한국이 코로나19에 대처하는 방식은 외신의 높은 평가로 이어지고 있다. 『사피엔스』의 저자인 유발 하라리는 영국 파이낸셜 타임즈Financial Times에 게재된 '코로나 바이러스 이후의 세계'라는 기고문을 통해 한국을 코로나19 대응의 모범적 국가로 지목하면서 한국 시민의 자발적 협력에 주목했다. 나아가 "만약 세계적 연대를 택한다면, 단지 코로나 바이러스뿐 아니라 21세기에 인류를 괴롭힐 모든 전염병과 위기에 대한 승리를 이룰 것"이라고 밝히는 등 지구적 연대와 협력의 필요성을 주장했다. 하지만 코로나19에 대한 두려움과 공포는 타인을 향한 혐오와 배제, 증오의 시선으로 변질되어 보편적 인권을 해치는 등 우리의 눈살을 찌푸리게 하는 일이 계속 일어나고 있다.

코로나19는 변화된 일상의 삶을 요구했고 종교에게도 영향을 미치고 있다. 코로나19는 종교들에게 지금까지 겪어 보지 못한 낯선 경험에 직면하게 만들었고, 재난에 대처하는 종교의 사회적 책임이 무엇인지 등 다양한 물음을 던지고 있다. 그런 점에서 코로나19는 재난에 대처하는 종교의 역할이 무엇인지 성찰할 기회를 제공하고 있다.

코로나19는 종교를 어떻게 변화시켰나

정부와 지방자치단체는 코로나19 전염 방지를 위해 전국민의 사회적 거리두기 실천을 권고하고 있다. 이로 인해 외출을 삼가고 타인과의 접촉을 피하는 사회적 거리두기 캠페인이 진행되고 있다. 사회적 거리두기는 우리의 일상도 바꿔 놨다. 회사에서는 재택근무가 성행하고, 초중고등학교 개학이 연기되고, 대학 수업은 비대면 온라인 강의로 대체되어 교육자와 학생들 모두 온라인 강의 플랫폼에 적응하느라 어수선하다.

이러한 사회적 거리두기는 종교계에서도 매우 낯선 경험이다. 대구경북 지역의 코로나19 확산이 '신천지증거장막성전' 신도들의 집단감염으로 폭발적인 양상을 보인 것이 직접적인 계기가 되었다. 이에 따라 정부는 '코로나

19' 위기경보 '심각' 단계로 격상시키면서 각 종교단체에 사회적 거리두기에 동참해 줄 것을 요청했다. 이에 불교, 천주교, 개신교, 원불교, 천도교 등은 자발적으로 법회, 미사, 예배를 중단하거나 온라인 형태의 의례로 전환시키면서 이에 동참했다.

대한불교조계종은 전국 모든 산문의 한시적 패쇄 조치를 단행했고, 한국천주교주교회의는 신앙의 '예외 상태'임을 선언하고 신자들에게 묵주기도와 복음 봉독, 선행 등으로 미사 참례 의무를 대신하도록 하는 관면*을 발표했다. 천주교의 이 같은 결정은 한국 천주교가 성립된 이래 236년 만에 처음 있는 일이라는 점에서 매우 이례적이다. 이후 한국천주교주교회의는 미사 재개를 고려하여, '코로나19 집단 감염 예방을 위해 본당에서 지켜야 할 수칙'을 발표했다. 이에 따르면, 코로나19 확진자 및 면역력이 약한 신자의 경우 미사 참례의 의무에서 제외시키고, 미사 전례 봉사자 없이 사제 혼자 미사를 봉헌하여, 신체적 접촉을 피하고 미사 중 성가나 기도문 합송 역시 되도록 자제하도록 했다. 대부분의 개신교 교회 역시 코로나19 전염 방지를 위해 온라인으로 혹은 가정예배를 드리도록 권고했다. 한국기독교교회협의회는 공동명의로 교회가 사회적 거리두기의 모범을 보여 코로나19의 확산을 저지하는 데 동참할 것을 호소하고, 코로나19의 위기 상황 속에서 "교회의 공동체적 정체성의 표현인 집회를 철저하게 전체 사회의 공적 유익을 우선시하

---

* '관면(寬免)'이란 가톨릭교회가 특별한 경우에 신자들에게 교회법의 제재를 면제해 주는 것을 말한다.

면서 재구성해야" 한다고 발표하기도 했다. 원불교는 코로나19 지침서를 배포하고, 교도의 4종 의무 중 하나인 대중 법회와 기도를 중단하는 대신 가정에서 법회와 기도를 통해 신앙·수행 생활을 이어갈 것을 당부했다. 천도교 역시 핵심 의무인 오관五款 중 하나로 매 일요일 교도들이 모여 봉행하는 시일식을 영상시일식으로 대체하여 시행하고 있다. 이처럼 종교인들은 협소하고 폐쇄된 장소에 모여 드리는 예배·미사·법회 대신, 집에서 온라인 플랫폼을 활용하여 의례를 드리고, 인터넷뱅킹으로 헌금을 송금하는 등 종교생활의 방식도 달라졌다.

이러한 종교 활동 양상의 변화는 한국에만 국한된 현상이 아니다. 이란은 모스크에서의 금요예배 금지를 확대했으며, 사우디아라비아는 이슬람과 사우디 시민의 안녕을 지키기 위해 코로나19가 진정될 때까지 이슬람 성지순례 하지Hajj를 연기해 줄 것을 요청했다.* 코로나19는 바티칸 교황 미사도 사상 처음으로 온라인 생중계로 하도록 만들었다. 독일 바덴뷔르템베르크주의 아헤른 교구교회에서는 신자들이 보내 온 사진을 성당에 놓고 미사를 진행하기도 했고, 미국에서는 '드라이브 인Drive-in'으로 불리는 일명 '자동차 예배' 혹은 '자동차 미사',** '드라이브 스루 고해성사'Drive Thru Confession 등 새로운 시도들이 나타나는 등 코로나19는 종교의 일상을 변화시켰다.*** 이탈리아 산

---

* 「사우디 '코로나19 진정될 때까지 하시 순례 연기해달라」,《뉴시스》, 2020.04.01.
** 「코로나 공포에… 세계 종교예식도 이색 풍경」,《한겨레》, 2020.03.05.
*** 「미사는 방송, 고해는 차 안에서… 코로나로 변한 신앙 생활」,《가톨릭평화신문》, 2020.03.29.

피에트로 성당 파올로 롱고 주임사제는 온라인 미사를 진행하는 중 실수로 페이스북의 AR증강현실 필터를 적용하여 머리에 헬멧을 쓴 채 미사를 진행하는 등 해프닝이 발생한 일도 있었다.*

사스, 메르스 대유행 당시도 종교계의 종교집회 중단이라는 상황은 발생하지 않았다. 그만큼 코로나19 사태는 종교계에도 사상 초유의 재난이며 어느 누구도 경험하지 못한 캄캄한 동굴과 같다. 종교는 모임을 통한 공동체를 기반으로 하는 조직이라는 점에서 그만큼 종교계에서는 지금까지 접하지 못한 낯선 경험임에는 분명하다. 이에 즈음하여 종교계 특히 개신교에서는 예배가 무엇이며, 교회가 무엇이고, 신앙이 무엇인지 진지하게 성찰하고 있다. 그렇기 때문에 코로나19 종식 이후 종교의 변화는 불가피할 듯하다. 종교는 코로나19 전후로 일상의 삶이 어떻게 변화될 것인지 생각하면서 미리미리 준비해야 한다.

코로나19, 종교의 시민적 공공성을 묻다

종교단체는 개인 구원, 영적 구원을 주목적으로 내세우면서도 사회 구제, 사회개혁을 위한 활동에도 직간접적으로 참여해 왔다. 또한 종교단체는 국

* 「온라인 미사 진행하려던 이탈리아 신부에게 벌어진 일」, 《HUFFPOST》, 2020.03.25.

가의 공공정책에서 영향을 미칠 뿐 아니라 시민들의 삶과 가치관 형성에 영향을 준다. 이렇듯 종교는 조직적 측면에서 가장 큰 시민사회의 일원이다 종교계는 코로나19 극복을 위해 착한 임대료 운동에 동참하고, 성금, 마스크 및 소독제, 구제품 기부·나눔뿐만 아니라 세상으로 직접 나아가 봉사 활동에 참여하는 등 적극적으로 대사회적 활동을 하고 있다. 분명 종교계가 '사회적 거리두기' 차원에서 종교집회를 중단하고 당국의 지침에 자발적으로 협력하는 모습은 종교의 사회적 책임의 실천이며, 공동선을 위한 선택인 것이다.

이러한 종교계의 사회활동과 적극적인 사회적 거리두기 동참에도 불구하고 몇몇 개신교 교회에서 종교행사를 강행하면서 국가의 공공성과 충돌하게 되었고, 시민사회에서는 종교가 바이러스 숙주로 비추어지는 등 종교에 대한 혐오가 나타나고 있는 것이 현실이다. 몇몇 개신교 교회에서의 집단감염이 발생했고, 정부의 방역 수칙에 따라 최근 정부와 지자체에서 코로나19 확산 방지를 위해 종교집회 제한 명령으로 '종교의 자유'가 주요 이슈로 떠오르고 있다. 정부는 방역 수칙이 정한 요건들을 충족시키지 못한 채 종교행사를 강행하는 교회들에 대해서는 건물 폐쇄와 예배 금지까지도 명령하겠다고 선언하고 나선 것이다. 종교집회 제한 명령에 대해 한국 개신교계 일각에서는 정부에 교회에 대한 억압과 위협을 중단할 것을 촉구하는 등 반발이 가라앉지 않고 있다. '종교의 자유'와 '국가의 공공성'의 충돌이라는 구도로 논쟁이 벌어지고 있는 것이다. 찬성 측에서는 시민의 생명을 위해 국가의 공공성을 따라야 한다는 입장인 반면에, 반대 측은 헌법에 보장된 종교의 자유 침해 가능성을 거론하며 이를 반박하는 것이다. 결국 이러한 논쟁은 종교와 공공성의 문제와 연결된다. 천주교는 '관면'과 실제로 성체를 모시지 못하지만 믿음으로 성체를 모신다는 '신영성체神領聖體'라는 규정을 통해 미사를 중지할 수 있는 있다. 반면 개신교는 성경의 가르침말씀의 선포과 성도의 교제코이노니아를 예배의 본질로 각인되어 있기 때문에 예배 중지와 온라인 예배에 대해 부정적으로 인식할 수도 있다. 하지만, 종교는 국가의 공공성을 지켜내고 시민적 공공성의 가치를 담아 내는 지혜를 터득해야 한다. 종교는 공공의 이익에 무관심하거나 그 공공적 이익을 해치면서 자신이 부여받은 자유를 주장한다면 시민사회에서 지탄의 대상이 된다는 점을 인지해야 한다. 종교적 이기심으로 인한 종교의 공신력 추락은 불 보듯 뻔하기 때문이다.

이제는 코로나19와 같은 지구적 위기상황에 종교와 국가의 관계, 종교와 시민사회의 관계를 어떻게 정립할 것인지 등 종교의 시민적 공공성에 대한 혜안이 필요한 시점이다. 하여간 사회적 거리두기 운동은 시민의 생명을 지키기 위한 일종의 새로운 사회계약이기 때문이다.

종교는 각자도생보다는 생명 존중, 타자와 공존의 윤리, 공동체 비전 제시 등 국가적 위기에 대처하는 공동체의 힘을 모아야 한다는 사명감을 가지고 사회적 연대와 협력의 촉매제 역할을 해야 한다. 종교인 역시 시민사회의 구성원으로서 정치적·경제적·사회적인 존재로 일상의 삶을 살아간다. 시민의 생명을 위협하는 사회 요소들은 정치적인 문제가 아니라 시민의 삶의 문제이고, 종교는 시민적 삶의 관심사들과 분리될 수 없다. 종교는 '시민사회'의 구성원이며, 신앙교육의 장소일 뿐만 아니라 시민적 역량을 키우는 장소이기도 하다. 그렇기 때문에 종교인은 신앙인이면서 시민인 '종교시민'인 것이고,

종교는 사회 전체의 이익과 공공선을 지향할 수 있도록 시민적 덕성을 함양하도록 도와야 한다. 이것이 종교의 시민적 공공성이다. 코로나19가 극복의 대상이라는 것은 국가나 종교나 한마음政教同心일 것이다. 이제 국가와 종교 그리고 시민사회의 협화協和 혹은 공화共和적 영성이 무엇보다 필요하다.

종교는 지금이 한국사회에서 종교의 효용성을 확신시킬 중요한 시기라는 것을 직시해야 한다. 이번 코로나19에 대한 종교의 대처 방식은 분명 종교의 시민적 공공성 수준을 가늠하는 잣대 역할을 할 것임에 틀림없다. 어느 종교가 국가나 사회에 공적 책임을 실천하는 종교인지, 이 사회에서 종교가 과연 필요한지가 드러날 것이다. 이제 탈종교화 시대의 종교의 역할에 대한 모색에서 벗어나야 한다. 종교가 무엇인지, 시민사회의 일원으로서 종교의 역할이 무엇인지 근본적인 질문을 던지고, 그 해답을 찾을 수 있는 기회로 삼아야 한다.

문명 전환을 요구하다

현재 코로나19는 종교적 차원뿐만 아니라 문명사적으로 중요한 의미가 있는 위기이다. 질병들은 문명과 사회의 모순이 깊어질 때 대규모로 발생하며, 문명과 사회의 개혁에 의해 감퇴되어 왔다는 것은 생생한 문명사를 통해 학습됐다. 코로나19 역시 생물학적이고 의학적인 사건인 동시에 문명의 총체적 문제들이 드러난 산업문명의 부산물이다. 이처럼 코로나19는 우리에게 무엇이 진정한 참문명인지를 묻고 있다.

우리는 이번 코로나19로 인해 초래된 지구적 위기를 주의 깊게 관찰하고 문명적 위기를 돌아볼 필요가 있다. 분명한 것은 코로나19는 생태계를 파괴하며 성장과 발전을 주요 가치로 삼았던 현대 문명 특히 전지구적 자본주의 체제와 산업문명에 내재하고 있던 문제였기 때문이다. 이제 우리는 코로나19 이후를 준비해야 한다. 근본적인 원인을 묻고 그에 대한 대안을 찾아야 한다.

코로나19 사태에 대한 종교계의 성명 발표가 잇따르고 있다. 핵심 내용으로 과학기술 중심의 문명이 생태계의 위기를 비롯한 전지구적 위기를 초래했다고 진단하고, 이에 새로운 문명 전환을 요구하고 있다.

> 신종 코로나19 바이러스 감염 사태는 생태계를 파괴해 가며 성장과 발전을 이루고자 했던 현대 문명을 향해 지금이라도 방향과 태도를 바꾸라는 경고입니다. 우리가 지금과 같은 형태의 생태 파괴적인 삶을 이어간다면 앞으로 또 다른 변종 바이러스가 끊임없이 출현할 것입니다.… 이제라도 우리는 인간의 건강이 동물뿐 아니라 생태계 전체의 건강과 긴밀히 연결되어 있다는 사실을 속히 받아들여야 합니다. 우리는 생명 전체의 연계성 속에서 인간의 삶을 바라보며 '하나의 건강'One Health을 지향하는 문명사적인 전환기에 서 있습니다.*

* 개신교 21개 단체의 〈코로나19 사태 성명〉.

개신교계 21개 단체는 '코로나19 사태를 맞아 드리는 그리스도교 공동성명'을 통해 코로나19를 생명·생태적 삶으로의 전환의 경고로 파악하고 생명 전체의 연계성 속에서 인간의 삶을 바라보며 '하나의 건강'One Health을 지향하는 행복한 문명으로 전환할 것을 요구했다.

> 신종 바이러스의 근본 원인은 인간이 자연을 파괴하는 바람에 숲에서만 살던 바이러스가 인간을 숙주로 하여 인수人獸 공통 전염병으로 변형한 데 있습니다. 설혹 코로나19 바이러스를 퇴치한다 하더라도 제2, 제3의 신종 바이러스가 4-5년의 주기로 나타날 것입니다. 대중이든 지식인이든 정부든, 모두가 자연을 파괴하고 무한하게 성장을 지속시켜 온 삶과 체제에 대해 성찰하고 온 생명을 존중하고 이들과 공존할 수 있는 문명으로 전환해야 합니다.[*] 밑줄 필자 강조

정의평화불교연대 역시 합리적 성찰과 문명의 패러다임의 전환 필요성을 제기하면서 성장 중심의 체제에 대해 성찰하고 온 생명을 존중하고 공존할 수 있는 문명으로의 전환을 촉구했다. 최근 종교시민사회단체의 성명서에서도 자본주의 무한경쟁과 기후환경 위기에 대한 근본적인 성찰과 적극적인 문명 전환의 필요성을 요청했다. 이는 코로나19 사태를 문명적인 측면에서

* 정의평화불교연대 〈코로나19 성명서〉.

생명과 생태를 존중하는 태도의 변화 없이는 해결될 수 없는 문제로 보고 있음을 보여주는 것이다. 성장 중심의 자본주의적 산업문명에서 인간과 자연 등 모든 만물이 공생할 수 있는 문명을 제안하고 있다는 말이다.

물질적 성장에만 초점이 맞추어져 있는 산업문명에서 자연은 인간의 목적 달성을 위한 도구로 인식된다. 인간은 자연환경으로부터 자원을 채취하여 상품을 생산하고 유통·소비하며 성장을 구가한 대가로 자연 황폐화와 함께 동식물 종의 소멸을 초래했다. 성장을 위해 자연을 착취하여 생태계 위기뿐 아니라 인간 자신의 종말 위기를 초래한 것이다. 이번 코로나19 사태를 계기로 인간은 자연과 목적과 수단, 주체와 대상 관계가 아니라 유기적으로 이어져 있음을 깨달아야 한다. 코로나19는 우리에게 패더다임 전환을 통해 지속 가능한 문명 구축에 나설 것을 요구하고 있다.

서구 생태론자들은 생태 중심적인 우주관의 회복을 위해 애니미즘animism을 부활시켰고,* 변혁할 새로운 패러다임을 위해 동양의 종교사상에 주목했다. 대표적인 생명사상가인 김지하는 일찍이 문명의 근본적인 전환의 필요성을 주장하며 한국종교사상에 주목했다. 김지하는 새 문명 패러다임의 두 가지 원리를 우주생명의 유기적 관계성과 지배와 억압의 사유체계 청산으로 보았다. 즉 호혜적 상생의 사유체계로 나아가야 한다는 것이다.** 그는

---

* 유기쁨, 「애니미즘의 생태주의적 재조명-믿음의 방식에서 삶의 방식으로」, 『종교문화비평』 17, 2010 참조.

** 김지하, 「생명 평화의 길」, 『한족미학회』 3, 2005 참조.

무궁한 우주를 내 안에 모신 인간, 곧 우주생명을 되살리는 새로운 인간관을 제시했으며, 무생명까지도 우주적 공동체, 지구공동체로 인정하는 개벽적인 인식의 지평 즉 새로운 인간과 자연의 관계, 새로운 인간과 만물의 관계 정립과 과학과 종교의 결합을 통해 새로운 문명 창출을 지향했다. 성 프란치스코 교황은 회칙 〈찬미 받으소서〉를 통해 인간이 초래한 생태 위기의 근원인 기술만능주의와 인간중심주의를 비판하고, 지구를 더불어 사는 집으로 비유하면서 세상의 모든 것이 연결되어 있다는 통합적 생태론을 주장했다. 그는 바오르 6세 교황의 "산업문명의 역효과에 따른 생태적 재난의 가능성"과 "과학적 발전과 사회적 도덕적 발전이 함께 이루어지지 않는다면 결국 인간을 대적하게 될 것"이라는 언급을 주목하면서 돌봄의 문화문명를 제시하기도 했다.*

종교계는 오래된 미래처럼 이미 오래 전부터 개개생명은 서로 연결되어 있다불교의 '緣起'고 말했으며, 특히 최근 들어 천도교의 '천지부모天地父母'·'만물동포萬物同胞', 원불교의 '사은四恩' 등의 교리로 새로운 생명공동체에 기반한 문명 전환을 제안했다. 이러한 새로운 생명공동체의 전환은 인간과 인간, 인간과 자연, 모든 만물이 서로 고립되고 대립하고 상극하는 정복과 피정복의 관계가 아니라 커다란 전체로서 하나이며, 개체적 차별성 속에서도 서로 연대和而不同하고 공생하며 순환하고 상생하는 관계라는 사실을 깨닫는 새로

---

* 성 프란치스코, 『찬미받으소서-공동의 집을 돌보는 것에 관한 규칙』, 한국천주교주교회의 옮김, 한국천주교중앙협의회, 2015 참조.

운 문명의 질적 전환으로 해석된다. 따라서 코로나19라는 문명적 위기를 근본적으로 극복하기 위해서는 인간과 자연, 만물이 공생하는 문명의 수립이 뒤따라야 한다.

생태계 문제는 과학, 기술, 경제, 도덕의 문제와 복합적으로 연결되어 있다. 종교는 생태계 위기 극복을 위해 세계관을 형성하는 데 중요하다. 많은 생태담론은 근대문명의 심각한 폐해에 대한 문제의식에서 출발했다. 생태론자들이 각종 생태환경 문제에 직면해서 과학이나 테크놀로지보다는 종교에 관심을 나타낸 것 역시 서구적 근대의 폐해를 극복하려는 의지와 밀접하게 연관된다. 종교의 핵심은 생명평화에 있다고 해도 과언이 아니다.

이제 종교는 생태 중심적인 세계관을 시민적 공론장에 확산시켜 생태적 위기를 근본적으로 극복할 수 있는 촉매 역할을 담당해야 하며, 생태영성 중심의 생명평화의 실천으로 나아가야 한다. 이것이 바로 코로나19가 종교에게 던져준 물음이며 해답이라고 할 것이다.

종교와 감염

—신천지와 종교 바이러스

이창익

만남의 질병

2019년 12월 중국 우한武漢에서 코로나19로 인한 발병이 시작되어 2020년 1월 10일 중국에서 첫 사망자가 나올 때까지만 해도, 그리고 얼마 지나지 않아 1월 19일 한국에서 첫 번째 확진자가 나올 때까지만 해도, 우리는 현재의 전무후무한 상황을 전혀 예측하지 못했다. '신종코로나바이러스감염증', '우한 폐렴' 등으로 불리며 정확한 이름조차 갖지 못한 채 확산되던 이 전염병은 중국이 확진자 4만 명 사망자 1천 명, 한국이 확진자 27명을 막 넘어서던 2월 11일이 돼서야, '코로나바이러스감염증-19', 약칭 '코로나19'라고 명명되며 그 실체를 인정받았다.

자기 이름을 갖자마자 국내에서 코로나19의 전염 속도는 현저히 떨어졌고, 문재인 대통령은 코로나19는 곧 종식될 것이므로 이제 국민들이 서서히 일상으로 복귀해야 한다는 취지의 발언을 했다. 그러나 2월 20일 국내에서 첫 사망자가 나왔고, 2월 18일까지 31명에 불과하던 확진자는 19일 51명, 20일 104명, 21일 204명, 23일 602명으로 매일같이 폭증하기 시작했다. 이 글을 쓰고 있는 4월 18일 현재 국내 확진자는 10,635명, 사망자는 230명이다. 또한 미국은 70만 명, 이탈리아는 17만 명, 스페인은 19만 명 이상의 코로나 확진자가 발생했으며, 전 세계적으로 222만 명 이상의 확진자와 15만 명 이상의 사망자가 발생했다.

그런데 코로나19는 삶의 구석구석을 파고들어 우리가 이미 알고 있던 온갖 격차, 차이, 다름, 거리를 나열하면서 사회를 일종의 '차이의 가상극장'으로 변환시켰다. 이제는 인간관계를 규정할 새로운 윤리학이 필요한 것 같았다. 코로나19는 주로 노령자의 약하디 약한 생명이나 중증 환자의 얼마 남지 않았을지도 모를 애처로운 생명을 탐식하는 '비겁한 질병'이었다. 그래서 코로나19는 질병을 대하는 태도와 사망자 분포도 등을 통해 '연령 격차'를 가시화시켰다. 마치 코로나19는 '나의 늙음'과 '나의 질병'을 측정하는, 또는 '나의 건강 상태'를 보증하는 바이러스인 것 같았다. 이 바이러스는 내밀하게 내 몸 밑에 감추어진 것들, 내가 감추고 싶어 했을 육체적 퇴락을 가감 없이 표면에 끌어올려 가시화시킬 수 있었다. 코로나19는 태생적으로 인간의 비밀을 혐오하는 것 같았다. 코로나19는 우리가 이미 알고 있었지만 모른 체했던 비밀들을 하나씩 꺼내들기 시작했다.

2월 초부터 각 대학은 3월 초로 예정된 개강을 연기하기 시작했고, 졸업식이나 입학식 같은 모든 '학교 의례'도 취소되었으며, 이후 '비대면 강의'라는 생소한 이름하에 대학 수업은 모두 온라인 강의로 전환되었다. 2월 말에는 유치원과 초중고의 개학도 연기되었고, 한 달 이상이 지난 4월 9일부터 고3과 중3을 필두로 4월 20일까지 순차적으로 온라인 개학이 시작되고 있다. 그런데 온라인 강의 또는 원격 강의는 계속 회자되던 '미디어 격차'를 가시화시켰다. 누구나 집에 인터넷과 와이파이망을 구축하고 있고, 누구나 웹 카메라와 마이크가 달린 데스크탑이나 랩탑 컴퓨터 한 대쯤은 가지고 있어야만 가능한 '개강 시나리오'가 당연한 것으로 여겨졌다. 모든 국민이 잠재적 유튜버가 되지 않으면 안 되는 새로운 현실이 열리게 된 것이다. 이제 더 좋은 컴퓨터를 가지면 공부를 더 잘할 수 있을 것만 같았다. 그러나 사실 더 좋은 도구가 더 좋은 교육을 가능하게 한다는 것은 우리가 이미 알고 있는 교육계의 현실이었다.

우리에게 다른 선택지는 없다는 말이 계속 들려온다. 우리는 흔들리는 사회를 유지할 다른 방도를 찾을 수 없었다. 온라인 쇼핑몰이 없었다면, 스마트폰이 없었다면, 컴퓨터와 인터넷이 없었다면, 우리의 사회는 진작 마비되었을 것이다. 그러고 보면 코로나19는 지독히도 현대사회에 잘 어울리는 질병이었다. 우리는 가급적 몸의 운동을 정지한 채 컴퓨터 스크린이라는 작은 숨구멍 하나만을 입에 물고 살아야 했다. 그래도 숨은 쉴 수 있었으니까. 이제 앞으로 인간의 모든 접속은 언제든 감염의 온상으로 돌변할 수 있었다. 만나지 않으면 모든 게 해결될 것 같았다. 사람이 만나는 바람에 생기는 질병이라니! 하지만 우리는 이미 알고 있었다. 만남이 우리의 질병이라는 것을, 관계가 우리를 병들게 한다는 것을, 우리는 이미 알고 있었다. 그러나 우리는 도저히 만남을, 관계를 멈출 수 없었다. 코로나19는 마치 이 모든 것을 알고 있다는 듯, 우리의 만남을 중지시켰다. 코로나19가 품고 있는 종교적 메시지를 누구도 해독하지 않고 있는 것이 이상할 정도였다.

거리의 존재들

'사회적 거리두기'라는 표현이 등장하기 전부터 사람들은 마스크라는 가면을 쓰지 않고 집 밖에 나서는 것을 두려워하기 시작했다. 원래 인간은 상대방의 얼굴을 인지할 수 없을 때 불안감을 표출하지만, 이제는 가면을 착용하지 않은 생얼굴이 공포와 혐오의 대상이 되었다. 가면을 쓰지 않은 사람들에 대한 혐오, 가면을 구하지 못한 사람들의 아우성이 터져 나왔다. 사람들은 이제 두통약을 구하듯 약국에 줄을 서서 가면을 샀고, 가면 뒤에 숨을 때 비로소 생존의 희망을 발견했다. 가면 뒤에서 미추의 구별은 눈 녹듯 사라지기 시작했다.

모두가 가면을 쓴 채 얼굴을 지우고 차이를 없애고 있었지만, 그 안에서 우리가 억누르고 있던 진짜 차이들이 한꺼번에 분출하기 시작했다. 가장 놀라운 것은 그토록 강인했던 난공불락의 사회가 일순간 이렇게 쉽게 전도될 수 있다는 사실이 주는 근원적인 불안감이었다. 그동안 내가 믿고 의지하던 확고한 가치와 신념조차 순식간에 흔들거리기 시작했다. '나의 생명'보다 중요한 가치는 아무것도 없다는 적나라한 인식이 아무런 수치심 없이 봇물처럼 터져 나왔다. '나의 생명'을 조금이라도 위협할 수 있는 오염된 인간의 동선은 아무리 비난받아도 지나치지 않았다. 도대체 우리는 이제 앞으로 어떻게 살아야 할까?

많은 직장들이 하나 둘 재택근무를 실시하기 시작했다. 그러나 재택근무를 할 수 없는 직종의 종사자들은 위험을 무릅쓰고 더 열심히 움직여야 했다. 우리는 온라인으로 물건을 사지만, 물건이 온라인으로 도착하진 않는다. 택배기사로 일컬어지는 사람들이 우리의 참 멋진 '비대면 온라인 시장'을 유지하는 배후의 존재들이다. 멋지게 회전하는 손목시계의 시침 아래 놓인 수많은 톱니바퀴 같은 사회적 존재들이 있다. 우리는 누구든 또 다른 모습의 톱니바퀴일 것이다.

우리는 서로 다른 모습으로 사람들 사이에 벌어진 '거리의 공백'을 채우고 있다. 그렇더라도 전혀 '사회적 거리'를 둘 수 없는 사람들, 아니 항상 '사회적 거리' 안에만 존재하는 사람들이 있다. 코로나19는 우리에게 '사회적 거리' 안에 살고 있는 사람들, 그러한 '거리의 존재들'을 보여주었다. 우리가 딛고 있는 무수한 거리, 그리고 그 거리를 떠받치는 사람들이 있다. 우리가 만나지 않을수록 누군가는 그 거리 안에서 더 바삐 움직여야 했다. 그렇게 '직종의 차이'가 자아내는 불편한 진실이 눈앞에서 어른거렸다. '직종의 차이'는 언제든지 '생명의 차이'로 전환될 수 있었다.

코로나19는 인간과 인간의 접촉이 이루어질 때 비로소 확산을 시작했다. 손과 손을 잡는 식의 신체적 접촉이 있어야만 바이러스가 전파되는 것은 아니었고, 사람의 입에서 나온 비말이 일정한 거리 내에 있는 다른 사람의 눈, 코, 입 속으로 들어갈 때 전파가 이루어졌다. 얼굴이 문제였다. 그래서 우리는 서로 '얼굴의 문'을 닫아야 했다. 물론 바이러스는 출입문 손잡이나 엘리베이터 버튼처럼 우리의 손이 쉽게 닿는 부분에 잠복하기 때문에, 손에 살균제를 뿌리고 비눗물로 30초 이상 손을 씻어 바이러스를 녹여 없애야 했다. 사람과 사람이 공유하는 온갖 물체에 바이러스를 제거하기 위한 화학 약품이 뿌려졌다. 가면을 쓰지 않은 자는 동네 마트에 들어가서 물건을 살 수도 없었고, 많은 가게들은 가면을 쓰지 않은 자를 마지못해 환영했다. 낯선 자들과 함께 모여 식사를 하는 예식장이나 장례식장처럼, 집합의 자리에서 무턱대고 입을 벌리는 일은 그야말로 미친 짓이었다.

우리는 이미 에이즈를 통해 인간의 가장 내밀한 접촉이 얼마나 위험할 수 있는지를 경험했다. 그러나 코로나19는 인간들의 가장 피상적인 접촉에도 저주의 열기를 쏟아붓고 있었다. "떨어져라! 붙어 있지 마라!"라고 계속해서 외치고 있는 것만 같았다. 바이러스는 너무 다닥다닥 붙어 있는 인간들의 틈을 더 넓게 벌리려는 듯 계속해서 진화하고 있는 것만 같았다.

낯설지 않은 사람이라도 사정은 마찬가지였다. 연인과 연인이 서로를 의심했고, 부모와 자식이 서로를 의심했고, 선생과 제자가 서로를 의심했고, 이웃이 이웃을 의심했다. 모든 인간관계의 기본이 의심이라는 가장 기초적인 진실을 알려주려는 듯, 코로나19는 계속해서 판도라의 상자를 열고 닫기를 반복했다. 그렇지만 인간은 몸을 열어야 살아갈 수 있다. 눈을 떠야 하고, 입을 열어 말을 하고 음식을 먹어야 한다. 살아 있을 힘을 얻기 위해 인간은 누군가의 손을 꼭 쥐기도 해야 하고, 누군가의 눈 속에서 신뢰의 온기를 느끼기도 해야 하고, 세상살이 혼자가 아니라는 듯 누군가의 품에 안기기도 해야 한다. 그러나 코로나 19는 우리에게 몸을 닫도록 요구했다. 우리는 서둘러 인사도 없이 열었던 몸들을 닫기에 바빴다. 함부로 몸을 여는 자, 그는 바이러스의 숙주가 될 것이었다.

이러한 상황 속에서 '사회적 거리두기'라는 구호가 어느새 일상을 장악했다. 사람과 사람 사이의 접촉이 사라지면 바이러스는 새로운 숙주를 찾지 못한 채 하나의 몸 안에 갇혀 사멸하고 말 것이다. 바이러스가 뛰어넘을 수 없을 정도로 인간과 인간의 거리를 확보하는 것이 중요했다. 이 거리는 전염을 방지하는 거리, 죽음의 그림자를 지우는 거리였다. 그러나 모든 인간이 '안전거리'를 확보할 만큼 드넓은 사회적 공간이 애당초 우리에게 존재하기나 했던 것일까? 거리를 줄이고 거리를 지우는 것을 미덕으로 삼았던 우리가 과연 '거리 만들기'에 성공할 수 있을까?

감염하는 종교/감염된 종교

다시 이야기를 앞으로 되돌려 보자. 국내에서 31번 확진자가 발생하기 전까지, 정부는 코로나19 확진자의 접촉자와 발병 추정일 전후의 동선을 상세히 공개하고 있었다. 사생활 침해 논란이 있었지만, '공익'과 '생명'이라는 단어 앞에서 어떤 사생활도 자유와 보호를 강변할 수 없었다. 공익에 협조하지 않는 코로나19 확진자는 어떤 살인자보다 더 극악할 수 있다는 인식이 팽배했다. 코로나19의 확산 초기에 사람들은 질병보다도 동선의 전 국가적인 공개를 더 두려워했다. 질병에 걸리는 순간 내가 할 일은 내가 언제 어디서 누구를 만나 무엇을 했는지 남김없이 빠짐없이 고백하는 것이었다. 하나라도 진실이 아니면 전 국민의 지탄을 받을 수밖에 없었다.

적어도 2월 18일 31번 확진자까지는 어느 정도 완벽한 동선 파악이 가능했고, 이를 토대로 한 방역과 접촉자들의 격리가 가능했다. 그러나 2월 19일부터 31번 확진자의 접촉자들이 확진자로 진단되기 시작했다. 그런데 31번 확진자의 접촉자 수가 2월 19일 166명에서 그다음날 1,160명으로 폭증하면서, 이제 더 이상 동선 파악도 이를 토대로 한 방역도 불가능한 상황에 이르고 말았다. 확진자의 모든 동선을 파악할 수 없게 되었고, 이로 인해 코로나19 바이러스의 동선도 인간의 시야에서 사라지고 말았다. 코로나19는 더 이상 추적할 수 없게 수면 밑으로 가라앉아 버렸다.

이로 인해 31번 확진자는 '슈퍼전파자'라는 이름을 얻게 되었지만, 우리가 놀랄 일은 아직 더 남아 있었다. 어떻게 사회의 움직임이 냉각돼 있던 코로나 시국에 단시간에 그렇게 많은 사람과 접촉할 수 있었단 말인가? 2월 18일부터 31번 확진자의 동선과 관련하여 서서히 '신천지 대구교회'라는 표현이 언론에 등장하기 시작했다. 결국 2월 21일부터 신천지 대구교회 신도 1만여 명에 대한 전수 조사가 이루어지기 시작했고, 3월 24일 현재 그중 4, 383명이 확진 판정을 받았다. 아마도 신자 수의 규모에 많은 사람들이 놀랐을 것이다. 그리고 수백 명의 사람들이 '사회적 거리두기'를 무시한 채 한 장소에 밀집하여 장시간 예배를 보고 있는 신천지 예배 사진 등이 공개되면서, 사람들은 종교계와 언론계로부터 '이단'이라 질타 받는 신종교 집단이 지닌 어마어마한 '종교적 힘'의 존재에 주목하기 시작했다.

또한 신천지 신자들의 활발한 지역 간 교류뿐만 아니라 왕성한 활동력과 응집력 등이 세간의 시선을 끌었고, 타 지역 신천지 신자들 가운데 확진자가 나오면서 2월 25일에 정부는 '전국 신천지 교회 신도 전수 조사' 카드를 꺼내 들었다. 조사는 빠른 속도로 이루어졌고, 3월 3일경 20만 명에 가까운 신자에 대한 전수 조사가 99% 완료되었다.

가장 주목받은 것은 신종교가 지니고 있는 '거리 지우기'라는 반사회적인 힘이었다. 특히 이단이라 비난받는 신종교는 '신체의 밀착'을 넘어 '정신의 접합'을 추구하는 것처럼 보였다. 코로나19를 떠나서 신천지는 사회가 요구하는 기초적인 거리를 무시하는 것처럼 보였다. 그들에게 '거리'는 곧 사회가 어깨에 걸쳐 놓은 무거운 짐인 것처럼 보였다. 신천지는, 나아가 신종교는, 아니 종교라는 것 자체가 사람 사이의 틈을 보면 참지 못하고 메우려고 하는 경향을 지니고 있는 것 같았다. 모든 공백에 저항하고, 모든 간격을 지우고, 모든 틈을 막는 데 온 에너지를 쏟는 것이 종교 같았다. 그렇다면 신천지야말로, 아니 신종교야말로, 아니 종교야말로 코로나19가 가장 좋아하는 먹잇감처럼 보였다. 코로나19는 '거리 없음', 밀착, 접촉, 만남, 공동식사, 그리고 열정적인 기도와 찬가와 몸짓의 산물이기 때문이다.

종교라는 것 자체가 접촉의 산물이자 전염의 폐쇄회로처럼 보였다. 종교는 전염을 먹고 사는 기이한 집합체, 비슷한 증상을 보이는 감염 공동체인 것 같았다. 바로 이 지점에서 코로나19와 신천지의 접속이 시작되었다. 코로나19가 신체적 질병이듯 종교는 정신적 질병이었다. '이단 증후군', '종교 증후군'을 내보이는 신자들의 공동체, 그것이 종교였다. 그래서 당연히 종교는 바이러스의 좋은 먹잇감 같았다. 종교적 믿음도 바이러스처럼 사람들 사이에 침투하여 스스로를 확장하지 않는가? 종교에 적대적인 사람들은 이제 할 말이 많아진 것 같았다. 그리고 종교인들은 코로나19에 감염된 종교와 그렇지 않은 종교가 있다는 주장을 펼치기 시작했다. 코로나19에 감염되지 않은 종교야말로 진정한 종교, 즉 사회적 기대에 부응하는 '참 종교'처럼 여겨지기 시작했다. 신천지는 졸지에 '감염하는 종교'에서 '감염된 종교'로 자리 이동을 하였다. 이제 신천지의 몰락, 신종교의 몰락이 시작되고 있는 것처럼 보였다.

전도관, 장막성전, 그리고 신천지

이제는 조금 다른 이야기를 해 보려 한다. 나는 최근에 틈틈이 신천지 관련 자료를 단편적으로 살펴보고 있다. 현재 내 손에 신천지 측에서 발간한 책자는 거의 없다. 그러다 보니 현재 나로서는 신천지에 대해 아주 초보적인 이야기만 할 수 있을 뿐이다. 잘못된 부분은 지적을 받아 차차 고쳐 나가려 한다. 그러나 쉽게 구할 수 있는 신천지 관련 연구나 자료를 보면 세세한 부분에서 서로 어긋나는 내용들이 많다. 신종교에 대한 발언은 언제나 그러한 취약성에서 출발할 수밖에 없다.

아래 이야기는 대부분 언론 기사나 인터넷 자료, 그리고 탁명환의 『기독교

이단연구』1986와 개정판 『한국의 신흥종교: 기독교편 3권』1992, 탁지일의 『사료 한국의 신흥종교』2009, 국제종교문제연구소의 『한국의 신흥종교: 자칭 한국의 재림주들』2002, 문화공보부의 『한국 신흥 및 유사종교 실태조사보고서』1968에 근거한 것이다. 연구물이나 책 등에서도 날짜와 사건 기록 등에 차이가 있어서, 좀더 정확한 내용 복원을 위해 얼개만을 다듬어 보았다. 참고한 자료 안에서 서로 상이한 대목은 임의로 가장 적합한 것을 골라 선택적으로 기록하였다.

신천지의 공식 명칭은 '신천지예수교 증거장막성전'이다. 최근에는 대외적으로 '신천지 예수교회'라는 표현을 사용하고 있는데, 아무래도 공식 명칭이 풍기는 모호성이나 사회적 선입견 때문인 듯하다. 이름을 잠깐 분석해 보면 다음과 같다.

신천지新天地는 '신천신지新天新地', 즉 새로운 하늘과 새로운 땅을 의미한다. 'New Heaven, New Earth'라는 말은 천년왕국 운동에서 흔히 쓰는 표현이므로, 신천지가 종말론을 표방하고 있다는 것을 쉽게 알 수 있다. 신천지는 기독교 성서 가운데 '요한계시록'을 세계를 해석하는 가장 기초적인 종교적 시나리오로 사용하고 있다. 신천지 측에서는 다른 한국 개신교는 '칼빈교', 신천지는 '예수교'라는 식으로 구별을 짓는데, 결국 신천지가 종교개혁에 의해 혼탁해진 본래의 기독교 정신을 살린 예수 중심, 예수 회복의 기독교라는 것을 강조하고 있는 것으로 보인다.

'증거장막'이라는 말은 "그 뒤에 내가 또 보니 하늘에 있는 증언의 천막 성전이 열리고 일곱 재앙을 가진 일곱 천사가 성전에서 나왔습니다." 요한계시록

15:5라는 성서 구절에서 따온 표현이다. 증거장막성전은 '일곱 천사가 나오는 증거장막'의 역할을 하는 성스러운 집이라는 의미일 것이다. 일곱 천사가 바로 신천지에서 말하는 '추수꾼'이다. 신천지 '추수꾼'은 기존 기독교인을 신자로 포섭하는 것으로 유명하다. 기본적으로 요한계시록에 근거하여 기독교인 가운데 '알곡'과 '가라지'를 분리하는 역할을 하는 자를 '추수꾼'이라 부른다. 또한 신천지에서는 교회를 '산山'이라고 부르며, 소형 교회를 정복하여 신천지 교회로 변화시키는 것을 '산 옮기기'라고 부른다. 산을 모아서 신천지의 더 큰 산을 만든다는 의미를 갖는 것으로 보인다. 산은 하늘과 땅이 가장 가깝게 근접하는 곳이므로 종교사에서는 신전이나 교회를 흔히 '산'으로 표현하는데, 신천지의 '산'이라는 표현도 여기에서 유래한 것이 아닌가 생각된다.

여러 연구자들의 글을 보면 흔히 박태선의 전도관천부교과 문선명의 통일교의 접점에서 신천지가 탄생한 것으로 그려진다. 기록들이 일관되지 않아 잘못된 부분은 재검토 후 수정할 생각이다. 여기에서는 신천지라는 종교단체를 이해하기 위해 신천지가 탄생하기까지 이만희 총회장이 걸었던 길을 간략히 더듬어 보려 한다.

1931년 경북 청도에서 출생한 이만희는 17세 무렵 우연한 기회에 경복궁 앞 천막교회에서 세례를 받았다. 그리고 고향에 내려가 살던 1957년에 그는 『박군의 심정』이라는 전도용 소책자와 『학생 문장독본』을 탐독한 후에 몇 차례에 걸쳐 일종의 신비체험을 하게 된다. 그 뒤에 그는 1957년에서 1966년까지 10년 정도 박태선의 전도관에서 활동했다. 그러므로 이만희는 전도관의

'육신영생신앙'에서 일정 부분 영향을 받았을 것이다.

전하는 바에 의하면, 이만희는 10년 동안 전도관에서 건축 미장일을 하며 많은 고생을 했으며, 장막성전에 와서도 2년 동안 미장일을 했다고 한다. 미장 기술을 가진 노동자 신자였던 셈이다. 소탈한 듯하면서도 강단 있는 그의 현재 모습도 그런 데서 이유를 찾을 수 있지 않을까 한다. 그러나 뭐라 해도 이만희의 신천지는 유재열의 장막성전을 모태로 삼았다. 이만희는 전도관을 나와 1967년에 1969년이라는 기록도 있다 유재열의 장막성전 대한기독교장막성전 에 들어간다. 장막성전의 신도들 가운데 상당수는 박태선의 전도관 출신이고 나머지도 기존 기독교인이었다고 한다.

유재열 1949년생 에 대해 가장 인상적인 기록은 그의 신비체험에 관한 내용이다. 유재열은 원래 서울 동작구 상도동 사자암 인근에 있던 김종규 김용기 의 호생기도원 好生祈禱院 출신이다. 호생기도원도 종말론을 설파했다. 당시 치병, 안수, 안찰, 방언, 방언통역, 신유 등을 강조한 호생기도원의 신도는 500명 이상이었다고 전해진다.

유재열의 어머니가 호생기도원에서 '중국어 방언'을 구사했고, 이에 자극받아 기계체조 선수이던 유재열은 1964년 무렵 일본 원정 시합에 참가하기 위해 '일본어 방언'을 배우러 호생기도원에 나가기 시작했다고 한다. 성령을 받아 외국어를 배우기 위해 학원이 아니라 기도원에 간 것이다. 나중에 장막성전에서는 방언 glossolalia, 方言 이 예배의 중심을 차지한다. 탁명환에 의하면, 장막성전의 일곱 천사 직책에 있는 사람들이 방언을 하면 유재열이 통역을 하거나, 모세의 영이 빙의하여 사람들이 방언을 했다고 한다.

유재열은 방언뿐만 아니라, 신이 연필에 내려 저절로 글을 쓰는 강필降筆 능력도 있었다고 한다. 호생기도원이 1965년 10월에 경기도 시흥군 과천면 막계리 저수지 윗편 청계산으로 옮기자, 50여 명의 신도와 함께 유재열도 그곳으로 옮아간다. 신도들은 토담집을 짓고 살았다고 한다. 처음에는 여신도로 구성된 12천사 조직이 있었다고 전해진다. 그러나 얼마 후 1965년 말에 유재열 일파김창도, 백만봉, 정창래, 신광일 등 장막성전의 일곱 천사는 성추문과 관련해 김종규를 비난하면서 호생기도원과 결별한다. 김종규는 48세대 200여 명의 신도들과 함께 1966년 11월에 과천을 떠나 충북 중원군 산척면 석천리 천등산 정상으로 호생기도원을 옮긴다.

1966년 3월 1일, 유재열은 일종의 신비체험을 한다. 유재열이 두루마리를 먹고 다시 입 속에서 종이테이프를 꺼내 이것을 묶어 성경책을 만들어 읽는 과정을 29명또는 27명이 지켜보는 집단적인 환각 체험이 있었다고 전해진다. 다른 기록에 의하면, 두 손이 유재열의 눈앞에 나타나 손에 들고 있는 두루마리를 먹으라고 명령해서 이를 받아 먹었더니, 처음에는 그것이 쓴맛이었지만 나중에 단맛으로 변하면서 유재열의 입에서 실 같은 것이 뻗쳐 나왔다고 한다. 이 신비체험으로 인해 1966년 3월14일부터 6개월간 기도하고 1966년 9월 24일에 '하나님이 계시한 장소'에 장막성전을 건립했다고 한다. 이때 '두루마리를 받아 먹은 어린양'이었던 유재열의 나이는 불과 19세였다. 기계체조 선수였던 유재열이 자유자재로 성서의 모든 구절의 짝을 맞추면서 설교를 하는 모습을 보고 사람들이 감동을 받은 것 같다. 아마도 유재열의 '영적 능력'이 가장 극에 달한 시기였던 것으로 보인다. 기록에 따라 날짜는 조금씩 달라진다.

이만희가 장막성전에 들어간 것도 이때였다. 그러므로 이만희는 신비체험으로 매우 강렬한 종교적 분위기가 형성돼 있던 초창기 장막성전에 들어간 것이다. 그런데 장막성전에서는 1969년 9월 14일창립 후 3년 반에 종말이 온다고 주장했는데 종말 예언의 실패로 다수 신도가 탈퇴하고, 이만희도 이 무렵 장막성전을 탈퇴한다. 1967년에 유재열이 금은방을 차리고, 1968년에 진흙벽돌공장을 차린 것으로 보아, 본인 스스로도 종말을 믿지 않았다고 하는 비난도 있는 것 같다. 그리고 1971년 9월에 이만희는 유재열을 고소한다. 이때 이만희가 장막성전을 사기, 재산 갈취 등의 혐의로 비난했다고 하는데, 자세한 내용은 아직 알 수 없다.

1960년대 말에 통일교의 영향을 받은 목영득이 장막성전에 와서 이만희, 백만봉 등에게 영향을 끼쳤고 이후 쫓겨난 것으로 보인다. 그리고 장막성전을 나온 이만희는 목영득의 '제8일교회'의 핵심 멤버였다고 한다. 신천지와 통일교의 관련은 주로 목영득 때문에 불거진 것으로 보인다. 또한 『신탄神誕』1985이라는 신천지 교리서를 쓴 김건남과 김병희가 통일교 신자였던 진진화의 '생령교회' 출신이었다고 하며, 이로 인해 신천지와 통일교가 엮이기도 한다. 그러나 성서의 창세기에 집중하는 통일교와 계시록을 강조하는 신천지는 차이가 있다.

다른 인터뷰 기사를 보면, 이만희는 장막성전의 유재열과 원수처럼 결별하고 나서 7년 동안 고향인 경북 청도에 내려가 살았다고 한다. 이만희는 장막성전의 핵심 멤버는 아니었다. 장막성전의 7천사 가운데 한 명이었던 백만봉도 1970년에 유재열과 갈등하며 장막성전을 탈퇴한다. 그리고 7년 후인 1977년에 백만봉은 서울 삼각지에서 '솔로몬재창조교회'를 설립한다. 이만희는 재창조교회의 12제자 가운데 한 명이었다고 한다. 재창조교회도 1980년 3월 14일 종말을 주장했다. 백만봉은 1980년 3월 14일에 청계산에서 아침에 뜨는 해를 멈추겠다고 장담했다가 실패하게 되고, 이로 인해 이만희는 백만봉과 결별했다고 한다.

그 후 유재열이 자신과 장막성전을 비난하는 유인물로 인해 이만희와 홍종효를 명예훼손 혐의로 고소하고, 1980년 10월 27일에 둘은 구속되며 1981년 2월 2일에 선고 유예로 풀려난다. 몇 년 뒤 1984년 3월 14일에 이만희는 '장막성전'과 '재창조교회'를 함께한 홍종효와 더불어 '신천지예수교 증거장막성전'를 창립한다. 이처럼 역사적으로 3월 14일은 종말 예언의 실패, 또는 예언의 시작 등을 상징하는 신천지의 중요한 날짜이다. 홍종효는 1987년 신천지를 나와 종로구 홍제동에 '증거장막성전'을 세워 활동하다가 2012년 사망했다. 이만희는 1990년 6월 12일에 서울 서초구 방배2동에 신학교육원을 세워 무료성경신학원시온기독교신학원을 시작했다.

이 밖에도 새마을전도회천국복음전도회의 구인회, 새빛등대중앙교회세광중앙교회의 김풍일, 무지개증거장막성전의 심재권, 성남장막성전의 정창래 등이 전도관과 장막성전의 계보를 잇고 있는 것으로 알려져 있다. 유재열이 1975년에 사기 혐의 등으로 구속되었다가 풀려난 뒤, 유재열의 장막성전은 1980년에 오평호 목사에게 넘어가고, 그 후 대한예수교장로회 이삭교회로 변신한다. 이삭교회는 특히 탁명환 씨와 관련하여 논란이 많았기 때문에, 사실 다른 추가적인 조사가 필요하다. 이만희의 설교에서도 탁명환은 매우 중요한 인물로 등장한다. 최근 신천지와 코로나19를 옴 진리교와 사린 가스에 빗대는 터무니없는 글이 인터넷을 떠돌기도 했다. 그러나 전도관이나 장막성전의 맥락에서 볼 때, 신천지의 종말론은 옴 진리교의 그것과 매우 다르다. 청계산 언덕에 올라 막 떠오르는 해를 멈추려 한 백만봉과 이를 지켜보았을 이만희를 상상해 보라!

우리는 살아가면서 같은 생각과 같은 목표를 지닌 사람을 몇 사람이나 만날 수 있을까? 그러나 기독교계 신종교의 계보를 훑으면서 우리는 비슷한 종교적 생각을 공유하며 집단생활을 하던 수십 명, 수백 명, 수천 명의 사람들을 쉽게 만날 수 있다. 종교적 사유는 일종의 종교적 감염을 통해 진화하고 성장한다. 신종교는 홀로 뚝 떨어져 단독적으로 발생하지 않는다. 이만희든 유재열이든 그들이 받았다고 주장하는 '계시'조차도 사실은 종교적 감염의 산물일 수밖에 없다. 일정한 종교적 분위기와 종교적 자극이 주어지지 않는다면, 즉 종교적 감염이 없다면, 신종교의 계보도 존재하지 않을 것이다. 마치 코로나19가 그러하듯, 신종교도 그저 원형을 반복하는 것이 아니라, 계속해서 원형을 수정하고 변경시키면서 끊임없이 '시대적 적합성'을 추구한다. 그러한 점에서 20만 명 이상의 신도를 보유한 신천지는 성공한 '종교 바이러스'임에 틀림없다. 그러나 종교든 사상이든 예술이든 모든 것은 '바이러스'에 비유될 수 있다. 문화라는 것 자체가 바이러스처럼 퍼지면서 수정과 변형을 거쳐 스스로를 확장한다. 내가 쓰고 있는 이 글조차도 '워드 바이러스'일 수밖에 없다.

신천지의 미래

최근 신천지와 관련한 여러 글, 기사, 댓글 들을 읽으면서, 예전에는 할 수 없던 여러 가지 생각이 머릿속을 맴돈다. 신천지를 소재로 한 '종교와 질병'에 대한 외국 학자의 글도 흥미로웠다. 그러나 '종교적 전염'과 '코로나 바이러스의 전염'을 단순 비교할 때, 우리는 종교를 퇴치해야 할 부정적 바이러스로 묘사하는 순진한 논리에 빠지기 쉽다. 하지만 코로나19가 신천지라는 사회적으로 거의 보이지 않던 '종교 바이러스'의 존재를 산술적인 수치를 통해 또렷이 가시화하며 매핑하고 있다는 것은 분명하다. 지금껏 어떤 연구자도, 이단 감별사도 해 내지 못한 일을 코로나19가 해 내고 있는 것이다.

신천지가 1,100개에 달하는 전국 각지의 시설, 21만 2천 명의 전체 신도 명단 등을 공개한 것은 얼마 전까지만 해도 도저히 상상조차 할 수 없는 일이었다. 신종교를 조금이라도 연구한 사람은 다 알 만한 일이다. 누군가는 여전히 비밀조직이 있고, 비밀 모임이 있으니 위험하다고 말한다. 나는 이런 분들에게 그냥 시간이 나면 동네 스타벅스에 가 보라고 권하고 싶다. 사실 이 정도 규모의 '오픈'은 신천지의 입장에서 엄청난 결단이 필요한 일이었다. 놀라운 것은 21만 2천 명이라는 신도 명단이다. 탈퇴자나 허위 신도가 있더라도, 숫자만으로 본다면 현재 한국에서 전체 종교 4위의 신도 수가 아닌가?

내가 관심을 갖는 것은 '신천지의 미래'에 관한 일이다. 현재 상황에서 신천지는 엄청난 비난을 받고 있지만, 역으로 공적 담론에서, 특히 정치적 언어에서 상대적으로 어엿한 '종교단체'로 대접을 받고 있다. 이것은 신천지가 코로나19로 인해 얻은 어마어마한 부수적 이익이 될 것이다. 정부의 입장에서는 신종교의 위험성뿐만 아니라, 신종교를 공적 영역 안에 어떤 식으로든 포함시켜 관리해야 할 필요성을 뼈저리게 느꼈을 것이다. 다시 말해서 '이단'이라는 종교적 언어로는 신종교를 관리하거나 통제할 수 없다는 것을 이제는 배울 필요가 있는 것이다.

지금까지 정치는 '이단' 관련 문제를 종교적 분쟁으로 간주하여 가급적 이런 진흙탕 싸움에 개입하지 않으려 했다. 그러나 이제 앞으로 어떻게 신종교를 공적으로 관리할 수 있을 것인가의 문제가 계속 '뜨거운 감자'로 남게 될 것이다. 정치적인 의미에서 신천지를 공식적으로 하나의 '종교'로 인정하고 대접하면서 일정 정도 '오픈' 상태를 유지시킬 수 있을 것인가? 나는 사실 코로나19가 신천지에게 장기적으로는 엄청난 이익을 줄 거라고 생각한다. 졸지에 신천지는 세계적인 종교적 인지도를 확보하게 되었기 때문이다.

신천지와 종교자유

최근에 '종교자유'라는 말이 계속 문제가 되는 것 같다. 신천지는 애당초 '종교'가 아니니까 '종교자유'를 누릴 수 없다는 식의 발언이 그렇다. 사실 이것은 대부분의 신종교가 겪는 기초적인 생존의 문제이다. 내가 알기로, 신천지는 과천 이마트 9층과 10층에 있는 본부성전의 용도 변경 문제를 해결하지 못한 것으로 안다. 지자체에서 '종교 시설'로 용도 변경을 해 주지 않았다.

신천지는 계속해서 과천에 성전 건축을 시도하였으나, 번번이 허가가 나지 않았다. 2018년까지 총 11차례나 건축 허가 신청에 대해 반려처분이 있었던 것으로 안다. 다시 말해서 지자체에서 신천지를 '종교'로 인정하지 않고 있다고 말할 수 있다.

신천지는 사회적으로는 '종교'이지만 정치적으로는 '종교 아닌 것'으로 취급되는 어정쩡 상태에 있다. 종교도 아니고, 종교가 아닌 것도 아닌 것이다. 서울시의 신천지 법인 취소 문제도 마찬가지 논리에 속할 것이다. 과천시도 기독교 단체와 시민단체의 눈치를 볼 수밖에 없고, 신천지의 과천 성지화를 통해 과천이 몰몬교의 '솔트레이크 시티'처럼 될 것을 두려워할 것 같다. 물론 신천지는 절대로 과천시와 청계산을 포기하지 않을 것이다. 과천은 신천지의 뿌리인 김종규의 호생기도원과 유재열의 대한기독교장막성전이 있던 곳이다. 피디수첩과 인터뷰 할 때, 내 기억에 이만희 총회장은 과천을 두고 '하나님이 하룻밤 묵어간 곳'이라는 식의 표현을 사용했다.

'정교분리'와 '종교자유'는 근대국가에서 정치와 종교의 관계를 가장 압축적으로 표현하는 어구이다. 그러나 언론이든 정치든 종교든 모든 곳에서 이 말은 구미에 맞게 재단되어 자신에게 유리하게 사용된다. 기본적으로 '정교분리'는 정치와 종교의 이념적 분리를 의미하지 않는다. '정교분리'는 아주 명확하게 정치와 종교, 또는 세속 공간과 종교의 '공간적 분리'를 가리킨다. 다시 말해 '정교분리'는 정치적 영역인 세속 공간에서 종교를 배제하고 격리시키는 장치이다. 항간에서 이야기하듯 정치가 종교에 간여할 수 없다는 식의 '종교자유의 보장' 원칙은 아니다.

'정교분리'는 종교가 세속 공간, 특히 공적 공간에서 종교 의례나 종교 전파 같은 종교적 행위를 해서는 안 된다는 것, 즉 종교가 공적 공간이나 세속 공간에서 '종교로서' 존재해서는 안 된다는 것을 강조한다. 그렇다면 종교는 세속 공간에서 사라져야 하는가? 그렇지는 않다. 종교는 '종교'가 아니라 '시민사회'의 일원으로 얼마든지 세속 공간에 참여할 수 있다. 그리고 종교는 격리된 종교 공간에서 최대한 '종교자유'를 누릴 수 있고, 사적 이성의 영역에서 얼마든지 '믿음의 자유'를 누릴 수 있다. 물론 여기에도 '종교적 이성'이라는 적정한 잣대가 필요할 것이다.

그러나 시민사회의 일원이 아니라 '종교로서' 세속 공간에서 활동하는 종교, 그래서 자신의 종교적 가치가 끊임없이 세속적 가치나 사회적 가치와 충돌하는 종교, 이러한 종교는 정치적·사회적 배제와 관리의 대상이 된다. 많은 신종교들이 그렇다. 신종교는 세속 공간에서 계속해서 '종교'로 존재하고자 하며, 세속적 행위와 세속적 언어를 종교적 행위와 종교적 언어로 대치하려 한다.

그런데 이처럼 세속 공간을 전복시키는 신종교는 대체로 '이단'이나 '사이비' 등의 딱지가 붙어 종교의 자리를 확보하지도, '종교자유'를 누리지도 못한다. '종교'만이 '종교자유'뿐만 아니라, '종교'로서의 수많은 정치적 혜택을 누릴 수 있는 것이다. 대부분의 신종교는 정치적인 의미에서 '종교'로 인정받지 못하기 때문에, 사실은 종교이면서도 종교 아닌 것으로 취급된다. 종교에 대한 정치적 보호를 전혀 받지 못하는 정치적 사각지대에 놓이는 것이다. 나는 '정교분리'와 '종교자유'의 원리가 정답이라고 생각하지 않는다. 다만 '정교분리'나 '종교자유'라는 사회적·정치적 시험대를 통과하지 못할 때, 신종교는 결국 '종교'로 상승하지 못하고 퇴화할 수밖에 없다고 말하고 싶은 것이다.

신천지는 기로에 놓여 있다. 떡 본 김에 제사 지낸다고, 20만 명 이상의 사람을 '정신병자'나 '비정상인'으로 몰아 사회에서 제거하고자 하는 폭력과 야만이야말로 비정상적이다. 나는 신천지가 최근 보여준 몇 가지 모습이 사회 구성원으로 인정받기 위한 최소한의 제스처였다고 생각한다. 물론 신천지는 더 나은 모습을 보여줄 필요가 있다. 2020년 3월 신천지는 세 차례나 120억 원 기부를 시도했지만 번번이 퇴짜를 맞았다. 나는 이러한 기부가 신천지의 순수한 '선의'였다고 생각한다. 그러나 신천지는 120억 원 계좌이체라는 미증유의 '기부 사건'을 일으킴으로써, 그만큼 신천지가 얼마나 정치적으로 순진한 종교단체인지를 보여주었다. 이제 신천지가 피해의식에 사로잡힐 것이 아니라, 코로나19에 대응하는 과정에서 사회적 모범을 보인다면, 신천지는 상당 부분 '정교분리'와 '종교자유'라는 리트머스 시험지를 통과할지도 모른다. 신천지에게는 결국 위기가 기회일 것이다. 선택은 그들의 몫이겠지만.

코로나19와 신천지

—신성의 결핍을 파고든 사이비

홍승진

바이러스가 드러낸 영성의 위기

한국에서 코로나19의 뇌관을 처음 건드린 것은 신천지였다. 국내에서 처음 한 명의 확진자가 발생한 1월 20일부터 2월 19일까지 한 달 동안, 추가 확진자 수는 하루에 한 자릿수를 넘지 않았다. 2월 17일 신천지 신도인 31번 확진자의 확진 판정 이후, 2월 20일에는 20명, 21일에는 53명의 추가 확진자가 나왔다. 2월 22일에 100명의 추가 확진자가 쏟아져 나왔다. 그래프는 수직 상승했다. 3월 2일에는 1,062명의 추가 확진자를 기록하였다. 이 글을 쓰고 있는 3월 28일 현재, 질병관리본부의 3월 27일 0시 집계 기준에 따르면 총확진자 9,310명 중에 신천지 관련 확진자는 5,079명으로서, 전체의 54.6%를 차지하고 있다. 신천지 문제를 빼놓고는 코로나19를 이야기하기 힘들 것이다.

이것은 우연인가? 그렇게 치부하기엔 이해할 수 없는 지점이 너무도 많다. 대형 교회 등 대규모 종교 행사를 벌이는 여러 집단 중에서 왜 하필 사이비 종교가 슈퍼 전파를 일으켰는가? 중국 우한에까지 세력을 넓히려 했던 공격적 선교 방식 때문인가? 세계 곳곳에 선교 인력을 파견하는 종교는 신천지 이외에도 많지 않은가? 일반 종교에 비해 사이비 종교의 예배 방식이 밀집된 공간에서 장시간 이루어지기 때문인가? 그렇다면 여러 사이비 종교 중에서도 왜 신천지인가? 어째서 신천지는 여타의 사이비 종교에 비해서 그토록 많은 신도를 모으며 교세를 떨칠 수 있었을까? 신천지가 바이러스 확산을 막기 위한 정부와 지자체의 조사에 비협조적인 태도를 보이는 이유는 무엇인가? 이러한 의문들을 하나씩 짚어 나가다 보면, 코로나19와 신천지의 연관성은 그저 단순한 우연으로 넘길 문제가 아니라, 더욱 복합적이고 본질적인 이해를 필요로 하는 문제임을 알 수 있다.

혹자는 신천지에 의한 코로나19의 슈퍼 전파는 합리적인 시민의식의 미성숙 탓이 아니겠느냐고 말할지도 모른다. 하지만 그러한 원인 분석은 올바른 해답을 이끌어 내기 어렵다. 신천지 신도들에게 이성적인 판단 능력을 회복하라는 말은 씨알도 먹히지 않을 것이기 때문이다. 이번 사태의 핵심에는 이성의 문제뿐만 아니라 영성의 문제가 놓여 있다. 오히려 후자 쪽이 더욱 복잡하고 절박한 문제일지도 모른다. 코로나19를 예방하고 백신을 개발하여 바이러스를 치료하는 등, 육체적 차원의 질병을 억제하는 일은 분명 이성의 몫일 것이다. 코로나19 이후에도 백신이 아직 없는 신종 바이러스는 필연적으로 계속 생겨날 수밖에 없다. 신천지 같은 종교 집단이 존재하는 한, 이번 사태와 같은 신종 바이러스의 슈퍼 전파가 되풀이될 가능성은 얼마든지 있다. 그렇다면 질병의 슈퍼 전파를 일으킬 수 있는 사회적·정신적 조건에 관한 반성은 영성의 몫이 아닐까.

고열과 기침 등의 징후를 통해서 코로나19 감염을 진단할 수 있듯이, 신천지라는 징후를 통해서 우리는 위기에 처해 있는 영성의 문제를 진단할 수 있다. 중요한 것은 신천지 신도를 일방적으로 비난하기 이전에, 그처럼 많은 이들이 신천지에 사로잡힌 이유를 좀더 섬세하게 이해해 보는 것이다. 그들의 마음을 이해해 봄으로써, 오늘날 우리가 영성의 어떤 측면에 목말라 하고 있는지를 이해할 수 있지 않을까 한다. 그러나 신천지가 영성의 위기를 파고들었음에도 불구하고 그것이 근본적으로 영성의 위기를 극복할 수 있는 대안이 될 수는 없다. 신천지의 근본 한계에 대한 성찰은 진정한 영성이 무엇인지에 대한 성찰의 계기가 될 것이다. 신천지가 사람들의 마음속에 파고든 이유와 그 한계 양자를 파악하기 위해서는, 무엇보다도 신천지에 대해 잘못 알려진 점을 바로잡고 더 정확하게 신천지 교리를 분석할 필요가 있다. 코로나19와 신천지의 연관성은 단순한 공포의 유비 관계를 넘어선다. 신천지가 우리 사회에 던지고 있는 화두는 코로나19를 통해서 가시화되었다. 그 화두는 오늘날 우리가 갈망하는 영성이 무엇이며, 우리에게 진정으로 필요한 영성이 무엇인지에 대한 질문이다.

'신인합일'로서의 '지상천국'론

신천지는 사이비다. 어째서 그러한가? 이만희를 신격화하고, 이만희의 영생불사를 신앙하기 때문인가? 이것이 사람들 대부분에게 퍼져 있는 생각일 것이다. 그와 같은 생각은 진실의 일부만을 드러내고, 그보다 훨씬 거대한 나머지 진실을 손쉽게 덮어 버릴 위험이 있다. 분명히 신천지는 이만희가 재림예수이며 그의 육신이 영원히 죽지 않을 것이라고 믿는다. 더욱 놀랍고 중요한 사실은 선택받은 신천지 신도 모두가 이만희와 마찬가지로 영생불사할 것임을 믿는다는 점이다.

이 집단과 코로나19의 연관성은 바로 이 지점에서 비롯한다고 볼 수 있다. 신천지 신도들은 자신의 육체가 영원히 죽지 않을 것이라고 믿기 때문에, 바이러스 감염으로 인한 육체의 죽음을 두려워하지 않을 가능성이 높다. 설령 코로나19로 인해 육체가 죽더라도 신천지 교리에 따르면 큰 문제가 되지 않는다. 선택받은 십사만 사천 명 안에만 들면, 이미 죽은 자의 육체도 최후 심판의 날에 부활할 것이기 때문이다.

영성의 문제와 관련하여 특히 주목할 점은 신천지가 육체의 영생을 '신인합일神人合一'의 개념으로 설명한다는 사실이다. 혹자는 이만희가 점차 눈에 띄게 노쇠하여 감에도 어떻게 그의 영생을 믿을 수 있는지 이해하기 어려울 것이다. 신천지에서는 죽을 몸이 '신령한 몸신령체, 성령'을 덧입지 않았기 때문에 늙어 가는 것은 당연하다고 생각한다. 하지만 최후의 날이 도래하여 선택받은 신천지 신도들이 신령을 입으면 영원히 죽지 않으며, 순교한 신천지 신도들 중에서도 선택받은 이들의 육신은 신의 영적인 실체와 하나가 됨으로써 부활하여 영생한다고 믿는다. 이처럼 육체가 영생한다는 주장은 인간이 신과 하나가 될 수 있다는 이론을 토대로 삼음으로써 수많은 신도의 마음을 사로잡을 수 있었다.

또 한 가지 궁금한 점은 대구 신천지 교회에서 발생한 확진자들이 경북 지역을 넘어서 서울, 경기도, 전라도 등지로 끊임없이 이동하며 바이러스를 확산시키는 까닭이다. 일반적으로 사이비 종교는 본부가 위치한 특정 지역으로 교세를 집중시키는 경향이 있다. 신천지는 경기도 과천을 중심지로 삼고 있지만, 이번 사태로 그 교세가 전국에 걸쳐 있다는 사실이 드러났다. 전국에 걸쳐 고르게 신도가 분포되어 있는 이유는 신천지가 다른 사이비 종교보다 훨씬 더 많은 호응을 얻었기 때문만은 아니다. 신천지 교리 자체가 특정 지역을 신성화하고 중시하기보다는, 요한계시록 모델을 한국 지역 전체에 적용하는 데 목표를 두기 때문이다. 신천지가 말하는 십사만 사천 명은 12개 지파가 각각 만 이천 명씩으로 이루어질 때의 숫자다 12×12,000=144,000. 신천지는 남한 지역 전체를 12개 구역으로 나누어 각 지파에 할당하였다.*

남한 전역을 12지파로 나눈 교리는 지상천국 사상의 전통이 되살아난 것이라 할 수 있다. 한국인 교주를 재림예수로 일컬은 여타 사이비 종교들도 재림예수가 한국에서 탄생해야만 하는 이유를 설명하기 위한 각종 근거를 제시한 바 있다. 신천지의 특수성은 종말이 오면 구원받은 자들에게만 허락된

---

* 요한지파: 서울 남동부, 과천, 경기 남부. 베드로지파: 광주, 전남. 부산야고보지파: 부산 남부, 경남. 안드레지파: 부산 동부, 울산, 경남, 제주. 다대오지파: 대구, 경북. 빌립지파: 강원, 충주, 제천. 시몬지파: 서울 서북부(영등포), 일산, 고양(화정), 파주. 바돌로매지파: 서울 남서부, 부천, 김포. 마태지파: 인천(부평), 강화. 맛디아지파: 대전, 충남. 서울야고보지파: 서울 동북부(성북), 구리, 포천. 도마지파: 전북(전주).

다는 천국이 곧 남한 사회에서 열린다고 믿는다는 점이다. 지상천국의 사유는 신천지보다 훨씬 앞선 시대부터 분출되어 온 역사적 상상력이다. 고대로부터 이어져 온 미륵 신앙, 1860년 수운 최제우의 동학 창도, 1850~1864년 중국에서 일어난 홍수전의 태평천국운동 등을 대표적인 예시로 꼽을 수 있다.

지상천국 사상의 공통점은 지배층이 하향식으로 전파한 종교 및 문화삼국 시대와 고려의 불교, 조선의 유교 등와 달리, 피지배 민중의 분노와 희망을 압축해 놓았다는 데 있다. '동학란東學亂'도 '태평천국의 난'도 사회체제의 토대를 뒤바꾸려는 피억압 민중의 봉기亂로 터져 나왔다. 신천지의 지상천국 슬로건에 마음을 빼앗긴 이들은 어떠한가. 3월 30일 0시 집계 기준으로 한국 내 전체 확진자의 60.3%가 여성이며, 37.6%가 20~30대 청년이다. 확진자의 상당수가 청년, 여성이라는 점과 확진자의 상당수가 신천지 신도라는 점 사이에는 분명한 상관관계가 있다. 문학평론가 신형철은 신천지 신도 가운데 청년세대의 비율이 높다는 점에서 "우리 사회가 그 청년들에게 그들이 합리적으로 상상하고 추구할 수 있는 미래의 가능성들을 제공하는 데 실패했다"고 지적하였다.* 또한 한국사회에서 여성은 가부장제, 성적 대상화, 성별 간 극심한 임금격차, 여성혐오범죄의 일상화 등으로 인하여 진정 인간다운 삶을 누리지 못하고 있다.

그뿐만 아니라 신천지의 지상천국 개념에는 한국 사상의 특징이 나타나

* 신형철, 「[신형철의 뉘앙스] 신천지로 떠난 청년들」, 《경향신문》, 2020.03.04.

기도 한다. 홍수전이 자신을 야훼의 둘째 아들이자 예수의 동생이라고 주장했다는 점에서 알 수 있듯이, 태평천국 운동은 기독교를 모방한 성격이 강하다. 반면 한국의 지상천국 사상은 외래 사상의 모방보다도 한국적 특성을 드러내는 측면이 많다. 예컨대 한국 미륵 신앙은 신라의 화랑도풍류도나 궁예의 후고구려 등에서 나타나듯이, 정통 불교와 달리 무속과 같은 한국 고유의 민간신앙과 얽혀 있다. 또한 동학은 그 명칭에서부터 드러나듯이 기독교로 대표되는 서학西學과 명확히 선을 그으며 스스로를 한국東의 독자적인 사상學으로 표명하였다. 재림예수를 자칭하는 사이비 교주들이 유독 한국에서 많이 등장하여 유독 한국인들에게 매력적으로 다가오는 까닭도 그러한 한국 특유의 역사적 전통 때문은 아닐까.

특히 신인합일 개념을 강조한다는 점에서 신천지의 지상천국 사상은 한국 고유 사상 중에서도 동학에 가까운 것처럼 보일지도 모른다. 동학의 핵심 교리 가운데 하나는 사람에게 하늘님의 신성이 내재해 있다는 인내천人乃天, 사람이 곧 하늘 사상이기 때문이다. 유불도 등의 중국 사상은 신과 같은 초월적 절대자보다도, 자기 삶의 문제에 더 많은 관심을 기울인다. 서구 기독교사상은 신을 중시하되, 신과 인간과 자연 사이의 확고한 위계 서열을 전제한다. 한국의 동학사상에서는 중국 사상과 달리 신성을 중요하게 사유하면서도, 기독교와 달리 신성이 모든 생명에 내재해 있다고 사유한다. 요컨대 신천지에서 신인합일이 이루어지는 때를 지상천국이 열리는 때로 상상케 하는 것은 한국 민중의 마음속에 무의식적이고 역사적으로 쌓여 온 상상력과 상통하는 점이 많다.

기성종교의 한계를 파고들었음에도

신천지가 다른 사이비 종교에 비하여 한국 내에서 크게 번창한 까닭은 기성종교가 채워 주지 못했던 영혼의 갈증을 신천지로 해소할 수 있었기 때문이 아닐까? 신천지가 오늘날과 같은 교세에 이른 것은 하루아침의 일이 아니다. 이 집단은 1984년에 시작했으니 그 역사가 30년을 훌쩍 넘었다. 한 세대가 성장하는 동안, 한 사이비 종교는 영성의 위기를 겪는 한국인 30여만 명의 마음속에 침투하였다. 특히 신천지가 한국 개신교의 한계를 파고 들었다는 점에 주목할 필요가 있다. 한국 개신교와 신천지를 비교해 보면, 오늘날 많은 이들의 영적 갈증을 어째서 기성종교가 아닌 신천지가 해소해 주었는지를 더 구체적으로 이해할 수 있을 것이다.

여타의 기독교 계열 사이비 종교는 한국기독교총연합회[한기총]와 같은 정통 개신교 측으로부터 이단 판결을 받아도 크게 개의치 않는다. 굳이 기독교 성서에 의존하기보다는 오히려 교주의 독창적 교리를 기존 성서 이외의 새로운 경전으로 정리하여 보급하는 경향이 있다. 반면에 신천지는 한기총 소속 교단의 이단 판결에 대해 적극적으로 맞서 싸우며 진리를 위한 투사[鬪士]의 이미지를 스스로에게 투사[投射]한다. 기존 성서 외에 새로운 경전을 창안하는 대신에, 자신들이 정통 개신교 교단보다도 성서를 훨씬 더 정확하게 해석하고 있다고 자부한다. 기존의 기독교 교단은 올바른 기독교가 아니며, 자신들이야말로 진정하고 유일한 기독교라고 주장하는 것이다. 문선명의 통일교, 하나님의 교회 세계복음선교협회, '신앙촌 간장'이나 '신앙촌 이불'로 유명한 박태선의 천부교 등은 스스로를 '기독교'라는 틀에 국한시키려고 노력하지 않는다. 교주가 이미 '기독교' 교리로 설명할 필요가 없는 신이기 때문이다. 이와 대조적으로 신천지는 정통 개신교 교단이 기독교를 심각하게 왜곡한 주범이며, 자신들이 기독교의 본질을 구현할 수 있다고 말한다.

기존 개신교에 대한 적대 의식은 신천지의 독특한 포교 방식과도 밀접한 연관이 있다. 널리 알려져 있듯이, 신천지의 주요한 전도 방법 중 하나는 '추수꾼'이다. 정통 개신교의 선교 방식이 비신자를 신자로 만드는 것이라면, '추수꾼'은 이미 독실한 신자를 신천지 신도로 바꾸는 것이다. 이 방법은 단지 효과적으로 신천지 신도를 늘리기 위한 수단에만 그치지 않는다. 우리가 본질적으로 사유해 보아야 할 점은 비기독교인을 기독교인으로 만드는 것보다 기독교인을 신천지 신도로 만드는 방법이 어째서 더 효과적이었느냐 하는 물음이다. '추수꾼'이 기존 개신교 신자들에게 효과적이었던 이유는 그것이 한국 개신교와의 대결 구도를 형성했기 때문이 아닐까? 신천지의 개신교 비판이 한국 개신교의 한계를 절실하게 느끼던 이들에게 공감을 불러일으킨 것은 아닐까?

신천지에서 강조하는 한국 개신교와의 차이점 중 하나는 결국 신인합일을 통하여 지상천국을 이룩할 수 있다는 교리다신천지가 말하는 지상천국은 십사만 사천 신도 모두가 죽지 않는 육체를 가지며 새 세상의 왕 노릇을 하는 것이다.. 기독교는 신과 인간 사이의 절대적 단절을 기본 전제로 삼는다. 또한 기독교는 인간을 정신과 육체의 두 부분으로 철저하게 나누어, 육체는 원죄에 물들어 있으며 정신만이 영원히 존재하여 육체의 죽음 이후에 천국과 지옥의 심판을 받는다고 간주한다.

기독교의 기본 전제인 신과 인간의 단절 의식 및 정신과 육체의 이원론은 특히 한국 개신교에 이르러 그 폐단이 극명하게 드러나고 있다. 한국 개신교의 심각한 병폐 가운데 하나는 이웃 사랑이라는 예수의 근본정신보다도 '불신지옥'의 슬로건이 정확히 가리키는 배타주의와 무비판적 신앙일 것이다. 이웃을 내 몸처럼 사랑하라는 예수의 가르침은 우리 모두가 예수와 일치를 이루어야 하며신인합일 우리가 발 딛고 살아가는 이 땅을 천국으로 만들어야 한다지상천국는 뜻과 다르지 않다. 그와 무관하게 무조건 믿기만 하면 천국에 갈 수 있다는 한국 개신교의 주된 설교 내용은 신과 인간의 단절을 전제로 하는 기복신앙이자, 지상의 삶을 도외시하고 천상의 사후 세계만을 지향하는 이분법적 사고의 극단적 형태라 할 수 있다.

신인합일과 지상천국의 꿈으로부터 멀어진 기성종교는 오늘날 우리 영혼의 갈증을 더욱 배가시켜 온 것이 아닐까? 신인합일과 지상천국의 상상력을 제시한 종교가 수많은 사람들의 영혼을 움직인 것은 아닐까? 신천지는 지금까지 한국사회에 등장했던 여러 사이비 종교와 크게 다를 바가 없다. 다만 신인합일과 지상천국의 상상력을 작동시켰다는 점이 거의 유일한 차이일 따름이다. 이번 사태의 본질은 신천지라는 한 사이비 종교 집단의 문제가 아니라 우리의 영성이 무엇에 목말라 하고 있는지의 문제다.

첫째로 우리는 모두에게 저마다 내재해 있는 신성을 발견하는 데 목말라 있다. 나는 사회적으로 부당하게 차별받아도 괜찮은 존재가 아니라 가장 존귀한 신성을 품은 존재임을 자각할 수 있어야 한다. 내가 그렇듯 내가 아닌 모든 너도 가장 존귀한 신성을 품고 있기에, 우리는 각자가 신으로서 자신의 유일무이함을 드러내며 서로를 신으로서 평등하게 경외해야 할 것이다. 둘째로 우리는 우리가 품고 있는 신성을 매 순간 이 땅에서 자각하고 구현할 수 있는 세상에 목말라 있다. 내 안의 신성이 드러나고 네 안의 신성이 드러나며 그리하여 우리 모두의 신성이 드러나는 세상을 우리는 더 이상 유예시키고 싶지 않다. 이제는 미래에 희망이 저당잡힌 삶을 그만 멈춰야 한다는 목소리가 들끓고 있다.

다만 신천지는 그러한 영성의 외침을 교묘하게 건드렸을 뿐이다. 그것은 오늘날 우리 영혼의 갈증을 근본적으로 해소해 주는 대안이 될 수 없다. 인간이 합일해야 할 신의 구체적인 내용에 대한 고민이 부재한다면, 신인합일이라는 말은 한낱 눈속임에 지나지 않을 것이다. 지상천국을 이루기 위해서는 지금까지 사회가 모셔 온 신과 전혀 다른 신을 이 땅에 불러낼 필요가 있다. 하지만 신천지가 모시는 신은 지금까지 모셔 온 신과 전혀 다르지 않다. 오히려 기존 사회의 신을 압축해 놓고 있다. 그것은 경쟁과 지배라는 이름의 신이다. 이 점은 십사만 사천이라는 신천지 교리에 담겨 있다.

선택받은 십사만 사천 명의 신도를 모으는 것이 신천지의 목표임은 널리 알려진 사실이다. 이는 기독교 신약성서의 가장 마지막에 나오는 「요한계시록요한묵시록」을 축자적으로 해석한 오류에 해당한다. 이 예언서는 세상이 종말을 맞는 날에 예수가 재림하여 산 자와 죽은 자 가운데 누가 구원받을 것인지를 심판함으로써 새 하늘 새 땅이 열린다고 말한다. 이 집단의 이름인 '신천지新天地'는 종말 이후의 '새 하늘 새 땅'을 한자로 표기한 것이다. 신천지 이외의 다른 많은 기독교 계열 사이비 종교들도 「요한계시록」을 성서의 다른 부분에 비해 유독 강조한다는 공통점이 있다. 신천지의 특수성은 계시록의 내용 중에서도 십사만 사천 명이라는 인원수에 주목한다는 데 있다. 최후의 심판 때 구원받는 사람의 숫자가 십사만 사천 명이라는 것이다계 7:7-10, 14:1-5.

지자체에서 모든 신도를 조사하려 했을 때, 신천지에서 비협조적인 태도를 보인 것도 이러한 이유와 연관이 있다. 물론 이 집단의 비협조적인 태도는 자신이 신천지임을 처음부터 드러내지 않고 천천히 단계적으로 교리를 주입시키는 특유의 비밀스러운 전도 방식 때문이기도 하다. 신천지 명단에 들어 있는 많은 이들이 신천지 교육을 받고 있다는 사실조차 몰랐다는 것은 그 때문이다. 하지만 여전히 남는 의문은 코로나19의 급속한 확산 이후에도 그러한 포교 행위를 멈추지 않으려 했다는 점이다.* 현재 신도의 숫자가 30여만 명을 넘어섰음에도 여전히 더 많은 신도 영입에 열을 올리고 있다는 점 또한 의문이다.

그 모든 이유는 신천지 신도 중에서도 '인印 맞은' 신도만이 십사만 사천 명에 속한다는 교리에서 비롯한다. 쉽게 말해서 신천지를 믿기만 하면 된다는 것이 아니라, 우수한 신도만이 서열순으로 십사만 사천 명 안에 들 수 있다는 논리다. 이 서열은 누가 더 신도를 많이 영입했느냐에 따라서 결정된다. 신천지는 신도들로 하여금 남을 위해서 포교하는 것이 아니라 신도 자신이 경쟁을 뚫고 십사만 사천의 명단 안에 들어가기 위해서 포교하도록 유도

---

* 「"저는 지령대로 근처 교회에 가서 퍼뜨릴 예정입니다" 논란」, 《국민일보》, 2020.02.23.

한다. 전도를 못 하는 신도들에게 110만 원의 벌금을 강요하고, 그 벌금을 모아서 전도를 가장 많이 한 순위에 따라 상금으로 수여한 것도 그와 같은 맥락이다. 이는 무한 경쟁을 통해 낙오자를 차별하는 자본주의 논리의 극단이라 할 수 있다. 그렇다면 십사만 사천 명 안에 들어서 신령체와 합일한 자들에게는 어떠한 지상천국이 펼쳐지는가? 신천지에서는 십사만 사천 명이 종말 이후에 '왕 같은 제사장' 노릇을 한다고 교육한다. 이는 신도 각각이 전 세계 여러 나라를 다스리는 왕이 된다는 뜻이다. 그들 사이에서는 종말이 오면 자신이 어느 나라를 다스릴 거라는 농담식의 진담을 주고받는다고 한다. 이처럼 신천지에서 말하는 지상천국은 지배와 피지배가 사라지며 만인이 평등과 자유를 누리는 세상과 거리가 멀다. 현재는 전 세계적으로 1%의 인구가 99%의 부를 소유하고 있다고 한다. 소수가 다수를 지배하는 것이 정당하다는 논리는 십사만 사천 명이 나머지 전 세계를 지배한다는 교리에서 집약적으로 표출되고 있는 것이다.

신천지는 사람 안에 숨어 있는 신성을 드러내기보다도, 오히려 사람을 스스로의 삶으로부터 소외시키고 있다. 신천지는 말로만 지상천국 사상을 내세울 뿐, 속으로는 지상천국과 정반대의 방향으로 치달아 간다. 신이 그처럼 경쟁과 차별을 부추기는 신이라면, 그 신과 합일하여 영생하는 삶은 얼마나 고통스러울 것인가. 소수의 선택받은 자들만이 나머지를 지배하는 세계는 새로운 세상이 아니라 이미 우리가 겪고 있는 현실 아닌가. 우리는 지상천국을 이룰 수 있는 신인합일에 목말라 있다. 우리에게 필요한 것은 경쟁과 지배의 논리와 근본적으로 반대쪽에 서 있는 신과의 합일이기 때문이다.

6부

재난과 인문학

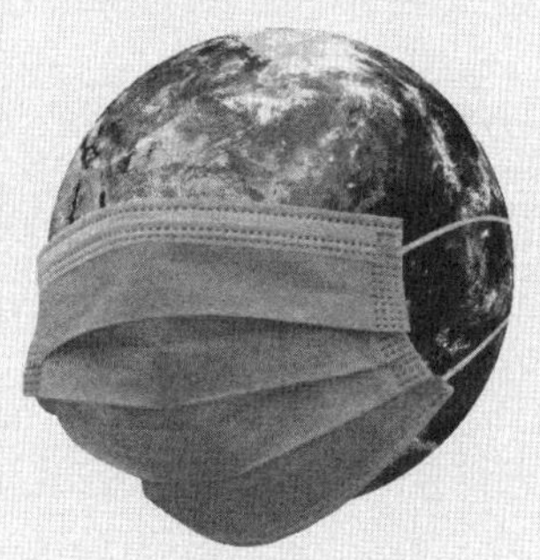

전환 시대의 새로운 삶의 지침, 멈추고 돌아보는 마음

—코로나19가 우리에게 가르치는 것들

유정길

급격히 돌아가던 엔진을 서서히 멈추게 하다

코로나19로 인해 상상만 하던 일들이 현실이 되고 있다. 휴교령이 내린 학교는 텅 비고, 재택근무로 인해 사무실도 비었다. 코스모폴리탄 급 도시의 거리는 한산하고, 전 세계 대도시의 대부분 사람들이 마스크를 쓰고 거리를 오간다. 한 사람이 기침만 해도 홍해가 갈라지듯 사람들이 피하고, 병원에도 사람들이 별로 없다. 영화관이나 공공장소 등. 사람이 붐비던 곳은 예외 없이 텅 비다시피 했다. 마치 맹렬한 기세로 돌아가던 거대한 엔진이 멈추어 서듯이, 지금 모든 것이 서서히 속도를 줄이고 있다. 세계적인 사회적 거리두기 덕분이다.

경제 활동을 하려면 반드시 사람을 만나야 했다. 사람과 친해지려면 손도 잡고 가슴을 끌어안고 인사해야 하는데 그러지 못하고 있다. '거주와 이동의 자유'는 헌법이 보장하는 기본적 자유이지만, 자동차·기차·비행기 등 온갖

탈 것들이 주차장이나 계류장에 멈추어 서 있다. 과연 언제까지 이러한 멈춤이 가능할까? 이 낯선 풍경이 우리에게 시사하는 것은 무엇일까?

'더 빨리, 더 높이, 더 많이'의 속도사회

인류가 불을 사용한 약 150만 년 전 구석기 이래 오늘날까지 소비해 온 화석연료는 지구 역사 46억 년 가운데 생명의 발생과 진화 과정에서 최소 30억 년에 걸쳐 만들어진 것이다. 그러나 불과 200여 년전에 시작된 산업문명은 지구가 30억 년 동안 만들어 낸 석탄과 석유, 천연가스 등을 급속도로 태워가며 성장해 왔다. 우리의 이런 생활양식이 옳고 정의롭다면 수천 년 뒤의 미래세대도 우리와 같은 생활양식을 누릴 수 있어야 한다. 과연 그럴 수 있을까? 코로나19 직전까지 전 지구적인 최대 이슈였던 '기후위기' 사태는 바로 그 질문에 대한 답이 '아니오'라는 데서 시작된 것이다.

영국의 사회학자 허버트 스펜서는 다윈의 자연진화론을 사회진화론으로 잘못 해석하여 사회 질서를 약육강식, 적자생존, 생존경쟁으로 규정하고, 대립과 경쟁, 정복과 승자독식의 사회를 정상인 것으로 인식하게 만들었다. 그러한 맥락 속에서 제국주의 시대가 전개되었고, 그 연장선상에서 오늘날의 세계질서가 구축되었다. '서구-북미의 선진국'과 '동아시아-남미의 중-후진국'의 구도도 그렇게 구축되었다. '1차 산업혁명'에서 최근의 '4차 산업혁명'까지 '변이'를 거듭하며, 제국주의의 세계화 질서-산업문명사회-를 지속적으로 연장-확장시켜 왔다. 이러한 세계질서 속에서 물질적인 풍요를 성취한 국가는 나머지 모든 나라가 마땅히 따라 배워야 할 모범-선진국이고, 생산력이 고도화되지 못한 나라는 후진국으로서 마땅히 선진국의 발전 모델을 따라가야 한다고 인식해 왔다. 이러한 '산업문명사회'에서 국가 간의 위계성은 한 국가 내부도 위계적 관계를 형성했고, 나아가 사소한 모든 것에도 서열을 매기면서 지배와 복종 관계가 형성되며, 강대국과 약소국, 남자와 여자, 인간과 동물, 인간과 자연의 지배-피지배 관계로 모든 존재를 매어왔다. 심지어 교육에서조차도 사람끼리 협력하고 돕고 배려하는 인성을 가르치기보다 경쟁에서 이기는 방법을 가르치며, 산업사회의 경쟁력을 갖는 사람으로 성장하는 것을 목표로 하며, 국가적 이데올로기를 신념화하는 사람으로 양성해 왔다.

이러한 산업문명사회는 '자원은 무한하다'는 잘못된 신념이 모든 행위의 바탕이 되는 사회이다. 무한하기 때문에 자연은 아무리 파헤쳐도 복원이 가능하고, 대량생산-대량소비-대량폐기가 가능하며, 또 자연은 스스로 정화되고 오염물질을 흡수하기 때문에 환경오염은 걱정할 필요가 없다는 잘못된 신념을 기조로 한 사회이다. 이러한 삶이 영원무궁할 것으로 생각한 것은 인류의 어리석음이다. 그리고 그 어리석음의 대가가 지금 우리가 목격하고 있는 기후위기, 그리고 그 기후위기를 원인遠因으로 하는 '코로나19' 사태이다.

코로나19, 전 지구적·사회적 전환의 메시지

기후위기의 파국적 종착점을 코앞에 둔 우리는 거대한 전환, 문명석 변화 없이는 벼랑 끝에서 집단으로 추락하는 파국의 길을 피할 수 없다. 이런 때에 코로나19는 지금 우리의 삶-질주를 멈추고, 지금이라도 자신을 돌아보라고 하는 메시지를 보내고 있다. 산업사회의 엔진 가동을 멈추고 가만히 귀 기울여 보라고 한다. 우리가 그럴 수 있을까? 잠시 브레이크를 잡았지만, 지금 우리가 올라탄 산업문명사회는 계속 페달을 굴려야 쓰러지지 않는 자전거처럼, 계속 돌아가야 쓰러지지 않는=죽지 않는 팽이 같은 것인데, 우리가 죽음의 공포를 무릅쓰고 우리 문명을 멈출 수 있을까? 그러나 '사즉생死卽生'은 지금 우리에게 피할 수 없는, 유일한 출구이다.

인류를 향해 "멈추고 전환하라"는 말은 최소한 30년 전에 이미 나왔다. 1992년 브라질 리우환경회의에서 채택된 ESSD환경적으로 건전하고 지속가능한 발전이라는 말은 바로 이러한 전환 사회·사회 전환을 강제하는 전 지구적인 신호Signal였다. 과거와 같은 발전은 지속 불不가능한 발전이며 이제까지의 발전 방식을 완전히 뒤집어 지속가능한 발전으로 전환하지 않으면 안 된다는 것이다. 그 이후 30년간 세계를 지배해 온 키워드는 바로 이 '지속가능한 발전'이었다. 그래서 SDGs지속가능한 발전 목표가 중요한 국제적인 발전 방향이 된 것이다. 과거에는 정상Normal이었던 대량소비 사회가 이제 서서히 정상이 아닌 것으로 인식되어 가고 있다. 그럼에도 불구하고 이러한 전환의 메시지마저도 '지속적으로 발전하고 싶다'는 욕망으로 와전시켜 이제껏 살아온 대로 살고 있는Business As Usual 지구촌의 주류적 '산업문명사회'에 이번 '코로나19 팬데믹'은 한 번 더, 어쩌면 최후의 강력한 경고장을 보내고 있는 것이다.

2008년 금융위기시대에 경제 분야에서 사용되었던 '뉴노멀'이라는 말이 최근 코로나19 국면에 더 확장된 의미로 다시 사용되고 있다. 뉴노멀New Normal의 뜻은 과거에 정상이라고 생각되었던 표준과 규칙이 와해-무력화되고 새로운 규칙과 기준이 된다는, 즉 게임의 규칙이 바뀌는 것을 의미한다. 과거에는 소수였고 비정상적인 것으로 보였던 현상이 어느덧 다수가 되며 대중적인 표준이 되어 간다는 것이다.

서용구 교수는 지금 세계 문명의 흐름은 '경제성장' 지상주의에서 '지속가능성'으로 핵심 어젠다가 변경되고 있다고 한다. 그래서 환경문제가 사회적 핵심 가치가 된다는 것이다. 이러한 시대에는 성장률 대신 경제활동의 투명성, 윤리의식, 지속가능성이 새로운 표준이 된다고 주장한다.* 둘째는 결과가 아니라 과정 중심으로 일의 철학이 변하고 있다는 것이다. 내일을 위해 오늘을 희생하는 것이 아니라 가슴 뛰는 오늘을 살고, 지금 하는 일에 만족하고, 즐기며 사는 '카르페디엠carpe diem: 오늘을 충실하게 누려라' 철학이 시대의 기준이 되어 간다는 것이다. 셋째는 지금까지 세계는 세분화, 분절화, 선택과 집중이 열쇠였다면 앞으로의 디지털 중심의 시대는 융합이라는 키워드로 다양성 속에 통합적인 안목, 창조적 유연성이 중요하다고 한다. 넷째는 '권위'에서

---

* 서용구(숙명여대 경영전문대학원장), 「뉴노멀이란 무엇인가」, 《서울경제》, 2019.08.21. https://www.sedaily.com/NewsVIew/1VN220XFM1

'창발'로 성공 방정식이 변하고 있으며, 연결성과 변동성이 커져 오히려 디지털 지식으로 무장한 창조적인 감각이 중요해지고 있다는 것이다. 다섯째는 '소유'에서 '공유'로 경제 패러다임이 변하고 있다는 것이다. 물건이 부족한 시절에는 '중단 없는 소유의 추구'가 중요했지만, 환경, 지속가능성이 중요한 시대에는 '공유'라는 개념이 뉴노멀 시대의 새로운 정상이 된다는 것이다. 그런 가운데 닥친 코로나19는 우리인류에게 '뉴노멀'의 새로운 기준을 더욱 빨리, 더욱 강력하고 광범위하게 받아들이도록 강요하고 있다.

과거 전염병 팬데믹Pandemic으로 인해 인류의 역사가 바뀐 사례는 많았다. 14세기에 유럽에 대유행한 흑사병은 유럽사회를 재편했고, 유럽인들이 아메리카에 천연두와 홍역을 갖고 들어와서 면역력이 없던 원주민들의 90%가 몰살을 당하면서 '신대륙 시대'가 열렸다.* 아메리카 인디언의 멸종에 가까운 인구 감소는 아메리카 대륙의 초원지대를 확대하고, 이것이 전지구적 이산화탄소 감소 ⇒ 소빙하기 초래 ⇒ 유럽을 비롯한 전 세계의 기근과 흉작으로 이어졌다. 19세기 초 북미 대륙에 들이닥친 황열병 때문에 프랑스는 당시 점령하고 있던 땅을 미국 정부에 팔아 버렸고, 그것이 '미국 시대'가 시작되는 단초가 됐다. 19세기 말 아프리카 대륙에 창궐한 우역 바이러스는 유럽 국가들이 수월하게 아프리카를 식민지로 점령하는 빌미가 되었으며, 중국의 명나라도 페스트 만연에 따른 인구 감소의 결과로 결국 만주족 청나라에게 왕

* 「코로나19: 역사를 바꾼 다섯 가지 전염병」,《BBS News》, 2020.03.22.
https://www.bbc.com/korean/51992962

조를 빼앗기게 되었다. 최근, 3.1운동도 1918년 봄부터 세계적으로 유행했던 스페인독감과 연관된 부분이 있다는 연구 결과도 나왔다.*

코로나19를 통해 우리가 깨닫는 것

코로나19의 팬데믹으로 인해 우리는 세상 만물과 사람이 얼마나 서로 긴밀하고 촘촘히 연결되어 있는지 깨닫게 되었다. 국가와 국경이라는 것도 바이러스 앞에서는 의미 없는 것이 되었다. 한 사람의 확진자가 얼마나 많은 사람을 감염시킬 수 있는가를 보았고, 더욱이 슈퍼감염자의 경우 상상할 수 없는 영향을 미친다는 사실도 알게 되었다. 이 말은 반대로 세계와 사회, 생명과 자연을 살리려는 큰 원력을 가진 좋은 슈퍼감염자 한 사람의 의식적인 노력이 얼마나 많은 세상과 사람들에게 선한 영향을 줄 수 있는가를 반증해 주는 희망의 메시지로 들리기도 한다.

무엇보다 이번 코로나19 정국으로 인해 사람들은 전 세계 인류가 실제 절멸絶滅할 수 있다는 구체적인 두려움을 갖게 되었다. 그런 가운데 비로소 우리는 과연 무엇이 행복인지, 죽음이라는 것, 건강하다는 삶이란 무엇인지에 대한 인류적 각성을 새롭게 할 수 있는 계기를 맞이하였다. 한편으로 가이아

---

* 3.1운동과 스페인독감과의 연관성에 대한 글, http://www.rapportian.com/news/articleView.html?idxno=116215

로서 지구가, 자연에게 가하는 인간의 흉포한 행위에 대해 스스로 자기 조정을 하는 과보로 봐야 한다고 생각하기도 했다.

또한 이 국면에 팬데믹뿐 아니라 인포데믹Infodemic 거짓정보의 유행도 인간을 공포로 몰아가는 현상이 두드러지는데, 크고 깊은 눈으로 바라보니 역설적으로 우리 시대, 우리 사회의 근본적인 인포데믹은 우리가 국가라고 생각한 것, 화폐라는 것, 소유한다는 것, 자원이 무한하다고 생각한 것, 성장만이 좋은 것이라고 생각한 것, 모두가 인간의 잘못된 인포데믹이라는 것을 깨닫게 된 것이다.

현재 코로나19 팬데믹 국면은 지난 세계사의 전개 양상과 전혀 다른 세계로의 길을 연출하고 있다. 대부분 질병과 죽음, 가난과 공포는 아프리카를 비롯한 남쪽의 가난한 나라나 동양 및 동남아시아와 같은 '식민지 경험' 국가의 전유물이었다. 그러나 이번 팬데믹은 이탈리아와 스페인을 비롯하여 미국과 영국, 독일, 프랑스 할 것 없이 이른바 북쪽의 선진 국가에 가장 심각하게 창궐하고 있고, 동양에서 시작되었지만 서양이 더욱 심각한 상황으로 전개되고 있다. 이른바 전통적인 동東과 서西의 상황이 뒤바뀌고 있으며, 잘사는 북北과 못 사는 남南의 상황도 바뀌는 형국이 되고 있다.

또한 세계화가 이와 같은 결과를 초래했기 때문에 각 국가별로 기본적인 자립을 위한 경제정책을 펼칠 것으로 예측된다. 동시에 진정한 의미에서 '지구적으로 사고하고 지역적으로 실천하라Think Globally, Act Locally'의 실현으로서 마을공동체운동이나 마을공화국운동 등, 지역자립과 순환사회를 위한 운동이 인류 미래의 해답이라는 주장이 더욱 강력한 추진력을 갖게 될 것으로 보인다. 또 한편에서는 유엔 기구의 실질적인 강화가 강조되고 있다. 현재와 같이 임기로 선출된 국가 대표들은 대중들의 지지에 연연하는 단기적인 경제성장에만 관심을 둘 뿐 장기적이거나 전 지구적인 기후변화 문제는 언제나 2차적인 문제로 보는 세력이기 때문에 이들에게 인류 생명공동체의 미래를 맡길 수 없으며 NGO를 비롯한 지구적 책임성을 갖는 사람들의 실질적인 거버넌스로 새롭게 구성되어야 한다는 주장도 나오고 있다.

심지어 기축통화로 미국의 달러 대신 '지구화폐'를 도입하자는 논의까지 되는 가운데, 최근 기본소득에 대한 논의가 급물살을 타고 있다. 한국의 경우 최소 10여 년 넘게 기본소득 논의는 지속되어 왔지만 실제 정책으로 수렴되기는 좀더 오랜 시간이 걸릴 것으로 생각되었던 것이, 이번 사태를 계기로 급격하게 현실화되고 있는 것이다. '재난기본소득'이라는 이름이지만, 일단 실시가 되면 이것 자체가 거대한 사회적 변화의 시작점이 될 것이라고 예측하는 사람이 많다. 또한 앞으로 코로나19가 진정되고 안정적인 일상이 확보되면 이제껏 종교나 보험 등 미래의 불안을 이용한 직업들은 인기가 없어질 것이라는 예측하기도 한다.

물리적 거리두기 - 사회적 연대하기

코로나19로 인한 공포는 가난한 사람이나 부자들이나 인류의 위기 앞에 한배를 타고 있는 사람이라는 사실을 일깨우고, 더 이상 돈만으로 문제가 해결되는 게 아니라는 사실을 알게 했다. 이것은 부정적인 메시지라기보다 오히려 똑같이 우리에게 인류라는 동일성을 느끼고 이를 위협하는 문제에 공동 대응해야 한다는 생각을 절감하게 하는 계기가 되었다. 최근 인터넷에 떠도는 아프리카 오지의 나라 '챠드'의 문인 〈무스타파 달렙〉의 글이 떠돌고 있다. 대단히 의미 있는 글이라 생각되어 좀 길게 인용한다.*

> 아무것도 아닌 '그 하찮은 것'에 의해 흔들리는 인류. 그리고 무너지는 사회…. 코로나 바이러스라 불리는 작은 미생물이 지구를 뒤집고 있다. 보이지 않는 어떤 것이 나타나서 모든 것에 새로운 의문을 던지고 이미 안착된 규칙들을 재배치한다. 다르게, 새롭게, 서방의 강국들이 시리아, 리비아, 예멘에서 얻어 내지 못한 것휴전·전투 중지들을 이 조그만 미생물은 해 내었다. 알제리 군대가 못 막아 내던 리프 지역 시위에 종지부를 찍게 만들었다. 기업들이 못 해 내던 일도 해냈다. 세금 낮추기 혹은 면제, 무이자, 투자기금 끌어오기, 전략적 원료가격 낮추기 등. 시위대와 조합들이 못 얻어 낸 유류 가격 낮추기, 사회보장 강화 등도 프랑스 경우 이 작은 미생물이 성취해 내었다. 순식간에 우리는 매연, 공기오염이 줄었음을 깨닫게 되었고, 시간이 갑자기 생겨 뭘 할지 모르는 정도가 되었다. 부모들은 자신의 아이들에 대해 알아 가기 시작했고, 아이들은 집에서 가족과 함께 하는 시간에 대해 배우기 시작했으며, 일은 이제 더

* 무스타파 달렙, 「코로나가 이룬 것」 https://blog.naver.com/heedaa77/221888686856

이상 삶에서 우선이 아니고, 여행, 여가도 성공한 삶의 척도가 아님을 깨닫기 시작했다. 중략 그런 식으로, 단 며칠 만에 세상에는 사회적 평등이전에는 실현 불가능해 보였던이 이루어졌다. 공포가 모든 사람을 사로잡았다. 가난한 이들에게서부터 부유하고 힘 있는 이들에게로 공포는 자기 자리를 옮겼다. 우리에게 인류임을 자각시키고 우리의 휴머니즘을 일깨우며…. 화성에 가서 살고, 복제인간을 만들고 영원히 살기를 바라던 우리 인류에게 그 한계를 깨닫게 해 주었다. 하늘의 힘에 맞서려는 인간의 지식 또한 덧없음을 깨닫게 해주었다. 단 며칠이면 충분했다. 확신이 불확실로, 힘이 연약함으로, 권력이 연대감과 협조로 변하는 데에는…. 중략 인간은 그저 숨 하나, 먼지일 뿐임을 깨닫는 것도. 우리는 누구인가? 우리의 가치는 무엇인가? 이 코로나 바이러스 앞에 우리는 무엇을 할 수 있나? 섭리가 우리에게 드리울 때를 기다리면서 스스로를 직시하자. 이 전 세계가 하나같이 직면한 코로나 바이러스 상황에서 우리의 휴머니티가 무엇인지 질문해 보자. 집에 들어앉아 이 유행병이 주는 여러 가지를 묵상해 보고 살아 있는 우리 자신을 사랑하자."

사회적 전환, 마음의 전환, 〈멈추고 돌아보기〉

이러한 혼란스러운 국면은 그 초기가 어떻게 노정되느냐가 중요하다. 코로나19 국면이 서로 돕고 배려하는 이타심이 극대화하는 방향으로 갈 수도 있고, 반대로 사재기와 약탈이 횡행하며 이기심이 극대화되는 사태로 비화할 수도 있다. 이 즈음에 종교인을 중심으로 자신을 돌아보고 삶에 대한 진정한 성찰을 통해 사람들끼리 협력과 서로 배려하는 공동체적 사회를 만들고, 이웃과 고통 받는 사람을 생각하는 기도와 명상의 시간을 갖자는 운동도 전개되고 있다. 필자가 참여하고 있는 〈불교환경연대〉가 발의한 〈멈추고 돌아보기〉 캠페인이 그것이다. 이 운동은 사회적 전환도 중요하지만 동시에 사람의 변화, 인식과 내면의 전환이 동시에 이루어지지 않고서는 진정한 전환이 될 수 없다는 인식에서 출발한다.* 〈멈추고 돌아보기〉는 다음과 같은 내용을 사회적으로 제안하고 있다.

첫째, "우리는 너무 바쁘게 살아 왔습니다. 이제 멈추고 고요한 시간을 가져봅니다." 코로나19로 인해 서서히 줄어들고 있는 사회적 속도만이 아니라 바삐 살아온 인간 개개인의 삶의 속도를 줄이고 멈춰서 차분히 내면으로 깊어지는 고요한 시간을 갖기를 권고하며, 삶의 근본자리를 성찰하자고 제안하고 있다.

둘째, "우리는 너무 혼자만 생각했습니다. 고통 받고 아파하는 사람들을 생각해 봅니다." 약육강식, 생존경쟁의 흐름과 오직 개인의 이익을 중심으로 짜인 사회구조 속에서 상대방을 생각하고 이웃을 살피며 서로 돕는 마음을 일으켜 보는 일이다. 우리는 서로 연결되어 있기 때문에 나를 살리고 존재하게 하는 주변의 생명과 사람들, 그들의 아픔과 고통에 감정이입을 해 보는

* 불교환경연대가 2020년 3월 2일부터 코로나19의 확산을 막기 위해 시작한 캠페인.

시간을 갖는 것이다.

셋째, "우리는 너무 인간만 생각했습니다. 다른 생명과 자연, 미래를 생각해 봅니다." 오늘날의 민주주의는 '현재 살고 있는 사람들'만의 합의로 자연에 대한 결정권을 갖는다. 그러나 우리가 누리는 자연은 46억 년간 존재해온 과거 생명과 선조들의 덕분이며 따라서 앞으로 수만 년 동안 미래의 생명들과 자연이 살 수 있도록 제자리로 돌려줘야 하며, 더욱이 미래세대에게도 이 자연을 그대로 누릴 수 있게 해야 한다.

넷째, "우리는 너무 물질만 생각했습니다. 풍요가 아니라 생명이 소중한 것임을 생각해 봅니다." 물질적인 풍요, 화려한 집과 의복, 돈이 중요한 것이 아니라 살아 있는 수많은 생명들과 평화로운 관계, 부처님 말씀처럼 "만생명이 함께 행복해지는" 삶을 사는 것이다.

이러한 서원에의 구체적인 동참 방법으로, 첫째, 하루 20분씩 나를 돌아보는 고요한 시간기도을 갖는다. 명상과 기도 등 고요함에 시간을 할애하자는 것이다. 멈춰 보는 시간을 갖는 것이다. 둘째, 고통 받는 이웃과 생명을 생각하며 마음을 모으는 시간기도을 갖는다. 자신만이 아니라 이웃을 생각하고 지금도 코로나19로 인해 고통 받는 환자와 이들을 간호하고 치료하는 의료진, 공무원들을 생각하는 시간을 갖는다. 셋째, 팬데믹 과정에서 환자들이나 환자가 발생한 지역을 대상으로 한 혐오와 배제, 차별 등의 부정적이고 차가운 언어와 관계를 삼가고, 서로 새로운 말과 사회적 분위기를 만들어 간다. 그래서 위기 속에 오히려 새로운 희망을 키우자는 것이다. 넷째, 고통 받는 사람들을 지원하는 자원 활동이나 기금 모금 등에 적극 참여한다. 다섯째, 모임과 외출을 최소화하고 사회적 거리두기Social Distancing에 즐겁게 동참한다.

생명 중심의 문명으로의 전환을 위해

이 일이 발생하기 전에 우리 인류는 2020년부터 2030년까지 10년간 지구 평균기온 상승이 1.5도를 넘어서지 않도록 전 국가와 인류가 노력해야 하는 불가능해 보이는 과제에 직면해 있었다. 지금 코로나19 국면은 그러한 기후위기에 대한 과제에 충실히 답하지 않으면, 앞으로 더 큰 규모로 더 강력하게 전개될 감염병 시대가 도래한다는 것을 보여주었다. 그런 점에서 코로나19는 디스토피아적인 근近미래에 대비하기 위한 사회적 면역, 경험적 면역력을 갖추는 일일 뿐 아니라, 향후 기후위기로 인해 발생할 상상을 초월하는 비상사태 국면의 예행연습이라고도 할 수 있다. 감염병 시대에는 사람들끼리 거리두기를 해야 하지만, 기후변화의 결과로 빈번이 발생할 자연재난에는 반대로 사람들끼리 서로 모여 공동체적으로 더욱더 협력하고 연대해야 함을 잊어서는 안 된다. 실제 현재의 거리두기도 더 큰 연대와 협력의 한 방편임을 알아야 할 것이다.

재택근무가 장기화되면 정신적인 문제가 심화될 수도 있다. 심지어 가족끼리의 관계가 악화될 수도 있을 것이다. 따라서 이러한 국면을 극복하기 위해 언제나 긍정적이고 낙관적이며 유쾌한 마음 자세를 가져야 한다. 그리고 자신을 돌아보고 살피면서, 깊은 호흡으로 집착하는 마음을 내려놓으며, 대지의 공기와 바람을 온몸으로 느끼고 자연을 느끼며 사는 삶을 일상화해야 한다. 깊이 쉬고, 가능한 웃고 즐겁게 지내며, 그간 잊고 지내 온 사람들과 전화를 통해 대화를 늘리고 SNS에 선한 댓글선플을 통해 맑고 밝은 기운을 사회 속에 주입하기 위해 노력해야 할 것이다. 추락하는 경제위기를 최대한 연착륙시키되, 이를 돌이켜 다시 대량생산-대량소비-대량폐기의 시대로 돌아가려는 시도/욕망을 꺼뜨려야 한다.

다시 말해, 이 국면은 사회적 관계나 국가 시스템의 변동만이 아니라 사람의 마음과 정신의 변화가 수반되어야 한다. 우리 사회의 변화에 있어 분노와 저항은 파괴의 동력이지만, 건설과 창조, 대안과 희망의 동력은 '고마움과 감사'이다. 과거 당연한 것으로 생각했던 모든 일상이 지금 그렇게 소중할 수가 없게 느껴진다면, 우리는 사람들을 만나는 일, 웃고 악수하는 일, 숨쉴 수 있는 공기와 자연, 나를 존재하게 해 주는 생명에 대한 고마움과 감사를 놓치지 않을 일이다. 감사할수록 감사할 '꺼리'가 많아지고 감사의 감각이 발달한다. 감사의 에너지가 주변을 변화시키고, 사람들을 살리고, 자신의 정신을 살린다. 고마움과 감사가 바로 미래사회를 변화시키는 동력임을 잊지 말자.

동학을 창시한 수운 최제우 선생은 『용담유사』 「권학가」에 "아동방 3년 괴질 죽을 염려 있을소냐"라고 썼고 「몽중노소문답가」에 "십이제국 괴질운수 다시개벽 아닐런가"라고 말씀하셨다. 오늘의 시대가 동방에서 3년 괴질이 일어나고 이후 십이제국세계 모든 나라이 괴질에 걸릴 것이며, 이 괴질은 "다시개벽"의 시기가 될 것이라는 예언이다. 이제 "물질이 개벽되니 정신을 개벽하자"는 전환 시대의 큰 강령을 다시 깊이 새기자.

다시 개벽의 그 시대가 열리고 있다

—코로나19, 초연결사회의 도래를 확증하다

박길수

1.

'존재'가 그 존재를 가장 강력하게 과시하는 때는 '부재'할 때이다. 부모님이 돌아가신 뒤에야 고마움과 미안함, 우리에게 부모님이 있었음을 절감하는 것과 같은 맥락이다. '든 자리는 몰라도 난 자리는 안다'는 말도 같은 경우다. 세월호의 현장에서 우리는 끝내 나타나지 않는 정부, 부재한 국가를, 그 '없음'을 통해 고통스럽게 확인한 바 있다. 아마도 그때의 기억은 한반도에서 살아가는 인민 모두의 DNA에 뚜렷이 새겨졌을 터이다.

금번 코로나19에 즈음하여, 전 세계 주요 국가, 주요 도시의 시민들이 강제적인 혹은 자율적인 '자가 격리'를 경험하고 있다. 일상의 삶을 유보당하거나 빼앗긴 이후, 역설적으로 일상의 소중함을 격렬하게 확인하는 것도 부재가 불러일으키는 역설적인 각성의 현장이다. 일상의 부재 가운데서도 가장 고통스러운 것은 격리와 고립으로 인한 연결의 부재이다. 격리 중에도 온라인을 통해 간단없이 연결되어 있음을 확인하려 기를 썼다. 사실 스마트폰과 소셜미디어를 중심으로 한 온라인 연결 수단/기술의 발전이 이번 사태를 비교적 원활하게 풀어가는 데 결정적인 기여를 한 것은 분명해 보인다.*

그러나 그것이 전부는 아니다. 있을 때는 몰랐던 오프라인에서의 연결만남의 소중함이, 또는 오히려 거추장스럽기까지 했던 면대면面對面 접촉이 그리워지고, 소중함을 절감하는 것이 이번 사태에서 확인한 우리의 실상이다.

어쩌면 이조차도 청개구리 심보라고 여길 수도 있다. '혼밥족' '혼영족혼자 영화 보는 사람' 같은 신조어의 등장에서 보듯이 이미 우리는 오래전부터 '홀로화' 하고 있었다고 반론할 수 있다. 그러나 지금에서야 확인하는 것은, 그 홀로화조차 우리가 '연결되어 있음', '내 곁에 네가 있음'을 전제로 한 것이었기에, 맘껏 외로워하고, 그러면서도 견딜 수 있었다는 사실이다. 그러므로 코로나19가 적나라하게 보여주는 것, 선진국가의 허섭한 의료 시스템의 민낯보다도 더 강렬하게 말해주는 사실은 우리 존재가 본디 '연결되어 있음'이다. 그리고 인간의 연결되어 있음을 매개로 한 눈에 보이지 않는 바이러스의 공격으로부터 인류 스스로를 지키기 위해 세계 각국이 '국경폐쇄' '도시봉쇄' '외출금지'를 외치는 현실에서, 역설적으로 전 세계가 초밀도, 초고도, 초대량으로 연결된 '초연결 세계'라는 점을 뼈저리게 재확인한다.

---

* 구본근, 「타인의 안전이 나의 안전 확인한 '초연결 생존'」, 《한겨레신문》, 2020.03.02.

2.

부재와 격리의 여러 유형 중에서도 더 강렬하게 존재의 존재성을 웅변하는 부재는 건강의 부재 즉 아플 때이다. 독감을 진탕 앓을 때, 사람들은 내가 육신肉身을 가진 존재임을 온몸으로, 새삼스레 인지하고, 인식하고, 인정한다. 딱 그만큼, 지금 세계는 코로나19를 겪으며, 지구촌이 본래 한 덩어리一體라는 것, 인류가 어떻게든 하나로 이어져 있음을, 사람과 사람이, 나라와 나라가 서로 장벽이 없이 오고갈 때 우리가 건강하고 행복할 수 있음을 확인하는 중이다. 사회적 거리두기가 강조되면 될수록, 우리는 본래 이어져 있으며, 그것이 자연스러운, 생명다운 존재 방식이라는 사실이 더욱 두드러진다.

코로나19의 근원적인 원인은 기후변화로 인한 지구 생태계의 위기, 인간문명세계의 무분별한 확장의 결과 바이러스 위험지대로 지나치게 근접된 때문이라는 진단이 나오고 있다. 그 전에도 알고는 있었지만, 이제 누구도 기후 온난화=생물 다양성 감소=대규모 재앙=팬데믹전염병 대유행이 하나로 이어져 있음을 부인하지 못한다. 지난해 하반기 내내 뜨겁게 지구를 달궜던 호주의 초거대 산불, 이제 곧 문자 그대로 '다 녹아서 없어질 것'이 확실시되는 북극빙하 사태와 같이 이번 사태는 지구적 위기의 일상화를 온몸으로, 전 지구적으로 실감하게 하는 것이다.

이러한 '연결로서의 존재'와 '질병의 일상화'라는 두 개의 얼굴로 우리에게 다가온 코로나19는 다시, 우리인류에게 양자택일의 선택지를 제시하고, 선택을 강요한다. 그 하나는 '멈춤'과 '쉼' 그리고 '코로나 이후의 문명'을 모색하는 일이다. 다른 하나는 현 시점에 전 세계적으로 국가정부의 적극적이고, 선제적이고, 충분히 과도한 개입과 대처가 요구된 만큼, 이 사태 종식 이후 - 비대해진 국가정부, 공공의 통제력이 지속적으로 예상되는 2차, 3차 … N차 위기에 대응을 명분으로 유지, 확대, 강화되는 길이다. 한마디로 '빅 브러더'의 도래다.

코로나19 발생 초기에 가장 직접적으로 문제제기를 한 이는 『호모사피엔스』의 작가 유발 하라리이다. 유발 하라리는 코로나19와 관련하여 우리 앞에 두 갈래 길이 놓여 있는바, 그것은 '국수주의적 고립'과 '세계적 연대'의 길이라고 말한다.* 지금으로서는 인류가 어느 쪽을 선택할지 알 수 없으나, 분명한 것은 만약 우리가 분열, 즉 일본이나 중국이 택하고 있는 국수주의를 선택한다면 현재의 위기를 연장시킬 뿐만 아니라, 이후에 더 심각한 재앙을 연속적, 지속적으로 초래할 것이며, 세계적인 연대를 선택한다면 코로나19에 대한 승리는 물론, 21세기 내내 인류를 위협할 미래의 전염병과 언제나 싸워서 이길 수 있는 전략적 승리를 선취할 것이라고 말이다.

3.

현재 전 세계적으로 명실상부하게 최선의 대응 방법을 실현해 보이고 있

---

* 《한국경제신문》(인터넷판), 2020.03.22.

는 대한민국의 사례*는 유발 하라리가 우려하는 지점에 정확한 해법을 제시한다. 한국의 성공 사례는 두 가지 상반된 사실로 구성되어 있다.

하나는 성숙된 시민의식과 시민들의 자발적인 참여가 없으면 이러한 글로벌한, 눈에 보이지 않는 적과의 싸움을 이기기는커녕 전개해 나갈 수조차 없다는 사실이다. 일부 여론이 '외국에서의 입국 전면 금지 조치 시행'을 요구함에도 불구하고 정부가 끝끝내 폐쇄의 길을 택하지 않은 것은 그 일부 여론에 반박하는 것이 아니라 대다수 여론이 투명한 정보 공개와 공격적 진단으로 폐쇄 조치를 대체하는 정부의 입장을 지지한 덕분에 가능한 일이었다.

여기서 '성숙된 시민의식'은 오랫동안 한국인에게 선망의 대상이었고, 모범으로 여겨져 온 '서구적 시민의식'과는 다르다. 다시 말해 '서구화로서의 선진화'를 전제로 한 시민의식이 아니다. 이번 사태 초기에 유럽에서는 한국의 과감한 공격적 조치진단-경로추적-자가격리가 개인의 인권을 훼손하는 조치라며 거리를 활보하며 '자유를 만끽'하던 것이 그 대표적인 장면이다. 그러나 스위스의 경우 급작스럽게 휴교령을 내리고 일주일 만에 '5명 이상 모임 금지' 조치라는 사상 초유의 결정까지 내리게 되었다.** 결국 머지않아 거의 모든 유럽 국가의 시민들은 '마스크' 착용을 수용하는 등 예방적 조치와 당국의 강력

---

* "한국의 코로나19 방어책은 이른바 3T, 즉 검사(testing), 감염경로 추적(tracing), 격리와 치료(treating)로 일컬어지고 있습니다. 제가 보아서는 그 외에도 사회적, 물리적 거리두기(distancing), 손씻기(washing), 마스크 쓰기(masking)의 세 가지도 주효하고 있다고 생각됩니다."(박찬승, 페이스북, 2020.4.2) 박찬승 교수의 이 진단은 개인적인 견해를 넘어 세계적으로도 인정되는 추세를 보이고 있다.

** 「인구 100만 명 당 확진자 세계 최고가 된 스위스」, 《시사 IN》, 2020.04.01.

한 통제조치를 시행하는 쪽으로 입장을 선회하고 있다.* 한마디로 한국이 걸어간 길을 좇아오기 시작했다는 것이다. 오히려 한국은 선제적인 조치 덕분에 일부 종교시설을 제외하고 한국인이 정부와 보건 당국의 공격적인 조치에 압박감이나 거부감을 느끼는 경우는 없었다. 서울 거리는 서로 조심하는 가운데서도 놀라우리만치 일상적인 평온을 유지하고 있다 4.5현재. 생각해 보면, 이 장면에는 지난 촛불혁명에서 뚜렷한 실체로 드러난 '참여하는 시민'으로서, 한국적 시민의 모습이 그대로 투영된다. 그러므로 한국에서의 자가격리는 '개체로서의 하나'一, 單로 고립되는 것이 아니라 '전체로서의 하나'一, 全, 한로 귀일歸一, 同歸一體하는 '하나 됨 체험'으로 드러나고 있는 것이다. 그것이 한국인, 민족이 가진 특성이며, 세계인에게 보여주고 나눠줄 수 있는 가치이며, 새롭게 열리는 세계The starting point of the New World에 화수분 같은 자산이다.

성숙된 시민의식과 자발적인 참여가 알 속의 병아리가 껍질을 스스로 깨는 노력이라면, 다른 하나는 그 밖에서 알을 쪼아 깨뜨려 주는 어미닭처럼, '국가정부, 방역당국, 의료진'의 체계적이고 효율적이며 과감하고 신속한 조치가 선도하고, 또 뒤따르지 않으면 결코 넘어설 수 없다는 사실을 보여준다. 대한민국이 지금까지 보여준 성공적인 대처가 말해주는 것은 바로 이 점이다. 전대미문의 사태에 직면하여 정부중앙, 지방, 당국, 의료시설의 초기 행보에 어느 정도의

---

* 「유럽은 왜 세계의 병자가 됐나. 대응능력 과신으로 위기 자초」, 《뉴시스1》, 2020.04.02 : 「CNN, 마스크 착용, 아시아가 옳았다」 / 「대량검사 · 신속격리', 한국식 코로나 전략' 선택한 선진국들 - 한국 따라 간다」, 《연합뉴스》, 2020.04.02.

시행착오들이 없지 않았으나 혼란을 최소화하면서 즉각적인 대응조치들이 시행되었다. 이러한 혼란들이 더 큰 규모로 비화되지 않고 수습의 방향으로 길을 잡아 갈 수 있었던 것은 당국이 사태 발생 초기부터 '투명한 정보 공개'라는 대원칙을 고수하였고, 이에 대해서 시민국민, 인민들이 적극적이고 능동적인 신뢰를 보내 주었기에 가능한 일이었다.

강력하면서도 효율적이며, 무엇보다 민주적인 원칙을 최대한 고수한 한국의 사례는 중국의 전체주의적인 통제, 일본의 불투명한 방치, 스웨덴의 집단면역 체제4.7경 포기 등과 대조를 이루며 앞으로 세계 각국 정부 체제가 취해야 할 '민주적 스탠스'의 바람직한 전형을 보여주는 것으로 평가된다. 정부의 통제력정보수집을 인정하되, 정부의 일거수일투족이 투명하게 전체 시민에게 공개되고, 매 단계마다 합의를 통해 다음 단계로 이행하는 것이 현재 도달한 최선의 모델이다. '연결'의 관점에서 이야기하자면, 이것은 관민상화官民相和의 모범적인 사례이며, 천인공화天人共和의 동학적 전통이 '민주공화'라는 현실적 세계에서 어떻게 구현될 수 있는지를 보여주는 사례라고 할 만하다.

4.

"코로나19는 디지털 정보만이 아니라 개인과 사회의 모든 것이 하나로 연결된 초연결사회에서의 삶을 알려줬다. 다른 사람이 안전하지 않으면 나와 사회가 절대로 안전할 수 없는 초연결사회를 살고 있다는 것을 모두 확인했다."* 지금 이 순간3월 31일에도, 매서운 기세로 확산을 거듭하고 있는 코로나19 사태에 대해, 현재 거의 세계 모든 나라에서 국경폐쇄나 이동 금지 조치가 내려지는 방향으로 나아가고 있지만, 그것은 이번 사태의 악화를 막기 위해 취해지는 일시적인 조치로서, 폐쇄나 단절이 그 장면의 주된 의미가 아니다. 그것은 역설적으로 우리가 하나의 지구촌에 살고 있는 생명공동체임을 유감없이 보여주고 있으며, 지금 우리가 살고 있는 세계가 '하나로 통해 있음'을, 그리고 인간이 하나로 이어져 있음을 여실히 증명해 주는 장면이다. 게다가 애초에 이번 사태가, 인간의 신체와 사회가 자연 환경이나 여타 생물은 물론 바이러스와도 떼려야 뗄 수 없이 연결되어 있는 데서부터 비롯된 것이고 보면, '연결'은 단지 인간 사회, 국가와 국가만의 문제가 아니라는 '초연결'** 시대의 특성도 한결 투명해지고 있다. 이러한 초연결 시대에 들어선 지 얼마 되지 않은 지금 전 세계적으로 전개되는 격리와 고립과 멈춤은 새 시대로 더 건강하고 아름답고 행복하게 다가가기 위하여, 좀더 신선新鮮하게 만나기 위하여 반걸음 뒤로 물러서는 일이다.

그렇게 반걸음 물러서서 생각하면, 우리는 이번 사태를 계기로 인류가 진정한 의미에서 하나의 種으로서의 '인류'로 거듭날 수 있는 계기를 마련하였다는 자각이 일어난다. 한국적 정서로 말하자면, '밥을 같이 먹는 사람은 식구'라

---

* 「타인의 안전이 나의 안전 확인한 '초연결 생존'」, 《한겨레신문》, 2020.03.02.

** '초연결'(hyper connect)은 사람과 사람 사이뿐만 아니라, 사람과 사물, 사물과 사물까지 연결된 것을 말한다. AI와 IoT가 선도하는 이른바 4차산업혁명 시대의 기본 구조를 형성하는 것이다.

면 '함께 고난을 이겨낸 사람은 우리'라고 할 수 있다는, 다시 말해 '공통의 경험'을 공유하는 데서 비롯되는 것이다.* 이것은 또 근대 이후 이른바 '세계화'라는 것이 사실상 '자본의 세계화'였던 데 대하여, '생명의 세계화'라고 부를 수 있는 '거대한 전환'의 국면에 우리가 들어섰음을 의미한다. 본디 생명은 세계에 편만한 것이었다. 근대 세계는 그 생명을 단절하고 분열시켜 그 사이에 자본을 개입시켰다. 생명을 담보로 자본의 이익을 극대화시켜 온 것이다. 자본에 빙의된 인간은 지구의 정복자로 군림하며 오만의 극치로 내달렸지만 실상은 자본을 살찌우는 커넥터 역할을 한 셈이지만, 이제 민낯의, 생생한 인간의 모습으로 서로에게 이어지고, 그리하여 하나가 된 '신인간新人間-신인류新人類'는 지구상의 생명공동체의 한 구성원으로서, 즉 N분의 1로서 자리매김하여 있음을 자각할 수 있게 되었다. 또 그에 값하며 살아가는 것이 인간 자신의 생명력을 고양하는 길이고, 가장 '자연스러우며 현실적이고 실제적인' 태도이며, 또한 가장 지속가능하고 행복 지향에 적합한 현실-존재임을 인식할 수 있는 영성靈性적 진화를 자각하게 되었다.

이것은 지난 20세기 내내 끊임없이 경계의 대상이 되어 왔던 인간중심주의human-centralism, 시나브로 그 입지가 좁아져 왔으나 여전히 현실적으로 위력을 떨치고 있는 그 파멸적 근대 문명의 기저에 종지부를 찍고, 분명한 구멍=문門을 만드는 일이다. 이 문을 통해 우리 인류와 지구생명공동체는 지

* 상상컨대, 앞으로는 세계 어떤 나라 어떤 낯선 사람을 만나도, "코로나19 때 너는(혹은 너희 나라는) 어땠어?"라고 이야기를 시작할 수 있게 되었다.

금까지와는 다른 세계로 나아갈 수 있게 될 것이다. 코로나19 이전에도 이러한 움직임은 이미 뚜렷한 추세를 형성하고 있었다.

근대문명의 균열 조짐은 예컨대 열악한 공공의료시스템이탈리아, 스페인이나 의료민영화의 폐해미국 등에서 극단적으로 드러난다.* 급기야 '세계 1등 국가 미국'은 러시아로부터 의료품을 구호 받는 처지가 되면서 실상을 드러내고 말았다.** 좀더 큰 틀에서는 "과거 약 300년 동안 서구 주도로 이뤄져 왔던 근대주의 사상과 그에 기초한 사회변화가 인간/비인간, 정신/물질의 이원론을 토대로 인간중심주의를 추구한 결과, 이러한 '인류세'의 위기를 초래했다고 진단하고 있습니다. 이런 위기를 극복하기 위해서는 근대주의의 토대를 이루는 이원론과 인간중심주의 대신에 일원론과 탈인간중심주의를 모색하고 추구할 필요가 있다는 절박한 문제의식이 21세기 사상의 특징을 이룬다고 할 수 있겠습니다."***

이러한 특징을 일러 '다시 개벽 시대'로의 진전이라고 하면, 가장 적확할 것이다. 이 다시 개벽에 즈음해서야 비로소 우리는 '인류'가 된 것이다.

물론 관성적인 '낙관'은 금물이다. 아직은 가야 할 길이 멀기 때문이다. 이번 코로나19 사태는 우리인류 집 문 앞에 배달된 택배과제의 극히 일부분일 뿐이다. 코로나19는 머지않아 종식되겠지만그렇게 되기를 바라지만, 그 종식을 알리

---

* 「코로나가 무너뜨린 신화들」, 《한겨레신문》, 2020.03.31.
** 「러시아, 미국에 의료 장비 지원」, 《KBS》(특파원), 2020.04.02.
*** 「코로나는 '인류世의 위기'… 인간중심 · 이원론에 대한 반성 요구」, 《문화일보》, 2020.03.01.

는 '카톡 알림'은 그다음 택배'코로나20'일지, '코로나v.2'일지 모르지만가 도착했음을 알리는 초인종 소리에 불과할 것이다. 전 세계의 수많은 전문가들이 앞으로 상당한 기간 동안 인류는 이번 코로나19와 같은 위험 요소에 더욱 빈번하게 노출될 것이며, 그 위험의 강도도 더욱 심해질 것이라고 예측한다. 다시 말해 코로나19로 인한 지금의 사태는 빙산의 일각으로, 그 아래에는 훨씬 더 크고 무거운 위험 요소들이 다음 차례를 기다리며 대기 중이라는 것이다. '인류공동체, 지구공동체, 생명공동체'를 존재/인식이 거의 일치하게 경험/인식하는 '다시 개벽 시대'의 도래와 함께, 우리는 이제 인간이 치명적인 멸종 시대에 접어들었음을 새삼스럽게 확인하게 되었으며, 사방이 생명에 위협적인 지뢰투성이인 지역/시대에 접어들었음을 실감하게 되었으며, 전 지구적 차원에서 그리고 전 인류의 지평에서 공통의 죽음을 직접적으로 목격하고 경험하고 공감할 수 있는 물질적, 정신적, 소통적疏通的 토대가 구축되어 있음을 알게 되었다.

5.

비관적 사태의 전개 기간을 최소화하고 낙관적 세계의 도래를 하루, 한시라도 앞당기기 위해서 우리가 할 수 있는 일은 무엇인가? 첫 번째는 이번 재난의 의미를 작은 데서부터 큰 데까지, 가까운 데서부터 먼 데까지, 낮은 데서부터 높은 데까지 낱낱이 수집하고 분석하고 정리하는 일이다.* 이것은 당면한 과제인 코로나19 백신 개발과 병행해야 하는 것은 물론이다.

두 번째는 앞에서 언급한바, 코로나19는 최근의 유사한 사례 - 메르스, 사스, 에볼라 - 등의 연장선상에 있을뿐더러, 호주의 대화재나 북극빙하의 멸실 사태와 나란한 것임을 재확인하는 일이다. 심정적인 수준에서 나아가 실질적인 경로와 메커니즘을 규명해 내야 한다.

세 번째는 우리가 서로 연결된 존재라는 사실, 이 세계가 다양한 차원에서 다양한 방식으로 서로 이어진 세계사회라는 사실을 새롭게 인식하는 일이다. 지금까지 당연한 것으로 여겨 왔던 것을 '새삼스럽게' 각인하고, 국가정부에서부터 교육현장, 그리고 개개인의 삶에서 그 의미를 살리는 살림을 영위해 나가야 한다. 한마디로 새로운 삶의 틀을 구축해 나가야 한다.

이런 관점에서 보면 '마스크'는 코로나 바이러스로부터 나를 지키고, 감염자로부터 나를 격리시키는 도구가 아니라 코로나 바이러스를 뚫고 너에게 다가가기 위한 도구가 된다. 그리고 이번 사태에 직면하여 사회 구석구석에서 자발적, 자율적, 자생적으로 일어난 수많은 사례들이 이미 그것을 성취해 나가고 있다. 재난의 최전선이던 대구로 달려간 의료진을 필두로 해서, 경제적으로 가난하지만 하나둘씩 모은 마스크를 익명으로 기부한 경우, 확진자 동선을 표시하는 앱을 개발하여 무상제공한 젊은이까지 미담사례 하나하나

* 이 기획도서가 이미 그 작업을 시작한 셈이다.

가 우리가 '우리'임을 느껍게 증명해 주고 있었다. '물리적 거리두기'를 뚫고 '마음과 마음을 연결'하는 이러한 사례들은 당장의 위기를 극복하는 데 큰 힘이 되는 것은 물론이고 "미래에 다가올 위험에 대처할 힘을 기르기 위해 교육, 보건의료 등 다양한 분야에서 개인과 지역 공동체의 공생을 장기적으로 지원하는 지속 가능 발전을 실천한다."*는 점에서 더욱 소중하다.

네 번째는 생명의 투명한 연결, 초연결의 생명평화 친화적 작동에 개입하는 노이즈noise를 최소화하는 것이다. 이번 사태와 관련해서 말하면, 가짜뉴스나 혐오가 대표적인 사례이다. 이것을 제거하는 최선의 길은 1차적으로는 외적으로 '투명성'을 강화하는 것이다. 한국의 사례가 전형적이다. 그러나 좀 더 근본적으로는 개개인의 심성에서 자극적이고 도발적인 폭력성을 제거해 나가는 수양적 문화를 심화하고 확산시켜 나가는 일이다. 이런 점에서, 이번 사태에서 가장 주목을 받았던 종교계의 '코로나 이후' 행태가 기대된다. 종교계는 금번에 최대의 위기에 직면하였지만, 그들의 영성을 발휘한다면, 새로운 기회의 세기로 진입할 계기가 될 수도 있다.

다섯 번째는 새로운 일상, '뉴 노멀'의 구축이다. 이미 일본 정부는 올림픽 연기를 포함하여 이번 사태에서 입은 유형무형의 피해에도 불구하고 내년 이후 아베 정권의 연장과 '개헌'을 획책하는 데 이번 사태를 활용할 준비에 착수하였다는 보도도 들리고, 이번 사태를 전 세계적인 규모, 전 인류적 차

---

* 정은주 KOICA 경영혁신기획팀 과장, 「코로나19의 교훈, '사회적 연대'를 되살리자」, 《프레시안》, 2020.03.30.

원의 협력 체제 재구축과 증진의 계기로 삼기보다 미국과 중국의 체제 경쟁 2라운드 무대가 될 것이라는 전망도 나오고 있다. 또 이번 사태에 뒤이어 들이닥칠 경제위기-식량위기 등의 국면에서 '권위주의-전체주의' 정부의 등장과 그로 인한 디스토피아 세계의 도래를 예견하는 사람도 있다. 국내적으로도 산업 체제의 재편과 그로 인한 대규모 실업, 실직, 폐업이 필연적으로 뒤따를 것이라는 전망도 없지 않다. 어떤 경우든 '새로운 기업' '새로운 산업' '새로운 질서'는 등장할 것이다. 그 기업과 산업과 질서에 지금-여기의 대다수의 시민-민중이 행복하게 동승하느냐, 도태되고 소외되느냐의 문제가 있을 뿐이다. '도시 재개발'에서 '도시 재생사업'으로의 전환을 도모했듯이, 우리는 새로운 가치와 질서의 도래가 기존의 '살아 있는 생명사람'을 도태시키면서 진행되는 것은 결코 용인할 수 없다.

그런 점에서 지금 누구나 갈망하고 있는, '코로나19와의 전쟁에서 승리'하고 '하루속히 예전의 일상으로의 복귀'하는 시나리오는 재고되어야 한다. 우리가 되찾고자 하는 소박한 일상은 수천조 원의 재원을 투입하여 되살리려고 하는 '자본주의 경제 체제'여서는 안 된다. 무한성장의 신화를 끝내 고수하는 대량생산-대량다종소비의 구체제로의 복귀여서는 안 된다.

이제야말로 근대 세계로부터 한 걸음 더 나아가야 한다. 지금 이 순간 우리에게 필요한 진정한 승리는 '지는 것'이다. "지는 것이 이기는 것"이라는 말이 지금처럼 적확한 때도 없다. 브레이크 없이 질주하던 '현대 문명'에 천운天運이 돌아와서 수천 년 인류 역사상 처음으로 '일단 멈춤'이 펼쳐지고 있다. '멈추면 비로소 보이는 것들'이 있다.* 우리는 근대문명, 현대문명, 물질문명의 패배를 인정하고, 새롭게 시작할 수 있게 되었다. 백척간두진일보百尺竿頭進一步다. 그 벼랑 끝, 벼랑과 벼랑 사이, 그 너머에는 '다시 개벽'의 새 시대가 놓여 있다. 과거로의 회귀, 예전 일상으로의 복귀가 아니라, 새로운 인간-하늘 관계, 새로운 인간-인간 관계, 새로운 인간-만물 관계를 경천敬天과 경인敬人과 경물敬物 같은 개벽적 관점으로 재편함으로써 우리 지구촌 생명공동체의 삶과 살림을 다시 시작할 수 있게 되었다.

지금 우리가 겪는 사회적·물리적 거리두기, 통행금지, 여행금지, 국경폐쇄, 도시봉쇄 등은 "잠시 멈추어 보자, 돌아보자"는, "참회의 자리/시간을 만들자"는 하늘의 명령天命이다. "보이지 않는 그 속에서 보이는 것을 찾고, 들리지 않는 그 가운데서 들리는 소리를 들어보자"는, 홀로가 됨으로써 다시 '우리는 하나同歸一體'임을 생생生生하게 경험하는 깨달음의 시간이다. 전일적全一的 생명으로서의 인류 양심養心=하늘天이 주시는 거룩한 개벽의 소리天語, 복음福音이다. 하나의 시대가 끝나고 새로운 시대, '다시 개벽의 그 시대'가, 지금 열리고 있다.**

---

* 「코로나의 역설, 인간이 멈추자 지구가 건강해졌다」, 《동아일보》, 2020.04.03 검색.
** 이 글에는 필자가 '코로나19'와 관련하여 최근에 집필한 여러 문장이 일부 인용되어 있습니다.

인류가 우리다

심규한

1.

2011년 3월 11일 태평양 해저에서 발생한 지진의 여파로 쓰나미가 동일본을 강타했다. 그리고 연쇄적으로 후쿠시마 원전에서 수소 폭발이 일어나고 방사능이 유출되는 사고가 발생했다. 엄습을 누구도 예상하지 못했다. 지진은 물론 후쿠시마 원전 사고와 앞으로 그것이 미치게 될 영향까지. 그때까지, 대부분의 세계인은 일본의 높은 기술력과 시민의식, 재난 대처 능력을 전혀 의심하지 않았다. 하지만 신화였다. 그 사고에서 우리가 얻은 가장 큰 교훈은 그 누구도 믿을 수 없고 그 무엇도 안심할 수 없다는 것이다. 한국사회에서 세월호가 끼친 충격처럼 후쿠시마는 현대 기술문명에 우리가 대면해야 할 현실을 고발하는 계기가 되었다. 우리는 이미 위험사회를 살고 있고 불안이 일상화되고 있다.

코로나19를 겪으며 우리는 지금 전 세계적인 장기 비상사태를 겪고 있다. 역시 누구도 예상하지 못했다. 태평양 해저의 지진으로 쓰나미가 일어나 덮

치며 벌어진 일처럼 그것은 엄습했다. 예상하지 못한 연쇄반응이었다. 이름도 생소한 우한이라는 한 도시에서 처음 번진 코로나19 바이러스의 감염으로 전 세계가 순식간에 혼란에 빠지고 말았다. 식료품과 화장지의 사재기와 외국인 혐오, 무능한 정부와 부실한 의료 체계, 치료는커녕 진료조차 못 받는 노인, 실업자, 외국인 등 사회적 약자들부터 시작되어 의료 시스템은 물론 식량, 교통, 경제 시스템이 멈추기 시작했다. 국가의 안전망이 무너지면서 개인이 각자도생해야 하는 준전시상태에 노출되고 있다. 이렇게 도래한 장기 비상사태에 대해 세계는 새로운 해법을 찾아야 하는 상황이다.

우리는 벌써 예측했어야 하지만 예측하지 못했던 것들에 대해 대처하는 방법을 찾아야 한다. 근대 자본주의 문명의 환각에 갇혀 편견을 자각하지 못한다면, 끝내 보이는 것만 볼 뿐 보이지 않는 것을 보지는 못할 것이다. 자본이라는 눈가리개에 가려 자본의 탑 끝에 올라서서 멸망하는 세계를 방관하게 될 것이다.

2.

코로나19의 경고야말로 마지막 기회일지 모른다. 지금이야말로 우리가 속한 국가와 세계 시스템에 대해 성찰하고 개선해야 한다. 이것은 국가는 물론 인류공동체의 미래와 관계된 문제이기에 매우 중요한 문제다. 세계화 시대에 인류공동체를 생각하지 않는다면 지구라는 공유지의 비극은 훨씬 빨리 도래할 것이다.

우리가 그토록 믿었던 교통이 바이러스를 퍼뜨리고, 우리가 그토록 믿었던 인터넷이 가짜 뉴스를 퍼뜨렸다. 우리는 면역에 취약했고, 선동에 무력했다. 이런 물질적 정신적 바이러스가 그토록 믿었던 속도로 역공을 가하자 그토록 견고해 보이던 국가와 세계 시스템이 마비되고 말았다. 세계가 정교하고 거대한 기계가 되면 될수록 예상치 못한 버그에 더 취약하게 되었다. 맹목의 성장신화에 사로잡힌 자본주의 문명의 판돈은 한정 없이 쌓아 올려졌고, 무모한 도박판에서 벗어날 길도 없다. 21세기 불안과 위험은 일상이 되었다. 아니, 그래야 한다고 코로나19는 경고하고 있다. 끝내 우리가 아는 것만 알고 모르는 것은 모른다면 이 도박판에서 벗어날 수 없다는 것을. 그렇다. 문제는 아는 것에 있지 않고 모르는 것에서 비롯된다.

소위 서양의 선진국들이 코로나19에 안일하게 대처하다가 혼란에 빠져 사재기를 하고 필사적으로 각자도생의 길을 도모하는 비상사태의 모습을 보여주고 있는 것은 위기 앞에 무력한 현대인의 실상이다. 그런 점에서 코로나19야말로 우리 문명에 질문을 던지는 스승이다. 과연 이에 대해 우리가 홉스적 만인 대 만인의 투쟁 사회에 대한 레비아탄국가으로 대처할 것인가 아니면 보다 차원 높은 인류의 연대를 만들어갈 것인가 선택의 기로에 섰다고 볼 수 있다.

우리는 두 개의 '우리'의 길 중 하나를 선택해야 한다. 국가적 차원에서 배타적 민족국가 단위로 전쟁 체제에 돌입할 것인가 아니면 인류적 차원에서 호혜 관계를 기반으로 한 국제 연합으로 재편해 갈 것인가 하는 문제다. 이런 상황에서 최근 한국 정부의 대처 방식은 후자의 길에 희망을 걸도록 하고 있다.

소위 세계체제의 개혁을 위해 의식과 사유의 재정비가 필요한 시점이다. 먼저 근대적 주체이며 개인인 '나'와 근대적 공통의식으로서의 민족국가 단위인 '우리'의 정체성을 다시 정립할 필요가 있다. 우리는 우리 스스로 자기를 오해하고 있다. 오해가 잘못된 사유와 잘못된 결정을 낳는다. 따라서 올바른 정체성을 재정립하는 일이 근본적으로 필요하다. 지금까지 개인, 사회, 국가, 국제의 문제들은 '나'를 이기적 주체로 규정하고, '우리'라는 공통의식을 배타적으로 협소하게 규정하여 벌어진 전쟁 상황에서 비롯되었기 때문이다. 협동이 아닌 경쟁이 삶과 사회와 국가 발전의 동력이었기 때문이다.

3.

아이러니다. 고루한 집단주의로 그토록 혐오하던 '우리'라는 말에서 문제 해결의 힌트를 발견할 수 있다니.

흔히 외국인이 낯설어하는 국어 습관 중 하나가 바로 '우리'라는 말의 사용이다. 우리는 주어인 '나'를 사용할 곳에 대신 '우리'를 사용할 때가 많다. 우리 남편, 우리 학교라는 말이 그렇다. 우리말의 습관에서는 주체인 '나'와 '우리'가 구분되지 않는 경우가 많다. 합리적 개인주의가 발달한 서양의 시각에서는 잘못된 표현으로 느껴질 것이다. 사실 이 때문에 정리에 얽매여 비리가 많아지고, 학연-지연-혈연의 완고한 소속감으로 개인을 구속하고 바람직한 변화를 불가능하게 하기도 한다. 소위 집단의식이 너무 강하다. 그래서 '우리'라는 말은 강압적으로 느껴지고 거북할 때가 많다.

더구나 계급과 이데올로기와 민족 갈등이 첨예한 한반도에서 우리는 너무도 쉽게 부정적 집단주의의 선동에 넘어갔고 이용당했다. 빨갱이, 왜놈, 뙤놈 같은 말은 언제나 우리를 편협한 배타주의에 빠뜨렸다. 사유를 마비시키고 아드레날린만 증폭시켰다. 집단이 조건반사의 동물처럼 호명되었다. 독립운동을 제외할 때, 민족의 우수성 운운하는 말들은 은연중 열등감을 숨긴 배타적 우월감에 가까웠다. '우리나라'니 '우리 지역'이니 '우리 학교'니 '우리 가족'이니 하며 감정적으로 호소하는 말들은 얼마나 빈약한 선동인가? 나와 집단을 동일시하는 '우리'의 언어 습관이 이런 약점을 더욱 강화시켰다. 개인의 주체적 사유와 책임의식의 성장을 방해하고, 권력에 대한 복종과 집단에 대한 맹목의 강요는 분명 배타적인 해결책으로 귀결될 수밖에 없었다. 20세기는 그랬다.

하지만 역설적으로 이것은 우리가 그만큼 공동체인 '우리'를 지향한다는 뜻이기도 하다. 인간이 사회적 동물인 이상 공동체 지향은 사라지지 않는다. 그런 점에서 '나'와 '우리'를 동일시했던 언어 습관은 유구한 의미가 있다. 태초부터 인간의 행복과 의미도 공동체 안에서 비로소 가능한 것이었다. 개인이 분리되기 전 인간의 목적은 공동체였다.

그렇다. 이왕 공동체가 필요하다면 제대로 된 공동체를 가져야 하지 않겠는가? 그래서 나는 현대인의 주체인 '나'와 '우리'의 규정을 다시 하고 그것에 입각해 생각하고 행동하며 사회와 국가와 세계를 재정비해야 한다고 생각한다. 그럴 때 우리에게 너무나 익숙한 '나=우리'의 사고가 미래지향적 대안을 모색하는 데 결정적인 열쇠가 될 수 있다고 생각한다. 코로나19라는 위기의 상황에 온 나라 사람들이 뭉치고 협력하는 모습을 보며 더 그렇게 생각하게 되었다. 이것이 어쩌면 '나=우리'인 사고의 풍토에서는 자연스럽게 작동하는 공감과 공통의식의 능력인지 모른다. 우리는 무의식중에 '나'뿐 아니라 '우리'를 전제로 판단하고 행동하는 경향이 있는지 모른다. '나'의 정체성 안에 여전히 '우리'가 있기 때문이다.

4.

서구적 근대 시민혁명은 유럽의 자본주의 발달과 분리해서 생각할 수 없다. 유럽 사회는 상업자본주의에서 산업자본주의로 성장하는 과정에서 합리적 이기심으로 살아가는 개인을 탄생시켰다. 바로 부르주아다. 그들은 돈을 목적으로 살아가는 상인의 후예들이다. 과거 상인의 이기적 욕망 충족을 목적으로 하는 치부 활동은 동서양을 막론하고 비도덕적인 일로 경계의 대상이었다. 그들은 국가 경제를 위해 필요하지만 국가의 질서와 안정을 파괴하기 십상인 존재이기도 했다. 상업의 부가 실제로 권력에 위협 요소가 될 수도 있기 때문에 권력은 언제나 상업을 정치적 통제 범위 안에 두고자 했다.

하지만 15세기 이후 해양을 둘러싼 경쟁으로 상업자본이 서양의 패권 국가들에 중요한 영향력을 발휘하기 시작하며 부르주아적 사고방식이 점차 영향을 미치기 시작했다. 칼뱅의 종교개혁은 유럽 사회에서 상업자본가들에게 면죄부를 주고 오히려 그들을 근면과 성실의 미덕을 갖춘 개인으로 칭송하는 계기가 되었다. 경제학의 아버지로 불리는 스미스도 『국부론』에서 시장의 자유로운 경쟁을 옹호하기 위해 이기심에 의한 개인의 행위가 보이지 않는 손에 의해 사회적으로 유익한 결과를 낳는다고 말했다. 이것은 부르주아의 이익 추구 행위를 정당화하는 말로 사용되었다. '보이지 않는 손'은 다분히 기독교의 전통 안에서 신의 손을 의미했다. 스미스가 옷핀 공장의 예를 들며 분업화에 의한 기계화를 옹호했던 이유도 바로 인간의 이기적 목적인 자본 획득을 합리화하는 논리가 되었다. 그는 국가의 부를 위해 썼지만 실제로는 자본가의 부를 합리화하는 데 사용되었다. 유럽은 결국 부르주아의 이데올로기를 받아들였다.

왕과 귀족의 압박에 시달리던 민중에게 그것은 자유를 의미했다. 시민혁명이다. 프랑스 혁명의 자유, 평등, 우애 사상은 공화국을 지탱하는 민주주의 이념이다. 하지만 민중의 민주주의는 경제인인 부르주아의 자유를 확보하는 동시에 제한하는 양날의 칼과 같은 것이 되었다. 그에 따라 시민의 의미도 합리적 개인으로서 이기적 욕망을 추구하는 경제인이며 동시에 휴머니즘의 이상을 지향해야 하는 정치인이 되어야 했다. 자본주의 안에서 경제인과 정치인은 모순적이다. 휴머니즘 안에서 동거해야 한다. 하지만 타자를 배반하는 이기심의 본성으로 경제 권력은 정치적 의무를 배반하려는 경향이 있다. 자본의 본성은 이기적 목적을 위해 쉽게 비용을 외부화하기 때문이다. 즉 자본은 사회적 책임을 방기하고, 반대급부로 사회주의가 등장하게 된다.

사회주의는 휴머니즘의 정치력 안에 경제력을 통제하려는 기도다. 그런 까닭에 자본주의에 대항한 마르크스주의도 인간중심주의적 사고에서 벗어나본 적이 없다. 현대까지의 서구적 사고방식 안에서는 좌파든 우파든 인류 공동체로서 인간만이 '우리'의 범주에 속한다. 그러다보니 인간 외부에 문명의 모든 비용이 전가되어 버린다. 왜냐하면 자본주의 안에서 살든 사회주의 안에서 살든 '우리'를 지탱하는 '개인'들은 이기심의 충족이라는 목적 달성을 위해 경쟁하는 자본가의 후손이기 때문이다. 환경오염과 생태파괴는 이러한 현대문명의 필연적 결과다.

그러나 1960년대에 벌어진 일련의 사태를 통해 이러한 의식에 균열이 생기기 시작했다. 1962년 출판된 레이첼 카슨의 『침묵의 봄』은 석유화학 문명에 의한 환경오염과 생태 파괴의 심각성을 알렸고, 1969년 아폴로 11호의 달 착륙과 함께 펼쳐진 우주 시대는 '하나의 푸른 점'인 지구를 보여줌으로써 지구 자체를 전일적 생명으로 바라볼 수 있게 하였다. 이와 더불어 68혁명 이후 생태 운동은 '우리'의 범주를 인간에 국한하지 않고 지구 생명으로 확장할 것을 요구하고 있다. 수많은 환경오염과 생태 파괴를 열거할 필요 없이 스리마일1979, 체르노빌1980, 후쿠시마2011로 이어지는 원전사고와 구제역, 조류독감, 사스, 메르스, 코로나 바이러스의 창궐 앞에서 우리는 휴머니즘의 한계를 절감한다. '나'는 너무 이기적이었고, '우리'는 너무 협소했다.

5.

하지만 우리 한민족의 전통은 이미 오래전부터 '우리'를 존재 전체인 하늘로 바라보고 있었다. 우리 조상은 애니미즘적 사유를 통해 세상을 온통 약동하는 생명으로 바라보았다. 그 총화가 바로 한하늘이다. 하늘을 숭배하는 경천사상은 바로 이런 애니미즘적 생명관에서 비롯되었다. 애니미즘적 사고에서는 모든 것이 님이다. 또 우리에게는 하나님이나 하느님이나 같다. 하나는 낱낱의 하나이기도 하지만 모든 것을 합한 아니 모든 것을 포함하는 일체이기도 하다. 그것이 근원어根源語 '한'이다. 그래서 한은 하나이고 하늘이기도 하다. 각각의 모든 것이 하나다. 한민족 한국도 그런 의미가 있다. 다름을 포함하는 공통의식으로서의 우리다.

이것을 19세기에 동학이 재발견한다. 수운 최제우1824-1864는 관념화한 하늘에 다시 생기를 불어넣었다. 저 멀리 있는 하늘이 아니라 바로 내 안에 있는 하늘을 발견하였다. 그것이 바로 시천주侍天主다. 수운은 모실 시侍를 설명하여 각지불이各知不移라 말했다. 하느님이 내 안에 있음을 각자 깨달아 옮길 수 없다는 뜻이다. 이를 해월 최시형1827-1898은 다시 '사람이 하늘이다'라는 말로 표현하고, 경천敬天 경인敬人 경물敬物의 삼경三敬 사상으로 설명하였다. 즉 먼저 자기 안의 하늘을 섬기고, 사람을 섬기며, 사물까지 섬겨야 비로소 온 세상의 조화로운 덕에 합해진다고 하였다. 그는 '경천敬天으로써 인오동포人吾同胞 물오동포物吾同胞의 진리를 깨닫는다'고도 말했다. 동포는 원래 한 배에서 낳은 자식이라는 뜻인데, 바로 나를 포함하는 세상 만물이 모두 하나라는 '우리'의 뜻과 같다. 그래서 천도교에서는 하나인 우리라는 의미를 살려 한울님이라고 한다. 즉 하늘을 깨달으면 모든 사람이 우리고, 세계의 모든 생물 무생물 또한 우리임을 알게 된다는 것이다. 거기까지 가야 온전한 깨달음인 것이다. 그래서 동학은 사물 하나하나까지도 극진히 아끼고 나와 같이 소중히 여긴다. 해월은 새소리도 시천주한다고 말하고, 하늘 아닌 것이 없으니 땅바닥에 침도 함부로 뱉지 말라고 하였으며, 땅을 찍으며 걷는 나막신 소리에도 가슴이 아팠다고 한다. 이렇게 모두가 하나인데 어찌 나눌 수 있겠는가? 대량생산 대량소비 대량폐기는 불가능하다. 환경오염 생태 파괴는 동학의 입장에서 생각할 수조차 없는 일이었다. 하나인 작은 '나'와 한인 큰 '우리'가 다르지 않았기 때문이다.

6.

그런가하면 불교가 '나'를 다루는 시각도 주목할 필요가 있다. 부처의 입장에서 '나'의 실체는 없다. 무아無我다. 대신 부처는 '나'의 자리에서 존재의 인과 연쇄와 관계를 발견한다. 부처는 우루벨라 마을의 네란자나 강변 보리수 아래서 깨달음을 얻고 7일간 삼매의 황홀경을 누린 뒤 초저녁에 12연기를 명료하게 사유했다고 말한다. 12연기는 존재를 무명無明 즉 무지에서 비롯된 연쇄 반응으로 시작되어 생로병사의 고통까지 이어지는 것으로 설명한다. 석가모니의 생각으로는 '나'라는 존재 자체가 실상이 없고 인연생기의 연쇄 현상이기 때문에 그것을 통찰하여 바로 알면 곧 고통에서 벗어나게 된다. 또한 부처는 연기법을 '이것이 있으므로 저것이 있고, 이것이 생기므로 저것이 생긴다. 이것이 없으므로 저것이 없고, 이것이 사라지므로 저것이 사라진다.'라는 말로 설명하였다. 즉 '나'라는 존재는 실체가 없고 관계의 맥락 안에서만 존재하는 것이다.

이것이 심화되어 대승불교에서는 '나'가 곧 전체와 같다는 의식으로까지 발전한다. 의상은 『법성게』에서 그것을 '일중일체 다중일一中一切多中一, 일즉일체 다즉일一卽一切多卽一 일미진중함시방一微塵中含十方'이라고 표현하였다. 하나 안에 일체가 있고 일체 안에 하나가 있다. 하나가 곧 일체이고 일체가 곧 하나다. 티끌 하나에도 온 우주가 포함되어 있다. 의상의 말은 고유한 한 사상의 맥락과도 일치한다. 하나 안에 일체의 한이 있고, 일체의 한 안에 하나가 있다는 것이 곧 '한'의 의미이기 때문이다. 이러한 전일적 사고방식에 의해 불교와 전통적 사유가 쉽게 일치를 경험한다.

7.

지금 코로나19는 현대문명에 던져진 화두話頭와 같다. 기존 서양식의 사고로는 뚫을 수 없기 때문이다. 아는 것만 알면 끝내 모르는 것을 모른다. 모르는 것을 알기 위해서 타자를 발견해야 한다.

타자의 발견은 타자의 아름다움을 통해서도 가능하지만 타자의 고통을 통해서도 가능하다. 타자의 비명 앞에 우리는 더 직접적으로 호명된다. 비명은 실존에 응답을 요구한다. 우리는 타자의 고통에 공명한다. 인간을 떠나 생명은 생명의 고통 앞에 슬픔을 느낀다. 연민을 느낀다.

만약 우리가 코로나19로 인해 슬픔 대신 혐오를 느낀다면 우리는 정말 지옥 속에 사는 것이다. 하지만 그 고통 속에서 슬픔을 느낀다면 사랑을 회복할 수 있는 힘이 있다고 생각한다. 슬픔을 나누는 과정을 통해 '나'와 '우리'도 거듭날 것이라고 믿는다.

그럴 때 1960년대 이후 등장한 생태적 자각과 우리의 오랜 사유는 좋은 안내자가 될 것이다. 동서양이 시대의 과제 앞에 일치를 찾을 것이다. 서양과학의 첨단에서 발견한 생태적 관점에서나 동학의 생명적 관점에서 또 불교의 연기적 관점에서 모든 것은 하나일 수밖에 없다. 이것은 우리가 인간의 차원에서 생명의 차원으로 아니 무생물까지 포함하는 존재의 차원으로 새롭게 각성해야 함을 의미한다. 타자의 고통에 동참하며 생태와 생명과 연기의 관점을 회복할 때 내가 너고 네가 나고 모두가 나여서 나 아닌 것이 없을 것이다. 저마다 다른 모두가 우리다. 그렇게 하나일 것이다.

코로나19는 21세기에 우리에게 찾아온 하늘[자연]의 질문이다. 코로나19 시대에 우리는 지구생명의 관점에서 '우리'를 다시 규정하고 민족국가를 넘어서는 인류의 관점을 명확하게 의식해야 한다. 나아가 지구와 우주까지. 그러한 목표를 두고, 당장의 제1과제로 '나'를, '우리'를 가족이나 민족, 국가 대신 인류로 자각하는 각성이 있어야겠다.

위기가 '우리'의 새로운 각성을 촉구하고 있다.

세계는 왜 한국에 주목하는가

등록 1994.7.1 제1-1071
1쇄 발행 2020년 4월 30일

기 획 모시는사람들 철학스튜디오
지은이 김유익 김진경 민지오 박길수 박재현 박지은 심규한 야규 마코토 유정길
윤창원 이나미 이원진 이현진 이창익 장희욱 조성환 허남진 홍승진
펴낸이 박길수
편집장 소경희
편 집 조영준
관 리 위현정
디자인 이주향
펴낸곳 도서출판 모시는사람들
03147 서울시 종로구 삼일대로 457(경운동 수운회관) 1207호
전 화 02-735-7173, 02-737-7173 / 팩스 02-730-7173
홈페이지 http://www.mosinsaram.com/

인 쇄 (주)성광인쇄(031-942-4814)
배 본 문화유통북스(031-937-6100)

값은 뒤표지에 있습니다.
ISBN 979-11-88765-76-8 03300

이 도서의 국립중앙도서관 출판예정도서목록(CIP)은 서지정보유통지원시스템 홈페이지(http://seoji.nl.go.kr)와 국가자료공동목록시스템(http://www.nl.go.kr/kolisnet)에서 이용하실 수 있습니다.(CIP제어번호: CIP2020015284)